Canadian Cataloguing in Publication Data.

Memory and Identity
Re-Creating Cultural Identity

ISBN: 978-0-9878497-0-0

1. Adult; 2. Cultural Social Clubs; 3. Italian-Canadian Immigrants; 4. Canada; 5. Italy;

Caroline Di Cocco
6498 Brigden Road
Bright's Grove ON
N0N 1C0, Canada

Tel: (519) 869-6990
Email: carolinedicocco@gmail.com

Italian translation by: Francesca Di Legge.

Cover: Designed by Ronaldo Di Cocco depicting the men who travelled without family, crossing an ocean with the hopes and dreams of starting a new life in Canada.

Front Cover 1950's photograph courtesy of Marino Moscone (Photographer unknown.)

Back Cover Photograph: First Board of Directors of the Associazone Culturale di Castelliri in Toronto, Lido Massaroni, Silvio Tomaselli, Marisa Abbatista, Santina Caringi, Marie Bell, Vittoria Scala. Front row: Enrico Abballe, Joe Reale.

Book format and design created by: Michelle Duff, mad8@amtelecom.net.

Italian-Canadian/Laziali Clubs and Associations In Ontario

Memory and Identity

Re-Creating Cultural Identity After Immigration

Caroline Di Cocco

To:
My parents, Maria and Orazio Di Cocco who are
greatly missed. They left a legacy with their stories of
where we were born and of their lives in Italy.

Other Books by Caroline Di Cocco

Co-authored *One by One ... Passo Dopo Passo*
History of Italian Community in Sarnia-Lambton

Contributed to *Nuova Luce Su Caboto*

CONTENTS

Chapter   Page No.

Acknowledgements

Writing a book of this nature was a large undertaking. The work load it required became much heavier than I had anticipated. I am grateful to a number of people who assisted me in many ways to make the load easier to manage. They were instrumental in the realization of this work.

I would like to thank all those I interviewed and who provided documentation about their organizations.

My sincere and deepest gratitude to my sister Antonia (Tonie) Ambrose who spent hours scanning documents and pictures for this book. Her assistance in reviewing the writing and providing critical comment helped me to take a another look at the material from a different angle. She has provided to me not only moral support in these types of projects for as long as I can remember, but she gave freely of her expertise and her organizational skills.

My sincere appreciation and gratitude to Francesca Di Legge who translated the English text into Italian. We worked together via Skype and then spend a few days in person in Ascoli Piceno, Italy, immersing ourselves in this work. Francesca also provided good advice regarding the content. Having worked together on other projects on emigration in

Ringraziamenti

Scrivere un libro di questo genere richiede sempre un grande impegno e devo ammettere che esso mi ha richiesto molto più sforzo di quanto pensassi. Sono grata alle tante persone che mi hanno sostenuta in modi diversi per rendere meno pesante la gestione del lavoro e che sono state determinanti per la sua realizzazione.

Vorrei ringraziare tutti coloro che ho intervistato e che hanno fornito documenti riguardanti le loro associazioni e club.

La mia sincera e più profonda gratitudine a mia sorella Antonia (Tonie) Ambrose che ha impiegato ore di lavoro per scannerizzare i documenti e le foto per il libro. La sua collaborazione nel rivedere il testo e nell'apportare commenti critici, mi hanno aiutato ad osservare il materiale da un diverso punto di vista. Tonie mi ha dato, non solo sostegno morale in tutti i progetti per i quali abbiamo collaborato, ma ha liberamente offerto la sua esperienza e la sua capacità organizzativa.

Il mio sincero apprezzamento e gratitudine vanno a Francesca Di Legge, che ha tradotto il testo in italiano. Abbiamo lavorato insieme via skype e passato alcuni giorni ad Ascoli Piceno in Italia, lavorando senza sosta. Francesca mi ha fornito buoni consigli

Italy, she has shown to have a keen interest in this subject matter. Without her skill and work ethic the Italian translation would not have been possible.

I would like to extend my appreciation to Dr. Maria Cioni. A writer in her own right, and a good friend who agreed to read over the English text in this book. She was more than generous with her time and her suggestions helped to make this work read more clearly.

To Ronaldo Di Cocco who designed the cover, assisted patiently with the selection of all the illustrations and prepared them for this publication.

To Goffredo Buttarazzi who read the Italian text and for his diligent work.

Many thanks to Gianna Patriarca who contributed the gift of her poetry. Gianna, poet and good friend, is an inspiration to me with her writing, which speaks a truth that I find refreshing and one to which I relate.

My heartfelt thanks to Felix Rocca He provided invaluable insight, advice, continued support and encouragement when I was discouraged.

Last but not least to my husband Donato. Thank you for the support you show whenever I become immersed in this type of project.

anche a riguardo al contenuto del libro. Avendo già lavorato insieme ad altri progetti sull'emigrazione in Italia, ha mostrato di avere un forte interesse per la materia. Senza la sua abilità e il suo produttivo lavoro la traduzione italiana non sarebbe stata possibile.

Voglio estendere il mio apprezzamento alla dott.ssa Maria Cioni, scrittrice e buona amica, che ha accettato di leggere tutto il testo in inglese. E' stata molto più che generosa con il suo tempo e i suoi suggerimenti mi hanno aiutata a rendere il testo più leggibile.

Ringrazio Ronaldo Di Cocco che ha curato la copertina e ha pazientemente collaborato a selezionare e preparare le immagini.

Grazie anche a Goffredo Buttarazzi per la rilettura del testo italiano e per il suo attento lavoro.

Mille ringraziamenti a Gianna Patriarca che ha contribuito al libro con una sua poesia. Gianna, poetessa e mia cara amica, è una fonte d'ispirazione per me con i suoi scritti, che parlano in modo vero e stimolante e nei quali mi identifico.

Un profondo ringraziamento a Felix Rocca che mi ha dato validi consigli e continuo sostegno nei momenti di sconforto.

Per ultimo, ma non meno importante, la mia riconoscenza va a mio marito Donato per l'appoggio che mi ha mostrato tutte le volte che sono stata occupata in questo tipo di progetti.

When We Were "Piazza"

market day
all week anticipating
Saturday morning in the piazza
the bells on a mission
to summon the countryside
the pilgrimage to town
all in our Sunday best and
well shined shoes
we gathered in the town square
greeting friends and neighbours
vendors and vagabonds
and all the riches proudly displayed
on market stalls
a buffet for eyes and tongues
the piazza was a banquet
we anticipated
devouring the delight
the essence of who we were

it is all out of focus now
we no longer share the same memory
the city is a grid
we walk and drive in long straight lines
no large squares at the end of the road
no bells that beckon

our children are comfortable
in their new constructions
no longer gather in basements
of rooming houses or
musty church halls
with the sound of accordions
and the smell of 'immigrant'

time has aired the room
our identity firm in the modern boot
but it all began
in those church halls
those damp dark basements
the need to gather and remember
to feast
proud of our flavours and
the sounds we could not abandon
in those birthday towns scattered
in valleys and hills

we sat underground with our
favourite Saint at the head table
permanent honoured guest
among comparable souls

the clubs were our piazza
stand-ins
for the theatre of our lives
the romance of our legacy
the sentiment of tradition

when my father died
i retreated
the piazza had no more appeal
without him by my side
the tripe no longer had flavour
sad that my daughter
will never taste it's delicate
uniqueness..............

Gianna Patriarca, 2011

Introduction

This work contains the recorded stories of twenty-two Italian-Canadian/Laziali clubs and associations in Ontario. It stems from a sense of urgency to document their legacy. As time passes more and more of these clubs and associations see an uncertain future with a membership that is ageing and little interest from a younger generation. If not recorded the work and contributions of these organizations will fade and will be forgotten.

This work does not presume to be comprehensive. Most likely it could have been better, but in spite of its limitations this record needed to be written nonetheless.

The interviews in the following pages reflect a remarkable dedication to community, a pride in heritage and a strong sense of identity. The following chapters record the presence of a people in Canada of humble origin, originating from the southern part of the region of Lazio Italy. History has shown us that the 'humble' are often forgotten. These pages portray a people who were weathered by hard work and had remarkable tenacity in the rebuilding of home in a foreign land. The work of the clubs and associations is the product of the deep rooted sense of community and cultural identity of their members.

Introduzione

Il presente lavoro contiene le storie di ventidue club e associazioni italo - canadesi/laziali. Il lavoro nasce dalla necessità, da me avvertita, di documentare queste storie. Col passare del tempo molte di queste associazioni vedono per se stesse un futuro sempre più incerto. Tutto ciò a motivo del progressivo invecchiamento dei loro soci e il poco interesse mostrato nei loro confronti da parte delle giovani generazioni. Se non venissero documentati, il lavoro e il contributo sociale di queste organizzazioni andrebbero persi.

Questo lavoro non pretende di essere esaustivo. Con molta probabilità, esso poteva essere migliore, ma a dispetto dei suoi limiti, era necessario che questo documento fosse scritto.

Le interviste contenute nelle pagine seguenti riflettono una apprezzabile dedizione alla comunità, l'orgoglio per le proprie tradizioni e un forte senso d'identità. I capitoli che seguono documentano la presenza in Canada di gente di umili origini, proveniente dal Lazio meridionale. La storia ci mostra che gli umili sono spesso dimenticati. Queste pagine ritraggono un popolo forgiato dal duro lavoro e da una intensa tenacia, spesi nella ricostruzione di una nuova vita in una terra straniera. Il lavoro dei clubs e delle

Italian-Canadian/Laziali organizations grew out of a need to stay connected. They were a social network before computer communication technology reconfigured the world. Before 'Facebook'.

Over the last sixty years, hundreds of other Italian-Canadian social clubs and associations, whose memberships originated from every region of Italy, were founded in Canada. Their work, their journey and their presence also deserves to be recorded and recognized. This fact leaves us with the knowledge that much more research and work is still left to be done.

The first Italian-Canadian associations can be traced to the early twentieth century in Canada. According to John Potestio "Italians in Fort William (Thunder Bay, Ontario) had founded in 1909 an association called the 'Societa Italiana Di Benevolenza Principe di Piemonte'."[1] Dr. Gabriele Scardellato, on the other hand states, "The 'Order Sons of Italy, Giuseppe Verdi Lodge' formed in 1915 in Sault Ste Marie, Ontario. ...The foundation of the Giuseppe Verdi Lodge was the beginning of what is now the oldest active association of Italian-Canadians in the province of Ontario..."[2]

1. John Potestio, *The Italians in Thunder Bay* (Thunder Bay, Ontario: Chair of Italian Studies, Lakehead University 2005), 39.

2. Gabriele Scardellato. *Con le mani ed i cuori (With their hands and their hearts) The Order Sons of Italy of Ontario.* (Toronto, Ontario: Multicultural History Society of Ontario. 1992).

associazioni è il risultato del profondo e radicato senso di comunità, e dell'identità culturale, dei loro membri.

Le organizzazioni italo-canadesi-laziali nacquero dall'esigenza di relazionarsi. Esse erano un social network prima ancora che le tecnologie informatiche trasformassero il mondo e le comunicazioni. Prima ancora di 'Facebook'.

Negli ultimi sessant'anni, sono stati fondati in Canada centinaia di altri clubs e associazioni, i cui soci provengono da tutte le regioni italiane. Anche il loro lavoro, il loro cammino e la loro presenza meritano di essere documentati e riconosciuti. Da questa analisi è facile comprendere quanta ricerca e quanto lavoro ci siano ancora da fare.

Le prime associazioni italo - canadesi sono rintracciabili in Canada già agli inizi del XX secolo. Secondo quanto sostiene John Potestio, "Gli italiani di Fort William (Thunder Bay, Ontario) fondarono, nel 1909, un'associazione denominata Società Italiana di Benevolenza Principe di Piemonte". Gabriele Scardellato, invece, scrive: "L'Order Sons of Italy Giuseppe Verdi Lodge fu formato nel 1915 a Sault Ste Marie in Ontario...La fondazione del Giuseppe Verdi Lodge fu l'inizio di quella che oggi è conosciuta come la più vecchia associazione italo-canadese dell'Ontario..."

Il lavoro si concentra sui clubs e sulle associazioni fondate durante l'immigrazione italiana in Canada del secondo dopo-guerra.

This work focuses on the clubs and associations founded in the post-second world war Italian immigration in Canada. A time when the majority of Italian-Canadian clubs and associations were established.

After the Second World War, Canada needed workers because of booming growth and a labour shortage. Italy on the other hand needed to find a way to cope with the economic devastation resulting from the war. Therefore emigration became a mutual benefit to both countries.

These organizations were formed out of the immigration experience known as chain migration. The term chain migration was characterized by a pattern of emigration, in which one person emigrated, and he/she in turn sponsored a relative, who then in turn sponsored another family member, or neighbour and so on. This created a chain of continuous sponsorships to Canada from Italy.

This post-second world war chain migration saw local populations grow very quickly in Canada while the small rural towns in Italy were depopulated. People who emigrated from the same town in Italy often settled in the same city or town in Canada. This recreated pockets of immigrant groups from the same town of origin in Ontario towns and cities.

This book reflects this phenomenon. One can readily see that the Italian-Canadian/ Laziali clubs and associations' memberships all originated from the same general area of Italy, but also subdivided into specific towns

In quel periodo si costituì la maggior parte di queste organizzazioni.

Dopo il secondo conflitto mondiale, il Canada aveva bisogno di lavoratori a causa della forte crescita e della mancanza di manodopera. L'Italia, dal canto suo, aveva necessità di affrontare la devastazione economica provocata dalla guerra. Di conseguenza l'emigrazione diventò un fenomeno a vantaggio di entrambi i paesi.

Tali organizzazioni si formarono in seguito all'esperienza immigratoria definita col nome di migrazione a catena. Questo termine indicava il processo emigratorio per il quale una persona già emigrata chiamava un parente o un amico, che a sua volta ne chiamava un altro e così via. Ciò creava una vera e propria catena di partenze dall'Italia verso il Canada.

Questo fenomeno vide crescere in breve tempo le popolazioni locali canadesi, mentre i paesi italiani delle zone rurali si spopolavano. Gli emigrati provenienti dalla stessa città in Italia, spesso si stabilivano nella stessa città canadesi. Questo processo creò dei nuclei di immigrati italiani, originari di una stessa città o di uno stesso paese italiano, all'interno delle città dell'Ontario.

Il libro vuole rappresentare, appunto, questo fenomeno. Ad una prima analisi si evidenzia che i soci di queste associazioni provengono dalla stessa area geografica italiana. In realtà, molti di questi gruppi sono suddivisi anche a seconda della città di origine e, addirittura, a seconda della contrada del paese di provenienza. Essi hanno ricreato in canadese dei veri e propri vicinati simili a quelli lasciati

and even suburbs of their place of birth. They recreated their neighborhoods from Italy in Canada.

The following pages explore the social world that the immigrants and their descendants rebuilt and maintained in Canada at the end of their migration chain. In the beginning of resettlement in Canada, the Italian immigrant's social activities, for the most part, consisted of meeting in one another's homes to visit, to play cards, and to reminisce. Together they celebrated religious occasions such as first communions, christenings and weddings. Later they gathered for special occasions such as New Years Eve. They also met around a neighbourhood, a church, or utilized a nearby park to play bocce or soccer.

As the numbers of Italian immigrants grew larger, they not only socialized in a spontaneous way, but they organized picnics, bocce teams, soccer teams, religious festivities honouring their saints from the town of origin or organized social functions. Out of this environment evolved social clubs.

Creating associations and clubs was a way to keep alive traditions, language, and festivities that had been left behind. They assisted greatly in alleviating the culture shock of being transplanted into another society. The cultural identity of so many was maintained and supported through the clubs. These organization assisted in adaptation to the New World.

Without the presence and activities of these clubs and associations, the cultural roots of the Italian-Canadian/Laziali communities

in Italia.

Le pagine che seguono esplorano il mondo sociale che gli immigrati e i loro discendenti hanno ricostruito e conservato, in Canada, alla fine del processo migratorio a catena. All'inizio della sistemazione in Canada, le attività sociali degli immigrati italiani, erano per lo più, visite che si rendevano reciprocamente nelle rispettive abitazioni, una partita a carte o una chiacchierata per ricordare i tempi passati. Si ritrovavano in occasione delle prime comunioni, delle cresime o dei matrimoni, oppure si riunivano per il Veglione di Capodanno. Gli italiani si incontravano anche nel vicinato, nelle chiese o in un vicino parco per giocare al gioco delle bocce o a quello del calcio.

Man mano che il numero degli immigrati italiani cresceva, essi cominciarono a riunirsi non più in maniera spontanea, ma organizzando delle attività ben precise. Queste ultime spesso comprendevano picnic, squadre di bocce, squadre di calcio, celebrazioni religiose in onore dei santi della città d'origine o feste ricreative. Fu in questo contesto che nacquero le associazioni.

La creazione delle associazioni è stato il modo di mantenere vive le tradizioni, la lingua e le ricorrenze legate alla propria cultura. Esse contribuirono ad alleviare lo shock culturale causato dall'essere stati trapiantati in un'altra cultura. L'identità culturale di tanti è stata conservata grazie ai club, che sostenevano i loro soci nel processo di adattamento al Nuovo Mondo.

Senza la presenza e l'operato dei club e delle

would not have been so strongly anchored into Canadian society.   This unique sense of cultural identity may not have stayed so vibrant and present in this 21st century without their work.

These organization have not only re-established a social community in Canada, but they have maintained ties with their 'Paesi' of origin. With regularity they hosted and continue to host delegations, from towns of origin in Italy here in Canada. Mayors and public administrators along with religious leaders and others from home were made to feel welcome and warmly treated by the hosting associations in Canada. In some cases twinning occured. The City of Vaughan, Ontario was twinned with the City of Sora, Frosinone. More recently the town of Tecumseh, Ontario twinned with the city of Frosinone. Student exchanges or commerical contacts have been organized and were often facilitated through clubs and associations. These contacts and linkages have continued to solidify the close relationships between Canada and Italy at the grassroots.

The following chapters recount the journey of these clubs and associations through the personal experiences and words of those involved. This volume is about their work.

associazioni, le radici culturali delle comunità italo-canadesi-laziali non sarebbero state così ancorate alla società canadese. Allo stesso modo, questo peculiare senso di identità non sarebbe stato così pulsante e presente nel XXI secolo senza il loro lavoro.

Queste stesse organizzazioni non solo hanno ricreato una comunità sociale in Canada, ma hanno conservato anche i rapporti con i paesi d'origine. Con regolarità esse hanno ospitato e continuano ad ospitare in Canada delegazioni delle città d'origine. Sindaci e amministratori pubblici insieme con autorità religiose ed altri cittadini provenienti da 'casa', erano i benvenuti e venivano calorosamente accolti dalle associazioni ospitanti in Canada. In alcuni casi sono stati stipulati accordi di gemellaggio. Ad esempio la città di Vaughan in Ontario è gemellata con la città di Sora in provincia di Frosinone. Di recente la città di Tecumseh in Ontario si è gemellata con la Città di Frosinone. Negli anni sono stati organizzati anche scambi studenteschi e sviluppati rapporti commerciali grazie all'intervento delle associazioni. Tutti questi contatti hanno continuato a solidificare dal basso la già stretta relazione tra il Canada e l'Italia

I capitoli che seguono raccontano il cammino di queste associazioni attraverso le esperienze personali e le parole di coloro che vi sono stati coinvolti. Questo volume tratta del loro lavoro.

25° Anniversario

SUPINO - SAN CATALDO...E NOI

TORONTO

SUPINO SOCIAL &
CULTURAL CLUB

1970   1995

SAN CATALDO 1995
TORONTO - CANADA

1. Supino Social and Cultural Club

I interviewed Daniele Boni and Roberto Bonanni on January 21, 2010 at Riviera Parque Banquet & Convention Hall in Vaughan, Ontario. Roberto also provided a written excerpt on the historical perspective of the Supino Social and Cultural Club.

Background and Early Years

Roberto described the sentiments of the early days in Canada: *"During the 1950's, when the post-war immigration boom began, it was a time when meeting a 'paesano' (someone from the same town or origin) was like meeting a family member. This generated great excitement. The newly arrived 'paesano' brought the latest news about family, friends and loved ones left behind."*

As more and more 'Supinesi' arrived in Canada, they would visit one another and come together for social gatherings in each other's homes. For example the families of Domenico Bonanni in 1955 and of Sirio Astri in 1956 invited numerous newly arrived paesani to their homes. Roberto explained, *"Together we re-lived with nostalgia the festive recurrences from our hometown and enjoyed a 'panini' or two and drinks."* In 1957 the two families did not repeat the

1. Supino Social and Cultural Club

Ho intervistato Daniele Boni e Roberto Bonanni il 21 Gennaio 2010 al Riviera Parque Banquet & Convention Hall a Vaughan in Ontario. Roberto mi ha dato anche un testo scritto sugli aspetti storici del Supino Social and Cultural Club.

Quei primi anni in Canada

Roberto ha descritto le sensazioni dei primi giorni in Canada: " Durante gli anni '50, quando cominciò il boom dell'immigrazione del secondo dopo-guerra, incontrare un paesano era come incontrare un membro della famiglia e ciò generava una certa emozione, perché i nuovi paesani arrivati portavano le ultime notizie della famiglia, degli amici e dei cari rimasti a casa".

Man mano che i Supinesi arrivavano in Canada, si facevano visita l'un l'altro e si incontravano nelle case. Ad esempio le famiglie di Domenico Bonanni nel 1955 e di Sirio Astri nel 1956 invitarono molti dei nuovi arrivati a casa loro. Roberto ha spiegato: "Insieme rivivevamo con nostalgia le feste e le ricorrenze della città natale e ci divertivamo con qualche panino e qualcosa da bere". Nel 1957 le due famiglie non

**PRESIDENTI DEL SUPINO SOCIAL & CULTURAL CLUB
DAL GIORNO DELLA FONDAZIONE 10 MAGGIO 1970
ALLA DATA ODIERNA 1995**

1970 - 1974	1981 - 1982
ROBERT BONANNI	CARMINE CAPRARA
1975	1983
MARIO ZUCCARO	MARIO ZUCCARO
1976	1984
PAOLO RUZZA	CARMINE CAPRARA
1977	1985 - 1986
GIORGIO CASALI	ROBERTO BONANNI
1978 - 1980	1988 - 1992
MARIO ZUCCARO	CARMINE CAPRARA

1993 - Present
DANIELE BONI

**1° COMITATO ESECUTIVO
SUPINO SOCIAL CLUB 1970**

Presidente	*Vice Presidente*
ROBERTO BONANNI	PAOLO RUZZA
Segretario	*Vice Segretario*
FRANCO TUCCI	MARIO ZUCCARO
Tesseramento	*Tesoriere*
ANGELO TOMEI	PIERINO PIROLI

Consiglieri
GARY BONANNI - GIORGIO CASALI - MAURIZIO COLETTA
MARIO D'ANNETTA - ANGELO ROSSI - GIOVANNI ZUCCARO

Revisori Dei Conti
DOMENICO NORO - ULDERICO PIROLI

*List of Presidents and the first Board of
Directors of the Supino Social and Cultural Club.*

event, as there were too many 'Supinesi' in Toronto to accommodate in their residences. Another alternative needed to be found. The basement of a local church became the place where these gatherings took place. During those early years, most Supinesi were invited to weddings and other celebrations as if they

ripetettero l'iniziativa perché i Supinesi che vivevano a Toronto, erano diventati troppo numerosi per poterli ospitare nelle loro case. Fu necessario cercare un'alternativa per ovviare a questa difficoltà e fu scelto il seminterrato di una chiesa del posto che ospitò le riunioni. In quegli anni molti

were all one family.

It is easy to arrive at the conclusion that social clubs and organizations came about from these close ties and social gatherings among the Italian immigrants. This growing community from Supino began discussions about organizing as a group. According to Roberto, "*At the time Toronto did not feel very receptive or warm towards the newcomers such as those from Supino. This provided us with further incentive to come together.*"

One of the largest organized events that the 'Supinesi' of Toronto held as a group was the celebration to honour the beloved patron saint 'San Cataldo Vescovo' protector of Supino. The 'festa' was held every year in Supino, Italy. Roberto clarified, "*This event would recreate our strong felt sense of religious and cultural heritage in Toronto, Canada.*"

The first 'Festa di San Cataldo' was organized in early May, 1958 at the parish hall of Saint Mary of the Angels, 1481 Dufferin St at Davenport in Toronto. It was Roberto Bonanni, Giovanni Marchioni and a few other volunteers who organized this event. Roberto recounted, "*Sixty five to seventy 'paesani' got together to enjoy a beautiful late afternoon with panini, pizza and soft drinks. The rector of the church would not allow us to serve beer in the hall. The participants praised the initiative and encouraged us to repeat it the following year.*"

In 1959 'Festa di San Cataldo' took place in a hall of the Italo-Canadian Recreation Club at 33 Brandon Ave near Dufferin and Dupont Streets. About 125 people participated to enjoy panini, pizza, beer and soft drinks. The newly formed band of Egidio and Giovanni Mancini, who were also 'supinesi', provided

supinesi venivano invitati a matrimoni e altre cerimonie come se fossero una sola famiglia.

E' facile dedurre che i clubs e le associazioni siano nati grazie ai forti rapporti tra gli immigrati italiani e a seguito di queste riunioni. Di fatti, la crescente comunità di Supino cominciò a considerare l'ipotesi di organizzarsi in gruppo. A tal proposito Roberto mi ha raccontato: "A quei tempi la città di Toronto non era molto accogliente con i nuovi arrivati come con gli stessi supinesi. Questo incentivò tra noi la voglia di stare insieme".

Uno dei maggiori eventi che i Supinesi di Toronto organizzarono come gruppo fu la festa in onore del santo patrono di Supino, San Cataldo Vescovo. La festa veniva organizzata ogni anno a Supino in Italia. Roberto ha chiarito: "L'evento voleva ricreare il nostro forte sentimento religioso e il nostro patrimonio culturale a Toronto".

La prima festa di San Cataldo fu organizzata i primi di maggio del 1958 nella sala parrocchiale di Saint Mary of the Angels, al 1481 di Dufferin St. a Davenport a Toronto. Ad organizzare l'evento furono Roberto Bonanni, Giovanni Marchioni e altri pochi volontari. Roberto ha raccontato: "Fummo circa settanta persone e passammo un bellissimo pomeriggio con panini, pizza e bibite analcoliche. Il parroco, infatti, non ci permise di portare birra nella sala. I partecipanti si complimentarono e ci chiesero di ripetere l'iniziativa l'anno seguente".

Nel 1959 la festa di San Cataldo si svolse in una delle sale dell'Italo-Canadian Recreation Club al 33 di Brandon Ave vicino Dufferin e Dupont Streets. Parteciparono circa 125 persone che approfittarono di panini, pizza,

Un gruppo di partecipanti al picnic 1993, che è un appuntamento annuale cui i supinesi non rinunciano. Giochi, gare e lunghe chiacchierate hanno caratterizzato questa caldissima giornata di luglio.

1993 Supino Social and Cultural Club members.

entertainment with traditional music and songs for everyone to enjoy. No profit was made from the event, but enough money was raised to pay for the expenses.

The basement hall of St Mary's Polish Roman Catholic Parish at 1996 Davenport Rd at Gillespie Ave, was the location for the 'Festa di San Cataldo' the following year. This location was in a dry zone of the city where no permit for alcohol consumption was allowed. This fact was unknown to the organizers. They learned about the dry zone after all the arrangements had been made. It was too late to cancel the 'festa'. In the end, the organizers managed to hold the festivities. Panini, pizza, sweets and drinks including alcohol were served. Entertainment provided by the Mancini brothers for the enjoyment of the 150-160 people who participated. As Roberto now recalls with a smile: *"Had the police been alerted, it would have been*

bibite e birra. La neo-band formata da Egidio e Giovanni Mancini, anch'essi supinesi, allietò tutti con musica e canti popolari. Dalla festa non si ottenne nessun guadagno, ma il ricavato fu sufficiente a coprire tutte le spese.

L'anno seguente, nel 1960, la festa si tenne nella sala del seminterrato di St. Mary's Polish Roman Catholic Parish al 1996 di Davenport Rd a Gillespie Ave. Il locale si trovava in una zona della città dove non era permesso il consumo di alcol, ma gli organizzatori non erano a conoscenza di questo particolare. Essi vennero a sapere del divieto solo dopo aver organizzato il tutto e a quel punto era troppo tardi per annullare la manifestazione. Gli organizzatori decisero di festeggiare ugualmente e servirono panini, pizza, dolci e bibite alcoliche comprese. L'intrattenimento musicale fu curato dai fratelli Mancini che allietarono le circa 160 persone presenti. Come Roberto oggi ricorda sorridendo: "Se

19

a problem for everyone because we served beer in a dry zone."

After this event in 1960, Roberto decided to step aside to make room for others to take over, but no one came forward. In the meantime Giovanni Marchioni, one of the other founders, moved south to live in the USA with his family. Ten years would pass before 'the Supinesi' of Toronto would get together again to celebrate 'San Cataldo Vescovo'.

Incorporation and Activities

By the end of 1960's there were over 2000 Supinesi living in Toronto and their desire to resurrect the 'Festa di San Cataldo' was very strong. In early 1970, Roberto Bonanni sent a survey to every family from Supino living in Toronto to ask whether they would support the organizing of another 'Festa'. The survey response indicated an overwhelming support for the event. He then wrote letters of invitation to every Supinese in the city. The celebration of San Cataldo took place in early May of that year at the York Centre Ballroom, Oakwood Ave and Vaughan Rd.

Roberto recalled, *"I received 850 replies to the invitation. In fact about 1100 people arrived for the event that evening. Food had been prepared for only 850 people. The drinks included about 40 cases of beer, the only alcoholic beverage served at that time. Wine was not distributed in those days."* Roberto continued, *"With so many attending, all the beer was gone even before dinner was served. Some volunteers offered to go home to provide their own cases of beer and in this way drinks were available for the rest of the celebration. Frank Bertone was the chef for the event. Obviously he had not prepared for*

fosse stata allertata la polizia, ci sarebbero stati problemi per ognuno di noi, perché avevamo servito birra".

Dopo quell'anno, Roberto decise di rinunciare all'impegno e lasciare spazio ad altri, ma nessuno si fece avanti. Nello stesso periodo, Giovanni Marchioni, un altro dei fondatori, si trasferì negli Stati Uniti con la famiglia e dovettero passare dieci anni prima che i Supinesi di Toronto tornassero a celebrare San Cataldo Vescovo.

La registrazione e le attività sociali

Verso la fine degli anni '60 a Toronto vivevano circa 2000 supinesi che desideravano fortemente ripetere la festa di San Cataldo. All'inizio del 1970, Roberto Bonanni inviò un questionario ad ogni famiglia, proveniente da Supino e che viveva a Toronto, chiedendo sostegno per l'organizzazione di una nuova festa. I risultati dell'indagine indicarono un ampio consenso a sostegno dell'evento. Successivamente, sempre Roberto, scrisse una lettera d'invito ad ogni supinese della città e fu così che la festa di San Cataldo si svolse di nuovo nel maggio di quell'anno allo York Centre Ballroom, tra la Oakwood Ave e la Vaughan Road.

Roberto ha ricordato: "Ricevetti 850 risposte all'invito. In realtà i presenti quella sera furono circa 1100. Era stato preparato cibo sufficiente per 850 persone. Le bevande includevano circa quaranta casse di birra, l'unica bibita alcolica servita in quel periodo. Il vino a quei tempi, invece, non veniva distribuito". Roberto ha continuato: "Con una partecipazione simile le birre finirono ancora prima che la cena fosse servita. Alcuni volontari proposero di andare a casa a recuperare le proprie casse di birra e così

1100 people, but managed to provide food for everyone in attendance."

Activities for the evening included: A ticket draw for a return trip to Italy, co-sponsored by Sarracini Travel Agency. The first Miss Supino of Toronto was elected. The Mancini Brothers once again provided musical entertainment. The event of that year was a success beyond expectation. It received much publicity in the local Italian newspaper 'Corriere Canadese'and in Supino, Italy, as well.

The success of that event demonstrated that the "Supinesi" of Toronto were now ready to form a social club. There was general consensus and encouragement for the idea. Roberto decided to take on the task with an expanded group of volunteers. During the summer of 1970 by-laws were drafted. In the fall of the same year they were discussed and approved for ratification by the general assembly. Registration for membership took place soon after and completed by the end of 1970.

In January 1971 the first Board of Directors was elected. The directors were Roberto Bonanni, Gary Bonanni, Giorgio Casali, Maurizio Coletta, Mario D'Annetta, Pierino Piroli, Angelo Rossi, Paolo Ruzza, Angelo Tomei, Franco Tucci, Giovanni Zuccaro and Mario Zuccaro. At the first general meeting with 59 members present, Roberto Bonanni became the founding president of the newly formed 'Club Supinese' of Toronto.

Intensive preparations soon began for the next 'Festa di San Cataldo' and the official inauguration of the club for early May of 1971. Over 700 people participated for that special event which took place in the main hall

ci fu da bere a sufficienza per il resto della serata. Frank Bertone, il cuoco ingaggiato per la serata, non aveva preparato coperti sufficienti per 1100 persone, ma fece in modo di poter servire la cena a tutti i partecipanti".

Fra le attività organizzate per la serata furono inseriti il sorteggio di un biglietto per il ritorno in Italia, co-sponsorizzato dalla Sarracini Travel Agency e l'elezione della prima Miss Supino di Toronto, mentre I fratelli Mancini provvidero ancora una volta all'intrattenimento musicale. L'evento ebbe successo al di là di ogni aspettativa e ricevette molta pubblicità sia in Canada, come testimonia il locale Corriere Canadese, che nella stessa Supino in Italia.

Tanto successo dimostrò che i supinesi di Toronto erano ormai pronti a formare un club, idea che ebbe un consenso e un incoraggiamento collettivi. Roberto decise di assumersi l'impegno della fondazione insieme con un ampio gruppo di volontari. Nell'estate del 1970 fu redatto lo statuto, che nell'autunno dello stesso anno, fu discusso e approvato dall'assemblea generale. Subito dopo ebbe luogo la sottoscrizione dei soci che terminò alla fine del 1970.

Nel gennaio del 1971 fu eletto il consiglio direttivo composto da Roberto Bonanni, Gary Bonanni, Giorgio Casali, Maurizio Coletta, Mario D'Annetta, Pierino Piroli, Angelo Rossi, Paolo Ruzza, Angelo Tomei, Franco Tucci, Giovanni Zuccaro e Mario Zuccaro. Al termine dell'incontro generale con 59 membri presenti, Roberto Bonanni divenne presidente fondatore del neo-Club Supinese di Toronto.

Subito iniziarono gli intensi preparativi per la festa di San Cataldo e per l'inaugurazione

at Jane & 7 Country Club. At this occasion special guests in attendance included; The Deputy Mayor of Toronto Toni O'Donohue, Counsel General of Italy in Toronto Dr. Sergio Angeletti, and Member of Parliament Charles Caccia. Each special guest was given a commemorative gift. During the evening a new Miss Supino of Toronto was elected, a ticket for a round trip to Italy was drawn, and the group of the Mancini brothers provided entertainment for the evening once again. The 'supinesi' of Toronto had thus achieved their goal of having their own social club and a voice in the community. Later the same year the club was registered as a non-profit organization with the Province of Ontario.

Roberto explained, *"The 'Club Supinese' of Toronto, as many other similar Italian-Canadian organizations in the city, were originally founded as social clubs to bring together the 'paesani' and to preserve, in Canada, the traditions and customs of their place of origin. Their purpose was to then pass on these cultural traditions to their children and whenever possible, to have a voice in the community at large."* This organization, in fact, played an active role in the larger community whenever the opportunity presented itself. It was one of the founding members of the first Italian Federation of Clubs & Associations (FACI-1972) which in 1974 became the National Congress of Italian Canadians, District of Toronto. The Supinese Club was one of the first members of the newly founded Lazio Federation of Ontario in the late 1980s." The 'Club Supinese' of Toronto was renamed 'Supino Social and Cultural Club' in 1993. It was felt that this name better reflected the diverse nature of activities the club promoted yearly for the 'paesani' of Toronto.

ufficiale del club prevista per i primi di maggio del 1971. All'evento, che si svolse nella sala principale del Jane & 7 Country Club, presero parte oltre 700 persone. In quell'occasione furono presenti alcuni ospiti d'onore come il Deputato Sindaco di Toronto Toni O'Donohue, il Console Generale d'Italia a Toronto dott. Sergio Angeletti e l'On. Charles Caccia membro del Parlamento Federale, i quali ricevettero un omaggio da parte del club. Nel corso della serata fu eletta la nuova Miss Supino, fu ripetuto il sorteggio di un biglietto andata e ritorno per l'Italia e anche in questa occasione la festa fu allietata dal gruppo musicale dei fratelli Mancini. I supinesi di Toronto avevano raggiunto lo scopo di avere un proprio club e un proprio ruolo nella comunità. Nello stesso anno il club fu registrato come organizzazione no-profit presso la Provincia dell'Ontario

Roberto ha spiegato: "Il Club Supinese di Toronto, come molti altri club italo-canadesi della città, sono stati originariamente fondati per riunire i paesani e preservare, in Canada, le tradizioni e i costumi del loro luogo d'origine. Il loro proposito era quello di tramandare queste tradizioni culturali ai loro figli e avere, per quanto possibile, un ruolo nella comunità in senso lato". Questa organizzazione, infatti, ha avuto un ruolo importante nella comunità ogni volta che se ne è presentata l'opportunità. Essa è stata tra i membri fondatori della prima Federazione di Clubs e Associazioni Italiane, la FACI nel 1972, che nel 1974 diventò il National Congress of Italian Canadians District of Toronto. Alla fine degli anni '80 il Supinese Club fu uno dei primi membri della neo-costituita Lazio Federation of Ontario. Nel 1993 al Club fu dato il nome di Supino Social and Cultural Club, nome che più si confaceva

San Cataldo procession organized by the Supino Social and Cultural Club.

Through the years the club assisted its less fortunate members with moral and material support. It was on the frontline to raise funds for the victims of natural disasters in Italy, such as Friuli and Irpinia earthquakes of 1976 and 1980 respectively. It gave financial support for the construction of the first Italian senior residence, Villa Colombo in 1981, in Toronto. The 'Club Supinese' alongside other ethnic communities, contributed generously and erected a monument at Union Station in appreciation for Toronto's tolerant racial and social policy towards new immigrants. The Supino Social and Cultural Club, along with other local Italian-Canadian associations, sponsored a memorial dedicated to Italian-canadian victims of work related accidents. This monument is located at Islington Ave. and Highway 7 in Vaughan, Ontario.

The Club Supinese of Toronto was very

alle attività organizzate dal club per i paesani di Toronto.

Negli anni il club ha assistito i membri meno fortunati sostenendoli sia dal punto di vista morale che materiale. E' stato sempre in prima linea nella raccolta di fondi per le vittime dei disastri naturali in Italia, come i terremoti del Friuli e dell'Irpinia rispettivamente del 1976 e 1980. Ha sostenuto finanziariamente anche la costruzione di Villa Colombo, prima residenza per anziani a Toronto, nel 1981. Il Club, insieme con altre comunità etniche, ha contribuito generosamente alla costruzione di un monumento all'interno della stazione ferroviaria di Toronto. Con il monumento le comunità partecipanti hanno voluto esprimere il loro apprezzamento per la tolleranza razziale e le politiche sociali della città stessa verso gli immigrati. Insieme con altre associazioni italo-canadesi il club ha sponsorizzato un altro monumento dedicato agli italo-canadesi vittime degli incidenti sul lavoro. L'opera è stata sistemata tra Islington

active with numerous cultural initiatives over the years. It organized and sponsored the exhibit by renowned Italian painter, Italo Scelsa at the Columbus Centre in 1989. That same year the club held a concert of classical and contemporary music, by the 'Camerata di Supino' with musicians Guelfo Nalli, Carlo Nalli, Angelo Agostini, Fabio Agostini and guitarist Enzo Pietrandrea. The organization sponsored several publications and poems by Ernesto Carbonelli who wrote both in 'supinese' dialect and Italian. and a book on the history of Supino by the same author, titled 'Eroi e Vittime Dimenticati' (Fallen Heroes, Forgotten Victims). The late Don Fausto Schietroma translated this history book from Italian to English. The club also sponsored the restoration of the original 1534 manual of the 'Statute di Supino'. This restored leather bound hard copy, was returned to Supino and presented in person by Roberto Bonanni and Ernesto Carbonelli in 1991.

In the spring of 1994 Roberto Bonanni and Egidio Mancini formed the folk choir 'Gliu Coro du Supino'. This choir recreated the folkloristic musical traditions of 'Ciociaria' in Canada. The choir made a very successful debut at the 'Festa di San Cataldo' that year. They dressed in traditional 'ciociari' costumes and have performed annually at the same event. The director of the choir, Daniele Boni and his orchestra 'New Image' have a long history of providing musical entertainment at the 'festa' since early 1980s. Daniele Boni has been an active member of the organization and is currently the president of the Supino Club.

Ties with Italy

In addition to the numerous activities in Toronto the club has maintained ties with

Ave. E la Highway 7 a Vaughan in Ontario.

Il Club Supinese di Toronto organizzava molte altre iniziative culturali nel corso dell'anno. Ad esempio nel 1989 finanziò e organizzò la personale del pittore italiano Italo Scelsa al Columbus Centre. Quello stesso anno il club organizzò un concerto di musica classica e contemporanea della Camerata di Supino con i musicisti Guelfo Nalli, Carlo Nalli, Angelo Agostini, Fabio Agostini e il chitarrista Enzo Pietrandrea. L'organizzazione finanziò le pubblicazioni di Ernesto Carbonelli che scrisse poesie in dialetto supinese e italiano e un libro sulla storia di Supino dal titolo "Eroi e vittime dimenticati". Il libro fu tradotto dall'italiano all'inglese da Don Fausto Schietroma. L'associazione finanziò anche il restauro del manoscritto originale dello Statuto di Supino risalente al 1534. L'opera rilegata con copertina rigida in cuoio fu riconsegnata a Supino, e presentata direttamente da Roberto Bonanni e Ernesto Carbonelli, nel 1991.

Nella primavera del 1994 Roberto Bonanni e Egidio Mancini formarono il coro folk 'Gliu Coro du Supino'. Il coro proponeva le tradizioni folkloristico-musicali ciociare in Canada e debuttò con grande successo il giorno della festa di San Cataldo di quell'anno. I membri del coro indossavano il costume tipico ciociaro e si esibivano annualmente per la festa. Il direttore del coro, Daniele Boni, e la sua orchestra 'New Image' si sono esibiti per anni nel corso della festa a partire dai primi anni '80. Lo stesso Daniele Boni è membro attivo del club e ne è l'attuale presidente.

I rapporti con l'Italia

Oltre a svolgere le sue tante attività a Toronto, il club si è impegnato per mantenere rapporti

*** Gliu Coro du Supino ***

Con il costume tradizionale Supinese

The folk choir of the Supino Social Club in Toronto named 'Gliu Coro du Supino'.

Supino, Italy. These were reciprocated exchanges between the club in Canada and the town of origin. Since 1982 delegations of mayors, religious authorities and others from the hometown have been hosted in Toronto. Those hosted were; Dante Barletta, Dr. Alberto Volponi, Camillo Bonome, Gianfranco Nardecchia, Antonio Torriero, Alessandro Foglietta, as well as Don Egidio Schietroma, Mons. Fausto Schietroma and Don Antonio Boni. On the other hand, during this early period, Daniele Boni began to organize annual trips for Supinesi living in Toronto to Italy. They participated at the various celebrations in Supino. The contacts with the leadership in Italy and trips to Supino created stronger ties to the town of origin and those living in Canada.

During these encounters with the dignitaries

con la città di Supino in Italia e con la quale ha scambiato visite più volte. Sin dal 1982 sono stati ospitati a Toronto delegazioni dei sindaci, delle autorità religiose e altre rappresentanze della città natale. Alcuni degli ospiti erano Dante Barletta, il dott. Alberto Volponi, Camillo Bonome, Gianfranco Nardecchia, Antonio Torriero, Alessandro Foglietta, il Don Egidio Schietroma, Mons. Fausto Schietroma e Don Antonio Boni. Dal canto suo, Daniele Boni nello stesso periodo, organizzava per i paesani a Toronto viaggi in Italia, dove questi ultimi potevano prendere parte alle manifestazioni di Supino. I contatti con le rappresentanze italiane e i viaggi a Supino, erano visti come un mezzo per rafforzare il legame fra la città di origine e i supinesi che vivevano in Canada.

In occasione di questi incontri, i rappresentanti del club hanno proposto alcune importanti iniziative per l'Italia, che interessavano i supinesi all'estero. Per esempio, nei primi

from Supino, the Club representatives proposed several important projects for Italy, that were of relevance to 'Supinesi' living abroad. For example in the early 1970's, it was instrumental in influencing the mayor and the parish priest of Supino, to have an annual summer celebration in recognition of the 'paesani' returning to Supino. As a result an annual 'Festa dell'Emigrante' was started in 1972. Another project, which came about because of the club's intervention, was a monument built in 1985 honouring and remembering the "Supinesi" who had emigrated to other parts of the world. Another initiative approved by the town Council of Supino was a dedication to the city of Toronto in 1989. The old 'Campo Sportivo' in Supino, with surrounding flower beds and pine trees was renamed 'Giardini Pubblici Toronto'.

A Supinese Clubhouse in Toronto

With over 3000 "Supinesi" living in Toronto around 1990, it became clear to many that the time was ripe to have their own place to meet and to hold social gatherings. The decision to purchase a clubhouse was made and unanimously approved by both the board and the general assembly. A unit on 140 Regina Rd in Woodbridge was bought for $90,000 in 1993, with a strong commitment and determination by the new president Daniele Boni, Roberto Bonanni and other leading members such as Carmine Caprara, Robert McLean, Alderman of the city of York, Mario Zuccaro, Angelo Tomei and Mario Nichilo. A fundraising committee was soon nominated with Roberto as co-coordinator. The committee included Luigi Mastromattei, Marcello Mirabella, Umberto Santia, Lorenzo Tomei, Angelo Tomei, Fiorino Zuccaro and Sergio Zuccaro. All "Supinesi" and many friends contributed generously for the

anni '70 il ruolo del club fu fondamentale nella richiesta fatta al sindaco e al parroco di Supino di una manifestazione estiva dedicata ai paesani che tornavano a Supino. Il risultato di tale intervento fu la Festa dell'emigrante che si svolge annualmente dal 1972. Un altro progetto realizzato grazie all'intervento del club, fu la costruzione, nel 1985, di un monumento in onore e in ricordo dei supinesi emigrati. Ancora, nel 1989 il Consiglio Comunale di Supino riqualificò il vecchio campo sportivo della città, allestendovi un giardino con alberi di pino e aiuole fiorite e denominandolo Giardini Pubblici Toronto.

Una sede sociale supinese a Toronto

Intorno al 1990, con circa 3000 supinesi presenti a Toronto, fu chiaro a molti che era arrivato il momento di avere una propria sede sociale dove potersi incontrare e svolgere le attività sociali. La decisione di acquistare una sede fu largamente approvata sia dal consiglio che dall'assemblea. Nel 1993 fu acquisita una unità al 140 di Regina Rd in Woodbridge per la cifra di 90,000 dollari, con l'impegno e la determinazione del nuovo presidente Daniele Boni, di Roberto Bonanni e di altri membri principali come Carmine Caprara, Robert McLean, Alderman della città di York, Mario Zuccaro, Angelo Tomei e Mario Nichilo. Fu nominato un comitato per la raccolta fondi coordinato da Roberto e composto da: Luigi Mastromattei, Marcello Mirabella, Umberto Santia, Lorenzo Tomei, Angelo Tomei, Fiorino Zuccaro e Sergio Zuccaro. Tutti i supinesi e molti dei loro amici contribuirono generosamente per l'acquisto della sede.

Il locale aveva bisogno di essere rinnovato e con l'aiuto e il duro lavoro molti lavoratori supinesi, artigiani e uomini d'affari la sede fu pronta per la cerimonia di apertura agli inizi del '95. Il giorno dell'inugurazione erano

Inauguration of the club house of the Supino Social and Cultural Club,

realization of the clubhouse.

The unit required considerable renovations. With the help and hard work of many Supinesi workers, tradesmen and business owners, it was made ready for the official opening ceremony early 1995. At this opening there was participation of the Mayor of Vaughan, Lorna Jackson, and Deputy Mayor Michael Di Biase. The following are some of the volunteers who made it all possible; Paolo Alessandrini, Massimo Arduini, Mario Boni, Rocco Boni, Angelo Cappella, Carmine Caprara, Franco Caprara, Gary Caprara, Giuseppe Caprara, Maurizio Caprara, Ernesto Carbonelli, Giorgio Casali, Enzo Cellini, Segio Celani, Vittorio Cerilli, Lorenzo Cerilli, Mario D'Annetta, Roberto D'Arolfi, Carlo Fracassa, Antonio Garofalo, Giuseppe Mancini, Carmine Manganelli, Alberto Mastrofrancesco, Robert McLean, Nicola Nalli, Mario Nichilò, Rocco Palitti Rocco, Giovanni Roma, Piero Rossi, Angelo Tomei and Mario Zuccaro. Once established in the new clubhouse, the organization began adding various other

presenti anche il Sindaco di Vaughan, Lorna Jackson, e il Deputato Sindaco Michael Di Biase. Alcuni dei volontari che fecero tutto il possibile furono: Paolo Alessandrini, Massimo Arduini, Mario Boni, Rocco Boni, Angelo Cappella, Carmine Caprara, Franco Caprara, Gary Caprara, Giuseppe Caprara, Maurizio Caprara, Ernesto Carbonelli, Giorgio Casali, Enzo Cellini, Segio Celani, Vittorio Cerilli, Lorenzo Cerilli, Mario D'Annetta, Roberto D'Arolfi, Carlo Fracassa, Antonio Garofalo, Giuseppe Mancini, Carmine Manganelli, Alberto Mastrofrancesco, Robert McLean, Nicola Nalli, Mario Nichilò, Rocco Palitti, Giovanni Roma, Piero Rossi, Angelo Tomei e Mario Zuccaro. Una volta stabilita nella nuova sede, l'organizzazione iniziò ad aggiungere altre attività al suo calendario di eventi

Il Supino Social and Cultural Club organizza ancora oggi un intero anno di attività per i suoi membri e la comunità. Tra le attività organizzate ci sono: la festa di Sant'Antonio con polenta a gennaio, la Festa della Donna, la festa di San Cataldino e San Giuseppe a Marzo, la festa di San Cataldo a maggio seguita da un torneo di golf in beneficienza nel mese di giugno. Ancora un picnic a luglio, l'Octoberfest in autunno, una messa in suffragio dei supinesi defunti a novembre, una festa di Natale per i membri e le loro famiglie e un Veglione di Capodanno.

Una propria statua

La festa di San Cataldo rappresenta la prima e più importante manifestazione organizzata dal club. Fino al duemila l'immagine utilizzata

activities in its calendar of events.

The Supino Social and Cultural Club organizes a year full of activities for its members and the community. The activities are as follows; San Antonio feast with polenta, in January, Woman Day celebration, San Cataldino and San Giuseppe feasts in March, the San Cataldo feast in May followed by a Golf Tournament for charity in June. There was a summer picnic in July, Octoberfest in the fall, the memorial mass in memory of the deceased 'Supinesi' in November; the Christmas Party for members and their families, and at the end of the year a New Year's Eve celebration.

Their Own Statue

The earliest and most important organized function of the club was to celebrate the 'Festa di San Cataldo'. The only symbol of 'San Cataldo' used for the 'festas' in Toronto up to the year 2000 had been an enlarged framed portrait of the saint. This portrait was securely and carefully kept in the residence of Mario D'Annetta for over 35 years. On September 16, 2001, on a proposal by Daniele Boni, the general assembly gave unanimous consent to obtain a statue of San Cataldo. As a result, a replica of the original statue was commissioned in Italy. Don Antonio Boni and Pierino Piroli assisted with the assignment in Italy. In the meantime, in Toronto, a fundraising committee was named for the project. The committee coordinators were Roberto Bonanni, Danny Boni and Carmine Caprara. The committee members included Linda Paternostro, Giannina Cappella, Claudia Palleschi, Angela D'Annetta, Giorgio Casali, Joe Mancini, Lorenzo Santia, Graziella Caprara, Luigi Martini, Sergio Zuccaro and Moreno Tomei. More than $40,000 was raised for the project in a relatively short time with all members

The front view of Club House.

per la festa a Toronto era un ritratto del santo che, nel resto dell'anno, era stato custodito nell'abitazione di Mario D'Annetta per oltre 35 anni. Il 16 settembre del 2001 su proposta di Daniele Boni, l'assemblea generale diede unanime consenso per richiedere una statua di San Cataldo. Il club decise così di commissionare in Italia una replica della statua originale. Don Antonio Boni e Pierino Piroli collaborarono al progetto in Italia. Allo stesso tempo, a Toronto fu costituito un comitato per raccogliere fondi, coordinato da Roberto Bonanni, Danny Boni e Carmine Caprara. Gli altri membri del comitato erano Linda Paternostro, Giannina Cappella, Claudia Palleschi, Angela D'Annetta, Giorgio Casali, Joe Mancini, Lorenzo Santia, Graziella Caprara Luigi Martini, Sergio Zuccaro e Moreno Tomei. In poco tempo furono raccolti più di 40,000 dollari grazie al contributo di tutti

of the community contributing to its realization.

The statue arrived in Toronto in 2002 for the festa in May of that year. For the blessing ceremony Archbishop Salvatore Boccaccio arrived form Frosinone with Rev. Antonio Boni and Pierino Piroli from Supino. The club in Toronto has used the statue for the 'Festa di San Cataldo ever since. During the year it is kept in the chapel of SS.mo Crocifisso on Kipling Ave in Woodbridge. The Supino Social and Cultural Club of Toronto considered this one of its latest major achievement.

Conclusion

Listed below are the presidents who served in the Supino Social and Cultural Club since its founding: Roberto Bonanni; Paolo Ruzza, returned to Italy, Mario Zuccaro, Giorgio Casali, Carmine Caprara, Daniele Boni, Sergio Zuccaro and Angelo Tomei. Roberto Bonanni, founder and first president, is now an honorary president of the Club.

Currently the Club has a membership of over 200 families and is still very active in the community. It is facing the challenge of engaging the new generation of members in the affairs of the association. Both Daniele Boni and Roberto Bonanni agree that, *"It is not an easy task in our ever-changing times."* They are confident that with renewal through the revisiting of the by-laws and mandate, new younger members will in time join the club to continue its mission. The club can look to its rich legacy of service to the community, as a testament of its success and hope for a strong future.

i membri della comunità. La statua arrivò a Toronto nel 2002 per la festa di quell'anno e alla cerimonia di benedizione era presente a Toronto anche l'arcivescovo Salvatore Boccaccio della Diocesi di Frosinone insieme con Don Antonio Boni e Pierino Piroli di Supino. Da allora il club di Toronto utilizza la statua per la Festa di San Cataldo, mentre durante l'anno l'opera viene conservata nella Cappella del SS.mo Crocifisso sulla Kipling Ave a Woodbridge. La realizzazione della statua è considerata dal club come uno dei più importanti fra gli ultimi obiettivi raggiunti.

Conclusione

I presidenti che hanno reso servizio per il Supino Social and Cultural Club sin dalla sua fondazione sono stati: Roberto Bonanni, Paolo Ruzza, rientrato in Italia, Mario Zuccaro, Giorgio Casali, Carmine Caprara, Daniele Boni, Sergio Zuccaro e Angelo Tomei. Roberto Bonanni dopo essere stato fondatore e primo presidente del club, ora ne è presidente onorario.

Normalmente il club conta più di 200 famiglie membri ed è ancora molto attivo all'interno della comunità. Nonostante ciò, l'associazione si trova ad affrontare il problema di riuscire ad attirare le giovani generazioni nelle attività sociali. Daniele Boni e Roberto Bonanni hanno concordato nel dire: "Il nostro non è un compito facile in un momento in cui tutto cambia". Essi confidano in un rinnovo del club attraverso la revisione dello statuto e dello stesso scopo sociale, affinché le nuove generazioni comincino a coinvolgersi nel club e a continuarne il lavoro. Ad oggi il club può vantare una intensa operosità a servizio della comunità, come testimonianza dei suoi

Comitato Esecutivo 2007 - 2008

2007 - 2008 Board of Directors   *Supino Social and Cultural Club.*

successi e speranza per un solido futuro.

Supino Social and Cultural Club bocce teams.

SUPINO SOCIAL & CULTURAL CLUB BOWLING LEAGUE 1995

Il Comitato della Bowling League ringrazia Gary Bonanni - Paul Alessandrini - Angelo Tomei - Danny Boni per aver fornito a tutti i giocatori le magliette. Ringraziamo tutti i partecipanti per la loro dedizione e sportività.

2. Sora Social Club

On January 6, 2010 I interviewed Mr. Vincenzo Capobianco, at the Sora Hall at 870 Rowntree Dr. in Vaughan, Ont. Later in the interview Rocco Catenacci joined us. He provided more information and his perspective on the organization.

In the interview Vincenzo recounted, *"The Sora Social Club was founded in Toronto in 1958 for the love of soccer. That was the reason the founding members created the organization."* The protagonists of the day, according to Vincenzo were, Mario Peruzza, Agostino Alonzi, Bernardino Tersigni and Gino Campagna. Vincenzo added, *"The Sora Club had its first meetings in the basement of 'L'Immacolata' Church at Eglington and Keele."*

In 1958 the first soccer team of the Sora Club was formed. Although this initial team lasted a couple of years, it was not until 1968 that there was the impetus to regroup and form a club. Vincenzo explained the resurgence of the organization, *"In 1968 I met a couple of friends walking on St. Clair Avenue in Toronto. While standing on the sidewalk signor Umberto Alati and I discussed restarting the soccer team. We both became actively involved. That year I became vice-president of the Sora club and in 1969 I became president and stayed in that*

2. Sora Social Club

Il 6 gennaio 2010 ho intervistato il sig. Vincenzo Capobianco, presso la Sora Hall all'870 di Rowntree Dr. a Vaughan in Ontario. Nel corso dell'intervista Rocco Catenacci si è unito a noi e mi ha dato ulteriori informazioni oltre ad esprimere il suo pensiero sull'organizzazione.

Vincenzo ha raccontato: "Il Sora Social Club è stato fondato a Toronto nel 1958 per amore del calcio. Fu questo il motivo per cui i soci fondatori crearono l'organizzazione". I protagonisti di quella giornata, secondo Vincenzo, furono Mario Peruzza, Agostino Alonzi, Bernardino Tersigni e Gino Campagna. Vincenzo ha aggiunto: "Il Sora Club teneva le sue prime riunioni nel seminterrato della Chiesa dell'Immacolata di Eglington e Keele".

Nel 1958 fu formata la prima squadra di calcio del Sora Club che restò attiva per un paio d'anni. Fu solo nel 1968 che si manifestò l'interesse di rimettersi insieme e ricostituire un club. Vincenzo mi ha raccontato della rinascita dell'organizzazione. "Nel 1968 camminando lungo St. Clair Avenue a Toronto ho incontrato un paio di amici. Mentre eravamo in piedi sul marciapiede io e il sig. Alati discutemmo della possibilità di riavviare la squadra di calcio. Entrambi ci coinvolgemmo attivamente e quell'anno

1958 Sora Soccer Team

Logo for Sora Soccer Club.

diventai vice-presidente del Sora Club, mentre nel 1969 fui eletto presidente e rimasi in carica per più di dieci anni".

La passione che Vincenzo ha per il calcio si è fatta evidente quando ha raccontato: "Da bambino guardavo le partite a Sora, in Italia, salendo su un albero vicino allo stadio di calcio, perché non avevo i soldi per entrare". Questo interesse ha spinto Vincenzo a coinvolgersi. Per quarantuno anni Vincenzo è stato impegnato nel Sora Social Club e nello sviluppo delle squadre di calcio organizzate dal club. Dal canto suo Rocco Catenacci entrò a far parte del Team nel 1968 come giocatore. Sia Rocco sia Vincenzo mi hanno riferito che l'aspetto più difficile per poter mantenere la squadra era rappresentato dalla ricerca di finanziamenti.

"In un primo tempo", mi dice Vincenzo, "la squadra di calcio era composta da membri del Club di Sora, ma in un anno o due eravamo alla ricerca dei migliori giocatori di altre squadre. Abbiamo reclutato giocatori di origine scozzese, inglese, irlandese e

position for over ten years."

Vincenzo's passion for soccer was evident when he recounted, *"As a child I would watch the games in Sora, Italy by climbing up a tree near the soccer stadium, because I had no money to get in."* This interest was what drove Vincenzo to be involved. For 41 years he was not only involved with the Sora Social Club but was integral to the development of their soccer teams. On the other hand Rocco Catenacci became part of the Sora Team as a player in 1968. Both Rocco and Vincenzo said the most difficult aspect of maintaining the team was money.

tedesca che vivevano a Toronto. Dal 1970 al 1973 abbiamo vinto il Toronto District Soccer League." Vincenzo nel ricordare l'entusiasmo dei tifosi mi ha detto che: *"Spesso c'erano più di 3.000 spettatori a guardare gli incontri. Il Team Sora Calcio è stato molto competitivo per un certo numero di anni".*

Questi uomini si impegnarono insieme ad altri ed erano disposti a spendere una grande quantità di tempo ed energie nel lavoro, per tenere insieme la squadra anno dopo anno. Come ha fatto notare Vincenzo: "Sappiate

Sora Soccer Team with players from other backgrounds - English, Irish, Scottish, German and Italian.

Vincenzo stated, *"At first the soccer team was made up of members of the Sora Club, but within a year or two we were scouting for better players from other teams. We recruited players who were of Scottish, English, Irish and German background living in Toronto. From 1970 to 1973 we won the Toronto District Soccer league."* Vincenzo recalled with enthusiasm: *"There were often over 3,000 spectators watching the games. The Sora Soccer Team was very competitive for*

che tutto questo lavoro è stato fatto in maniera del tutto volontaria".

Per un breve periodo, a partire dal 1980, si pensò di preparare giovani giocatori per la squadra del Sora. Armando Campagna e Giuseppe Longo furono responsabili dello

Emerald battuto nella finale con i calci di rigore

Trionfo del Sora nella Consols Cup

TORONTO — Il Sora ha chiuso in bellezza la stagione 1974 aggiudicandosi la Consols Cup, trofeo messo in palio dalla Toronto and District Soccer Association.

La partita e' stata entusiasmante e non priva di colpi di scena infatti, e' stato necessario ricorrere ai calci di rigore per assegnare il prestigioso trofeo.

Sora e Emerald avevano chiuso in parita' (2-2) sia i 90' regolamentari sia i due tempi supplementari.

Le due squadre si sono affrontate a viso aperto a tutto vantaggio dello spettacolo. L'importanza della posta in palio ha reso i giocatori un po' nervosi e pertanto non sono mancati i falli che sono stati subito puniti dall'arbitro King, ottima la sua direzione di gara.

Al 6' il Sora passa in vantaggio. Rimessa laterale di Maggiacomo, Caringi appoggia di testa all'irrompente Cruikshank che insacca.

Immediata la reazione degli inglesi, i quali mettono a dura prova la difesa sorana, che cede la prima volta al 20' e 18' dopo capitola per un 'autorete di Kellock.

Nella ripresa l'allenatore del Sora effettua alcuni cambiamenti e la squadra scende in campo intenzionata a rovesciare il risultato. Gli attacchi si susseguono a ritmo serrato e giunge al 67' il sospirato gol del pareggio con Caringi.

Ad 8' dalla conclusione e' lo stesso Caringi a colpira la traversa a portiere battuto.

Conclusi i 90' in parita le due squadre si ripresentano in campo per i due tempi supplementari ma nonostante la buona volonta' dei giocatori il risultato non cambia e si passa cosi' ai calci di rigore.

Il protiere del Sora para due dei primi cinque rigori dell'Emerald ma i suoi compagni non ne sanno approfittare perche' anch'essi sbagliano due volte dal dischetto.

Al sesto tentativo il portiere sorano si ripete e Canzone segna il rigore che dà la vittoria alla sua squadra e con essa la conquista della Consols Cup.

Il Sora ha cancellato con questa vittoria una sfortunata stagione in campionato.

Gli artefici della vittoria del Sora nella Consols Cup. In piedi da sinistra: Loreto Peruzza (manager), Gianni Paulis (allenatore), Cipriani, Crevatin, Crescenzi, Carneiro, Brenner, Cruikshank, Caringi, Mattacchione, Canzone, Kellok, De Ciantis; accosciati: la mascotte Sandro, Roja (massaggiatore), Venditti, Mastrangelo, Mancuso, Maggiacomo, Muse.

a number of years."

These men along with others were dedicated individuals willing to spend a great deal of time and energy to keep the team going year in and year out. Vincenzo highlighted, " *I want you to know that all this work was done on a volunteer basis*."

During a brief period in the 1980's there was an interest to develop younger players for the Sora team. Armando Campagna and Giuseppe Longo were responsible for the development of these young teams. A large number of members' children participated in the soccer program. Unfortunately this training lasted for only four or five years.

By 1990 the Sora club had a well developed team called the Sora Lazio Soccer Team. They travelled to Italy and played against the soccer team of Sora and other teams from the surrounding area. Besides Sora the team played in Pescosolido, San Donato V.C., and Subiaco. The mayor of Vaughan Lorna Jackson was in Sora to see the game. The Canadian Sora team won or tied all the games in Italy, except when they played against the more professional team, Lazio. There continued reciprocal games with the Italian teams to Canada. The Sora team of Vaughan hosted the Gioventù Sorana team in 2005 and 2006. In 2008 they hosted in Canada the 'Squadra di Calcio Femminile Sora', the girls soccer team from Sora, Italy. The soccer teams created interaction between the town of origin and Canada.

The Sora Lazio soccer team has had a number of significant achievements. They won the Consul Trophy six times. This trophy had been established in Canada by the English soccer groups in 1925. In 1993 and in 2000

sviluppo del calcio giovanile.Al programma calcistico parteciparono molti giovani, ma sfortunatamente l'iniziativa durò solo quattro o cinque anni

Nel 1990 il club aveva sviluppato la Sora Lazio Soccer team, che giocò con la squadra del Sora in Italia e con altre squadre delle zone limitrofe. Oltre a Sora, dove era presente anche il sindaco di Vaughan Lorna Jackson, la squadra giocò a Pescosolido, San Donato V.C. e a Subiaco. La squadra vinse tutti gli incontri, tranne quello con la Lazio, squadra più professionale. Gli incontri reciproci continuarono anche in Canada con altre squadre italiane. Il Sora team di Vaughan nel 2005 e nel 2006 ospitò la squadra della Gioventù Sorana, mentre nel 2008 ospitò la 'Squadra di Calcio Femminile Sora'. E' evidente come l'attività calcistica abbia favorito l'interazione fra la città d'origine e il Canada.

Il Sora Lazio ha ottenuto una serie di risultati importanti. Ha vinto per sei volte il Consul Trophy, un trofeo di lunga data che le società di calcio inglesi istituirono nel 1925 in Canada. Nel 1993 e nel 2000, il Sora ha vinto l'Ontario Cup Championship. Nel 2001 ha vinto l'Ontario Soccer League e ha continuato a vincere altri campionati e trofei. Col tempo la Sora Lazio ha cambiato nome ed è diventata semplicemente il Sora.

Quando ho chiesto della situazione attuale della squadra, Rocco e Vincenzo mi hanno detto: "Entro il 2012 la squadra non esisterà più. I costi e l'impegno per mantenere una squadra sono davvero troppo alti per il club". L'interesse e l'impegno di Rocco nel calcio continua tuttora nel club di Milano a

Sora won the Ontario Cup Championship. In 2001 they won the Ontario Soccer League and continued to win championships and trophies. Over time the Sora Lazio changed its name and became known simply as Sora.

When asked about the current status of the team Rocco and Vincenzo stated: *"By 2012 the team will no longer exist. The expenses and the commitment to maintain a team are just too much for the club."* Rocco's interest and commitment to soccer continues with his ongoing involvement with the Milan Club in Vaughan, Ontario.

Although soccer was the reason for founding of the Sora Club, the club organized many other social and cultural activities. Both Rocco and Vincenzo listed the social and cultural events held annually: *"Under the leadership of Mario Lorini a choir called Lazio Musical was founded. The club celebrated the 'Sagra del Maiale' in January, the 'Festa of San Giuseppe' in March, the 'Festa of Santa Restituta' in May, the picnic for 'Ferragosto' in August and in December we hold a Christmas party for youth and seniors."* These activities played a large role gathering and keeping the Sora community together in Toronto. The Sora Club has also maintained it own clubhouse for many years. In 1988 the Sora Club purchased the unit at Rowntree Dairy Road and Strada just East of Pine Valley Drive in Woodbridge Ontario. This clubhouse continues to serve the needs of the membership to this day.

The Sora Club also maintained ties with the place of origin. Over the years, representatives from the Province of Frosinone, the Lazio Region of Italy, as well as, the administration from the city of Sora visited and were hosted by the Sora Club in Canada. Representatives of the Club would also travel to Sora and participate in commemorative events such as the blessing of the new bell for the bell tower in the church of 'San Silvestro' in 1984.

Vaughan.

Pur essendo il calcio la ragione della fondazione del Sora Club, l'associazione ha organizzato ogni anno molte altre attività sociali e culturali. Rocco e Vincenzo mi hanno elencato le manifestazioni annuali. "Sotto la guida di Mario Lorini il club ha creato il coro Lazio Musical. In più organizza annualmente la Sagra del Maiale nel mese di gennaio, la Festa di San Giuseppe a marzo, la Festa di Santa Restituta a maggio, un picnic annuale a Ferragosto e nel mese di dicembre una festa di Natale per giovani e anziani". Tutte queste attività hanno svolto un ruolo cardine per l'unita della comunità di Sora a Toronto. Il Sora Club possiede da molto tempo una propria sede. Nel 1988, infatti, il club acquistò una unità sulla Rowntree Dairy Road and Strada a est della Pine Valley a Woodbridge in Ontario, che ancora oggi continua ad essere utilizzata come sede.

Naturalmente il Sora Club ha mantenuto anche i legami con il luogo d'origine. Nel corso degli anni, i rappresentanti italiani della Provincia di Frosinone, della Regione Lazio, così come, l'amministrazione della città di Sora sono venuti in visita in Canada e sono stati ospitati dal Sora Club. Dal canto loro anche i rappresentanti del Club sono stati più volte a Sora e hanno partecipato a varie cerimonie, fra cui la benedizione della nuova campana per il campanile della chiesa di 'San Silvestro' nel 1984. Tuttora la città di Sora è gemellata con la città di Vaughan e i rapporti vanno avanti.

Nel corso degli anni il club ha mantenuto le sue tradizioni culturali e sportive. A tal proposito Vincenzo e Rocco mi hanno parlato dei documenti contenuti nei tanti opuscoli preparati per queste occasioni particolari.

1969-1970 Committee of Sora Club
Back row, l to r
Domenico Venditti
Mario Alati
Tony Porretta
Second row, l to r
Domenico Venditti
Gabriele Tatangelo
Miss Sora (Ms. Petrozzi)
Gino Campagna
Natale Porretta
Vincenzo Capobianco
Front row, l to r
Dino Gimmeti
Rinaldo Pellegrini
Vincenzo Pellegrini
Loreto Peruzzo
Ruggero Lamurra

1968 - New Sora Club Committee.
Back row, l to r.
Mr. Porretta
Loreto Marcelli
Natale Poretta
Umberta Crocione
Bernardini Tersigni-(President)
Vincenzo Capobianco
Mario Alati
Loreto Peruzzo

Front row, l to r
Gino Campagna
Jow Corridore
Umberto Alati
Dino Gimmetti
Luciano Di Vito

Today the city of Sora is twinned with the city of Vaughan and the ties continue.

The club has maintained the legacies of sporting and cultural tradition over the years. Vincenzo and Rocco discussed the documents found in the many commemorative booklets that were prepared for special occasions. Vincenzo recalled, *"There were a number of people who helped to develop the booklets. People such as Tony Porretta prepared and wrote some articles about Italian families who had settled in Canada."* Others wrote articles about the games and players of the soccer team. These booklets contain a number of photos of the club's activities.

Many sponsors who supported the club had advertisements in these commemorative publications. They show the many Italian-Canadian and 'Sorani' businesses that were developing in Canada. Some of these businesses have grown to be of significant size and have become well known in the community. Names such as New Era Tool and Die Ltd., Masters Insurance Agencies Inc., Longo's Fruit Markets, S.O.R.A. Real Estate Insurance Limited, Cianfarani Travel, Jane Travel Ltd., Aris Travel Ltd., International Italian Bakery, Dufferin Tile, Aurelio's D'Aversa Children's Wear and more are names found in the 1982 and 1984 commemorative booklet of the Sora Club .

We concluded the interview by discussing where the club was headed. Vincenzo and Rocco stated that in 1969 the average age of the membership was between eighteen to thirty-five years of age. Today, 2010, the average age for the membership

Vincenzo ha ricordato: "Molte persone hanno collaborato alla preparazione degli opuscoli. Persone come Tony Porretta, hanno trascritto le storie di famiglie italiane che si sono stabilite in Canada"Altri hanno redatto gli articoli sulle partite e sui giocatori delle squadre di calcio. Gli opuscoli contengono, poi, anche diverse foto delle squadre.Molti sono gli sponsor che hanno sostenuto il club e che si possono ritrovare in questi opuscoli. Essi mostrano le tante aziende italo-canadesi e sorane che si stavano sviluppando in Canada. Alcune di queste aziende sono cresciute fino a assumere dimensioni importanti e sono diventate ben note alla comunità. Nomi come New Era Tool and Die Ltd., Masters

1984 - New bell for the church of 'San Silvestro.

Early 1970's Some of the sponsors of the early commemorative booklets of the Sora Club.

and board of the Sora Club is around fifty-five to seventy years old and the numbers are dwindling. There is little interest from the younger generation to attend the functions or take an active role in the running of the club. Both Vincenzo and Rocco described this phase, *"The club is shadowed by a cloud and that cloud is that the club's time is coming to a close."* The trend according to both is one of decline and eventual closure of the club.

Over the last number of years Emilio Mammone has led the Sora Club as president. He has had the difficult task of keeping the club together during times of change and an ageing membership. His strong commitment and work has provided stability and maintained some of the club's activities.

Although the Sora Club appears to be in its twilight, the club has provided a service of community spirit and connection with the town of origin, tradition and cultural legacies for many years. It is thanks to the work and dedication of so many that the sense of identity and a social community has been passed on. The soccer legacy is one in which, the members and the community have a great deal of pride.

Insurance Agencies Inc., Longo's Fruit Markets, S.O.R.A. Real Estate Insurance Limited, Cianfarani Travel, Jane Travel Ltd., Aris Travel Ltd., International Italian Bakery, Dufferin Tile, Aurelio's D'Aversa Children's Wear ed altri sono citati negli opuscoli del Sora Club degli anni 1982 e 1984.

Abbiamo concluso l'intervista discutendo del futuro del club. Vincenzo e Rocco hanno detto che nel 1969 l'età media del gruppo era di 18-35 anni, mentre oggi i membri del Club e del consiglio hanno un'età compresa fra i 55 e i 70 anni. Le generazioni più giovani mostrano poco interesse a frequentare le attività del club o ad assumere un ruolo attivo nella sua gestione. Sia Vincenzo che Rocco hanno descritto questa fase dicendo: "Il club è come oscurato da una nube, è la fine che si avvicina". Entrambi, infatti, pensano che il club vada verso il declino e l'eventuale chiusura. Negli ultimi anni Emilio Mammone ha guidato il Club Sora come presidente. Ha avuto il difficile compito di tenere unito il club in una fase storica caratterizzata da molti cambiamenti e da un progressivo invecchiamento dei soci. Il suo forte impregno e il suo continuo lavoro hanno dato stabilità al club e mantenuto in vita alcune delle sue attività.

Malgrado il Sora Club sembra oggi essere al tramonto, per molti anni esso è stato di supporto alla comunità e di collegamento con la città d'origine, con le sue tradizioni e la sua cultura. E' grazie al lavoro e alla dedizione di tanti che il senso d'identità e di comunità è stato trasmesso. Dell'eredità del calcio i membri del club e la comunità vanno ancora particolarmente fieri.

Left: 2010 Emilio Mammone (President of the Sora Club) receives a Certificate of Service to the Community.

Below: 1969 - 1970 Sora Soccer team winners.

3. Society San Marco Social Club

I met with Gaetano Baldesarra and Antonia Panetta-Prospero at Gaetano's place of business on Oct. 20, 2010. Gaetano and Antonia have been part of the club since its founding in 1963. The club was incorporated on September 14, 1970.

In those early days of immigration about 150 families originated from various districts of Pescosolido, Italy and its surroundings. Antonia recalled, *"I remember hearing my parents say the names of places around Pescosolido; San Marco, Valpara, Via Pinao, Forcella, Colledardo, San Vincenzo Ferreri, e Valleradice."* Immigrants to Canada from these points of origin came together in April of 1963. They agreed to form a club and named it San Marco Social Club. The 40th anniversary booklet of 2003 listed the founding members. *"With the help of a lawyer Luigi Ravazza, a founding committee was formed. The founding members were Domenico Macchiusi, Vincenzo Tuzi, Antonio Simone, Tony Scenna, Salvatore Guida, Vincenzo Guida, Carlo Baldessarra, Gino Panetta, Joe Baldessarra, Giulio Sarracini and Benito Sarracini. Thirty seven members were signed up and club activities were*

3. Società San Marco Social Club

Ho incontrato Gaetano Baldesarra e Antonia Panetta Prospero nell'ufficio di Gaetano il 20 Ottobre 2010. Gaetano e Antonia fanno parte del club sin dalla fondazione avvenuta nel 1963, mentre la usa registrazione ufficialmente avvenne il 14 settembre 1970

Nei primi periodi di immigrazione arrivarono in Canada circa 150 famiglie provenienti da varie contrade di Pescosolido e dalle zone limitrofe. Antonia ha ricordato: "Sentivo i miei genitori pronunciare i nomi delle contrade intorno a Pescosolido: San Marco, Valpara, Via Pinao, Forcella, Colledardo, San Vincenzo Ferreri, e Valleradice". Gli immigrati originari di questi luoghi si riunirono nel mese di aprile del 1963 e concordarono di formare un club e chiamarlo San Marco Social Club. Nell'opuscolo del 2003, 40° anniversario del club, sono riportati i nomi dei membri fondatori. "Con l'aiuto di un avvocato, Luigi Ravazza, fu costituito un comitato di fondazione. I membri fondatori erano Domenico Macchiusi, Vincenzo Tuzi, Antonio Simone, Tony Scenna, Salvatore Guida, Vincenzo Guida, Carlo Baldessarra, Gino Panetta, Joe Baldessarra, Giulio Sarracini e Benito Sarracini. Trentasette membri firmarono l'atto e furono pianificate

SOCIETÀ «S. MARCO» TORONTO.—

Un lontano 28 aprile 1963 un gruppo di emigrati provenienti da Pescosolido e da altre località limitrofe «allo scopo di riunire tutti gli emigrati provenienti dalle varie contrade dei Comuni di Pescosolido e di Sora, provincia di Frosinone, con fini ricreativi e di beneficenza» (Art, 1 dello Statuto) davanti ad un notaio della County di York sottoscrisse un documento per dare avvio ad un club, la Società «S. Marco» in Toronto, I firmatari furono Gaetano Baldesarra, Domenico Macchiusi,

Beginning and founding of the Society San Marco Social Club.

Salvatore Guida, Gino Panetta, Antonia Scenna, Mario Campea, Orazio Simone e Giovanni Simone. La Società fu riconosciuta legale il 14 settembre 1970 e rigistrata al N. 210581 nell'Ufficio del registro delio stesso Dipartimento.

planned." [1]	*le attività del club".* [1]
According to Gaetano, *"We can trace social activities before the formation of the club from about 1951. In those early days people tried to stay connected. We would visit one*	*Gaetano ci dice: "Siamo in grado di documentare alcune attività sociali precedenti alla formazione del club già a partire dal 1951. In quei primi giorni di permanenza*
1. Translated from Domenico Macchiusi,s document in the 40th anniversary booklet of 2003.	1. Domenico Macchiusi, trato dall'opuscolo per ill 40° anniversario dell Club nel 2003.

another regularly at each other's home as much as possible. Those of us who had emigrated from this area around Pescosolido near Sora organized simple events such as picnics in the summer. At these gatherings sandwiches and beer were served and music was played. "

la gente cercava di tenersi in contatto. Ci si faceva visita regolarmente nelle case come si poteva. Quelli tra noi che erano emigrati dalla zona di Pescosolido vicino Sora, organizzavano incontri semplici come picnic estivi durante i quali si consumavano panini e birra e si suonava musica. "

The people originating from Pescosolido area of Italy, sponsored one another through the immigration process. They recreated a

Gli originari di Pescosolido, richiamandosi a catena nel processo immigratorio, ricrearono una nuova comunità a Toronto. L'esigenza di

Comitato 2003

Board of Directors 2003 of the Society of San Marco Social Club.

Nick Tersigni (Segretario), Tony Guglietti (Consiglieri), Sam Guida (Tesoriere), Mario Campea (Consigliere), Gaetano Baldesarra (Presidente), Tony Baldesarra (Consigliere), Donato Guglietti (Vice Presidente), Valentino Prospero (Consigliere), Tony Scenna (Vice Segretario), Raffaele Sarra (Vice Tesoriere),

new community in Toronto. The need to form 'Societa San Marco Social Club" came from the religious and cultural ties to the traditions of their place of origin.

The Societa San Marco was named after a small strip of land, in this geographic area of Pescosolido, Italy where there was once a small chapel known to all as San Marco. According to Antonia, "*Domenico Macchiusi was considered to be the driver and strong supporter for the founding of the club. He had lived close to this chapel in Italy and named the club after this specific location.*"

"*San Marco Social Club began to celebrate the feast day of 'San Rocco' the protector of their hometown in Italy in the middle of August of 1963,*" recalled Domenico. That year, a simple framed picture of St. Rocco was used for the celebration. The festivities began with a Mass held at St. John Bosco Roman Catholic Church in the Dufferin and Rogers area of Toronto, followed by a procession to Fairbank Park. In 1963-1964 a statue of San Rocco was commissioned in Italy, for the second annual feast. Fr. Don Pileggi assisted them in this endeavour. The club put together the finances and the statue arrived. The church of St. John Bosco currently maintains the statue.

To add to the religious tradition of the club, a few years later an elegant banner of Maria Santissima di Pompei (the name of the church in the town in Italy) was commissioned. The women of the club now bring it with them during organized trips and carry it in procession during celebrations, as a reminder of the strong religious traditions on which the

formare la Società San Marco Social Club derivava dalle tradizioni religiose e culturali legate al paese d'origine.

La Società San Marco deve il nome ad una piccola zona del comune di Pescosolido, dove c'era una piccola cappella conosciuta da tutti come cappella di San Marco. Antonia racconta: "Domenico Macchiusi era considerato una guida e un forte sostenitore della fondazione del club. Aveva vissuto vicino a questa cappella in Italia e scelse questo come nome all'associazione".

"Il San Marco Social Club iniziò a celebrare la festa di San Rocco, protettore della loro città in Italia, a metà del mese di agosto del 1963", ricorda Domenico. Quell'anno fu utilizzata per la celebrazione, un semplice quadro come immagine di San Rocco. I festeggiamenti iniziarono con una Messa presso la Chiesa di San Giovanni Bosco nella zona di Dufferin e Rogers a Toronto seguita da una processione a Fairbank Park. Intorno al 1963-1964 fu commissionata una statua di San Rocco in Italia, per la seconda festa annuale. Con don Pileggi che l'assistette l'impresa, il club riuscì a raccogliere il denaro e la statua arrivò in Canada. Tutt'oggi l'immagine è conservata nella chiesa di San Giovanni Bosco.

Per avvalorare maggiormente la tradizione religiosa del club, pochi anni dopo fu commissionato un elegante stendardo raffigurante Maria Santissima di Pompei, figura mariana alla quale è dedicata la chiesa della città natale. Le donne del club lo portano con loro durante i viaggi organizzati e durante le processioni, per ricordare le forti tradizioni religiose su cui è stato costruito il

club was built.

In the beginning the 'San Rocco Festa' was held at Fairbank Park. This event attracted around 2000 people when it was first held. Other locations where this club organized and held this event were at the Fairbank Banquet Hall at Dufferin and Eglington, as well as the Army/Navy Banquet Hall at Dufferin and Rogers. Domenico explained, *"As the years progressed there were more extravagant banquets celebrated with more food and entertainment."*

Over the years the 'festa' swelled. Antonia and Gaetano relayed their estimate, *" As our community grew we began to have as many as ten thousand people participating. Those who attended this feast day would come from across the Golden Horseshoe (*the geographic area around the western part of Lake Ontario*) including Hamilton."* Because of the large numbers in attendance the mass was held in the open. The religious procession that included a marching band followed. Besides the religious component of the festivities, an abundance of food was served. Domenico and Antonia state, *"The famous 'ciambelle', 'lupini', 'porchetta', 'noccioline', and other traditional foods were served and continue to be served at this occasion. Outdoor activities such as bocce and children's games are always organized."* They added, *"More recently the 'San Rocco Festa' has moved to the Columbus Centre. Here about two*

club.

I primi tempi la festa di San Rocco si teneva presso il Fairbank Park e, già nella prima edizione attirò circa 2000 persone. Il club ha organizzato la festa anche in altri luoghi come la Fairbank Banquet Hall a Dufferin

Festa San Rocco 15-08-2010 women carry banner of 'Maria SS di Pompei.

e Eglington o la Army/Navy Banquet Hall a Dufferin e Rogers. Come mi ha spiegato Domenico: "Col passare degli anni sono stati organizzati banchetti sempre più importanti con più vivande e un maggiore intrattenimento".

Nel corso degli anni la festa è cresciuta. Come Antonia e Gaetano stimano, "Mano mano che la nostra comunità cresceva abbiamo cominciato ad avere fino a dieci mila partecipanti. Coloro che prendevano parte alla festa arrivavano da tutta l'area del Golden Horseshoe (area geografica a ovest del Lago Ontario) compresa la città di Hamilton. " A causa del gran numero di presenze la messa

thousand participants continue to attend. This celebration is always held on the closest weekend to August 16th."

Over the last thirty years the club has organized bus trips to Sainte-Anne-de-Beaupré in Quebec City, to Saint Cosmas and Damian in Utica, New York, to Fatima, in New York, to the Niagara wine region, as well as organized trips back to the hometown of Pescosolido. The trips to Pescosolido were memorable according to Antonia, *"We were reunited with family and friends, who welcomed us warmly. These trips to Italy were spent enjoying the traditions and customs of the region, such as pasta and fagioli nights and concerts in the piazza of the Church of Maria Santissima di Pompei."* As well the club has had a youth organization, sponsored hockey teams, and organized golf tournaments to raise money for charity.

Another activity organized in Canada by the club was the annual picnic in July. This was previously held at Aliston Conservation Park, and currently organized at Westlin Farms. Antonia explained, *"At first the organizing committee cooked their own pasta. More recently the pasta is catered. However, the men still enjoy barbecuing for all in attendance."*

This organization continues to hold three annual dinner dances, one in the spring, one in the fall and one at Christmas. The spring themes are either 'carnevale' or St. Valentines

si teneva all'aperto e la processione religiosa comprendeva anche una banda musicale. Al di là della parte religiosa della festa, il gruppo organizzatore serviva anche molte vivande. Secondo quanto mi hanno riferito Domenico e Antonia "Le famose ciambelle, i lupini, la porchetta, le noccioline e altri cibi tradizionali sono stati e continuano ad essere serviti in questa occasione. Sono sempre stati organizzati attività all'aria aperta come il gioco delle bocce e i giochi per bambini". Domenico e Antonia hanno aggiunto: "negli ultimi tempi la festa di San Rocco, che si è sempre tenuta nel week-end più vicino al 16 agosto, è stata spostata al Columbus Centre

San Marco Social Club trip to St. Anne DeBeaupre, Quebec.

e vede la partecipazione di circa duemila persone."

Negli ultimi trent'anni il club ha organizzato viaggi in autobus a S. Anne de Beaupret a Quebec City, ai Santi Cosma e Damiano a Utica - New York, a Fatima - New York, nella

San Marco annual picnic 'Ballo della Conca'.

or women's day held in March. In the fall the theme is the 'Vendemmia', the traditional grape harvest. The Christmas party attracts many of the club members' children who look forward to receiving gifts from Santa Claus. The club has tried to maintain the traditional activities such as having accordion music played during events. Another traditional activity is the 'corsa con la conca'. This is a race with women dressed in traditional costumes carrying a large earthen water pitcher, called 'conca', on their head. Many of the events recreated in Canada are tied to the town of origin.

When the club began, the average age of the

regione vinicola del Niagara e nella stessa città natale di Pescosolido.

Antonia mia ha raccontato che i viaggi a Pescosolido sono stati memorabili secondo Antonia, "Siamo stati con le famiglie e con gli amici, che ci hanno accolto calorosamente. Durante i viaggi in Italia abbiamo rivissuto le tradizioni e i costumi della regione, come le serate della pasta e fagioli e i concerti sulla piazza della Chiesa di Maria Santissima di Pompei". Il club ha avuto anche un comitato giovanile, ha sostenuto squadre di calcio e organizzato tornei di golf per raccogliere fondi da dare in beneficienza.

Un'altra delle attività organizzate in Canada dal club è il picnic annuale che si svolge nel mese di luglio. Il pic-nic in passato veniva organizzato all'Aliston Conservation Park mentre oggi si tiene presso il Westlin Farms. Antonia ha raccontato: "Inizialmente il comitato organizzatore si occupava di cucinare lui stesso della pasta. Recentemente ci si è rivolti ad un servizio di catering, tuttavia, gli uomini si divertono ancora nel preparare il barbecue per tutti i presenti".

L'associazione organizza ogni anno tre serate con cena e ballo in primavera, in autunno e a Natale. I temi della cena primaverile vengono scelti fra quelli del Carnevale, la Festa di San Valentino o la Festa della Donna che si tiene a marzo, mentre in autunno la festa è dedicata alla vendemmia. La festa di Natale, invece, attira molti "soci-bambini" del club che attendono con ansia di ricevere i regali da Babbo Natale. In queste occasioni il club ha cercato di mantenere le attività tradizionali come l'accompagnamento di fisarmonica o la Corsa con la conca, una gara fra le donne vestite con il costume tipico e che trasportano

membership was around 30 years of age and made up exclusively of men. In 2005 the women were included as voting members. Currently there are eighty-three families who are members of this club and the average age is around 60 years old. This aging demographic is a cause for concern about the future.

Antonia maintains, *"The members' participation and the religious celebrations have helped to hold the organization together. The women's contribution has been significant."* She expressed her worries about the future of the club. *"It is difficult to engage our youth in any meaningful way and this is a concern for the club. It makes the future of the organization uncertain. However, efforts are being made to improve attendance at events and to sustain the club and its rich history."*

This history of Società San Marco is about the rural roots steeped in religious traditions and folkways. This community in Canada had strong emotional ties to their land. A very small piece of land, with a memory of a small chapel called San Marco. This legacy meant so much to the identity of these immigrants they formed a club named after it, 'Società San Marco'. Through the work of this club these traditions and folkways have been maintained and passed on.

sulla testa il tradizionale recipiente pieno d'acqua; tutte iniziative, per a maggior parte, legate alla città d'origine.

Alla nascita dell'associazione, l'età media dei membri, era di circa 30 anni, ed essa era composta esclusivamente da uomini. Solo nel 2005 le donne furono ammesse al voto. Attualmente i membri del club sono circa 83 famiglie e la loro età media è di circa 60 anni. L'età dei soci motivo di preoccupazione per il futuro anche per la Società San Marco.

Antonia ha detto: "la partecipazione dei membri e le celebrazioni religiose hanno contribuito a tenere insieme l'organizzazione. Il contributo delle donne è stato rilevante. " e continua dicendo:" E' un compito difficile coinvolgere i nostri giovani in modo significativo e questo è motivo di preoccupazione per il club. Esso rende incerto il futuro del club. Tuttavia, si stanno compiendo sforzi per migliorare la partecipazione agli eventi e per sostenere il club con la sua ricca storia".

La storia della Società San Marco è fondata su radici rurali impregnate di tradizioni religiose e usanze popolari. La comunità di Pescosolido in Canada ha sempre avuto forti legami emotivi con la sua terra. Un piccolissimo pezzo di terra e il ricordo di una piccola cappella dedicata a S. Marco, significavano così tanto, per l'identità di questi immigrati, da formare un club che porta il suo nome ed è stato grazie al lavoro dell'associazione San Marco che queste tradizioni sono state conservate.

San Marco Social Club celebrating International Women's Day

45th Anniversary - Ciociaro Costumes

Collection of photo activities of Society San
Marco Social Club.

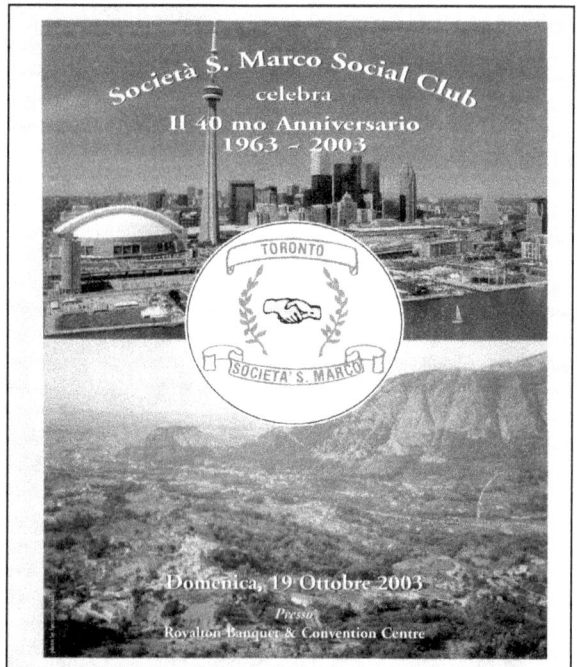

4. Canneto Society Inc.

For the interview about the Canneto Society, I met with Antonio (Tony) Malizia, on October 22, 2010, at his place of business, ADM Stainless Inc. on Queensplate Drive in Toronto. Tony Malizia was one of the founders of Canneto Society Inc.

This Society was founded in Canada on the tradition of religious devotion to the Virgin Mary. The story of the Madonna di Canneto has its roots in the Canneto Valley located in the Apennine Mountains near the town of Settefrati, Frosinone, Italy.

This tradition came from a long history in Italy.

"The valley where the Sanctuary resides is called Sacred Valley because since the 4th century before Christ, it was a place that attracted huge numbers of believers drawn by a particular presence of the supernatural. The Sanctuary was constructed on the remains of the site where the Goddess Mefiti was known to have removed fevers; especially those caused by malaria. The oldest known document revealing the original existence of the Sanctuary dedicated to the Madonna in the valley of Canneto dates back to the time of Pope Pasquale in the year 819." [1]

4. Canneto Society Inc.

Per l'intervista sulla Canneto Society Inc. ho incontrato Antonio (Tony) Malizia, uno dei fondatori del club, il 22 ottobre 2010, sul suo posto di lavoro la ADM Stainless Inc. a Queensplate Drive a Toronto.

La società fu fondata in Canada sulla tradizione della devozione alla Vergine Maria, la cui storia ha origine nella Valle di Canneto, situata sugli Appennini, vicino a Settefrati in provincia di Frosinone.

La tradizione deriva da una lunga storia.

"La Valle in cui si trova il santuario è chiamata Valle Sacra perché già dal IV secolo A.C., era il luogo in cui erano attratti molti credenti attirati da presenze soprannaturali. Il Santuario fu costruito sui resti del tempio dedicato alla Dea Mefiti conosciuta per aver guarito i malati di febbre, specialmente quella causata dalla malaria. Il più antico documento che rivela l'esistenza del Santuario dedicato alla Madonna nella Valle di Canneto, risale al tempo di Papa Pasquale nell'anno 819". [2]

Secondo Tony, "I fondatori della società in Canada erano un gruppo di devoti seguaci

1. Taken from www.canneto.ca/index2.htm, accessed 3 July 2011.

2. Pubblicato sul sito www.canneto.ca/index2.htm, 3 Luglio 2011.

CHIESA MAGGIORE DI SANTO STEFANO – SETTEFRATI

FESTA DELLA MADONNA DI CANNETO – SETTEFRATI 2009

FESTA DELLA MADONNA DI CANNETO - TORONTO 2009

According to Tony, "*The founders of the society in Canada were a dedicated group of devout followers of the 'Madonna di Canneto' who wanted to have the traditions of 'Canneto' celebrated here in Canada, our new home.*"

The Society was founded in 1967 and formally incorporated in Canada in 1968. "*Originally the committee was called 'Comitato Pro-Settefrati', but within a couple of years the name was changed to Canneto Society Inc.*" said Tony. The organizers immediately began the process of obtaining a statue for their community in Canada. Tony explained, "*In 1968 a replica of the statue of the 'Madonna di Canneto Bianca' was commissioned in Italy and brought to Toronto.*" That year the white 'Madonna di Canneto' was taken from Toronto to Mary Lake, Ontario. The

della Madonna in Canneto che volevano celebrare le tradizioni di Canneto qui in Canada, la loro nuova casa".

La società fu fondata nel 1967 e ufficialmente registrata nel 1968. "Originariamente il comitato si chiamava Comitato Pro-Settefrati, ma in due anni il nome fu cambiato in Canneto Society Inc"., *mi ha detto Tony. Gli organizzatori iniziarono subito a lavorare per avere una statua per la loro comunità in Canada. Tony mi ha spiegato: " Nel 1968 fu commissionata una replica della statua bianca della Madonna di Canneto in Italia e portata a Toronto". Quell'anno la Madonna bianca di Canneto fu portata a Mary Lake in Ontario. Le celebrazioni durarono dal 16 al 23 agosto. Quello fu il primo evento col quale si replicò la festa della Madonna di Canneto in Canada. Tony ha ricordato che:*

THE CANNETO SOCIETY INC.
109 ORMONT DR. UNIT 16, WESTON ONT. M9L 2Z1

Email: cannetotoronto@hotmail.com

BOARD OF DIRECTORS

President	Mario Massarella
Vice-President	Antonio Capocci
Secretary	Giovanni Buzzeo
Treasurer	Giuseppe Massarella
Controller	Angelo Socci
Director	Ida Massarella
Director	Antonio Malizia
Director	Maria Malizia
Director	Pat Fanone
Director	Michele Fanone
Director	Anna Capocci
Director	Filomena Buzzeo

La direzione si scusa in caso di errori o omissioni dovuti a sviste ed errori tipografici. Un vivo ringraziamento va a tutti coloro che hanno reso possible la pubblicazione di questo libretto.

The board of directors apologizes for any errors or omissions. We express our heartfelt thanks to all those who have made this publication possible. La Società Canneto Inc. asks that you kindly support our sponsors.

celebration took place from August 16-23. This was the first event to replicate this feast and the celebration to this 'Madonna' in Canada. Tony recalls, "*People came from all over North America; Windsor, Detroit, Pennsylvania, New York, Boston and other places.*"

This Madonna is well known to many people of Italian origin especially those who

Above page taken from commemorative booklet.

"*La gente veniva da tutto il Nord America, da Windsor, Detroit, dalla Pennsylvania, da New York, Boston e altri posti*".

La Madonna di Canneto è molto conosciuta dagli italiani, in particolare da coloro che arrivano dalla Regione Lazio. E' una

55

SEDE DELLA SOCIETÀ CANNETO

109 ORMONT DR. UNIT 16, WESTON ONT. M9L 2Z1
Telephone: 416-741-9419
Email: cannetotoronto@hotmail.com

come from the Lazio region. This religious celebration attracts thousands in Toronto to this day. It is also replicated in other parts of North America.

Tony explained, *"The celebration in Italy is very elaborate and steeped in long-standing rituals and traditions. It takes place on August 18, 19, 20 and 21. The celebration begins with "la calata".* This is the opening up of the statue's niche and then the statue is taken from Settefrate to Canneto. These days are known as the feast 'del pellegrinaggio'. On August 22 the white madonna is taken back to Settefrate in procession where it is exhibited until August 29 for the 'festa del ottavario'. In the evening of August 29 the statue is closed up again, in its niche, until the following year."

There is a tradition of the 'madonna nera', Black Madonna. *"The original statue was black because of the colour of the wood from which it was made. None the less the true tradition does not allow the 'Madonna Nera' to be carried in procession, but it must remain in its niche"*, according to Tony. In North America the devotees have commissioned their own madonna nera. Places such as Connecticut, Montreal, and Windsor, have all replicated the Madonna Nera and have processions with the statue, which has been a change from the processional tradition in Italy.

Tony pointed out, *"To replicate the true tradition, the communities in Canada would be required to have two statues."* I asked Tony why the Black Madonna is not to be part of a procession and he recounted a legend of the Black Madonna: *"During a procession from Settefrati to Canneto those carrying*

tradizione religiosa che attrae migliaia di persone a Toronto e viene celebrata anche in altre parti del Nord America.

Tony mi ha spiegato: " La celebrazione in Italia è molto elaborata e composta di antichi riti e tradizioni. La festa si svolge dal 18 al 21 agosto e inizia con la "Calata". E' il rito dell'apertura della nicchia dove è conservata la statua, che viene poi portata da Settefrati a Canneto. Questi giorni sono noti come la festa del pellegrinaggio. Il 22 agosto la Madonna bianca torna a Settefrati in processione dove resta esposta fino al 29 agosto per la festa dell'ottavario. La sera del 29 agosto la statua viene richiusa nella sua nicchia fino all'anno seguente".

Esiste anche una tradizione della Madonna Nera. "La statua originale era nera a causa della colorazione del legno con cui era fatta. Tuttavia la tradizione non prevede che la Madonna Nera venga portata in processione, che invece resta nella sua nicchia". ha detto Tony. In Nord America i fedeli hanno commissionato una propria statua nera. In luoghi come il Connecticut, Montreal e Windsor hanno tutti una copia della statua e la portano in processione al contrario di quanto avviene in Italia.

Tony ha puntualizzato, "Per replicare la vera tradizione, alle comunità canadesi sarebbero servite due statue". Ho chiesto a Tony perché la Madonna Nera non facesse parte della processione e mi ha raccontato una leggenda su questa Madonna: "Durante una processione da Settefrati a Canneto i portatori della statua notarono che ad ogni passo la Madonna diventava sempre più pesante, finché non furono più in grado di portarla. Quando girarono per riportarla

the Black Madonna noticed that with each step the Madonna kept getting heavier and heavier, until they were unable to continue transporting it. When they turned the statue around to bring it back, it became lighter and lighter. This was taken as a sign that the Black Madonna should not be taken in procession and thus the White Madonna was created to take its place."

The Canneto Society Inc. was founded by Tony Malizia, Giuseppe Palombo, the Tamburi Family, the Masarella and Tanoni families. The presidents were as follows; the first president was Giuseppe Palombo who remained president for many years, Antonia Capocci, Remo Policella, Serafini Socci, Angelo Socci, Mario Masarella.

The organization also has a clubhouse situated at 109 Ormont Dr. Unit 6, Weston Rd. Toronto. It contains a chapel for the statue of the 'Madonna'. The hall continues to be used for meetings and dinners. The club's mandate is to promote this particular strong religious tradition and culture.

The future of the club is less certain now according to Tony, *"Young people participate at the events, but are not really active in the club. When it was founded 250 to 300 families were members, today we have sixty to seventy members. There have been numerous discussions within the club to address the decrease of membership and lack of involvement of the younger generation, but no resolution has been found. At the board level there have been conversations about amalgamating with some other clubs. The strength of the clubs and associations and the viability of their future will be in their ability to collaborate and work together with other*

indietro la statua divenne sempre più leggera. Tutto ciò fu interpretato come un segno per cui la Madonna Nera non poteva essere portata in processione e così fu costruita la Madonna Bianca perché prendesse il suo posto".

La società Canneto Inc. fu fondata da Tony Malizia, Giuseppe Palombo, la famiglia Tamburi, la famiglia Masarella e Tanoni. I presidenti sono stati: il primo Giuseppe Palombo che rimase in carica per molti anni, poi si susseguirono Antonia Capocci, Remo Policella, Serafino Socci, Angelo Socci e Mario Masarella.

a Toronto. Mentre la sala continua ad essere usata per incontri e cene, nella sede è presente

Attivita Ricreative

ATTIVITÀ RICREATIVI

Settefrati 2009

La Calata

La Processione

similar organizations."

The Canneto Society has maintained and recreated a rich religious tradition of the Madonna di Canneto feast, which remains an important religious occasion celebrated in Italy and here in Canada each year. This tradition still resonates with thousands of Italian-Canadians who are devotees and who feel a deep religious devotion to the Madonna di Canneto. The society provides for the adherence of a strong religious tradition by having recreated this long-standing custom in Canada.

anche una cappella per la statua della Madonna a riprova del fatto che il mandato del club è sempre stato quello di promuovere questa forte cultura e tradizione religiosa..

Il futuro del club, secondo Tony, oggi è incerto. "*I giovani partecipano agli eventi, ma non sono molto attivi nel club. Quando fu fondato aveva tra le 250 e le 300 famiglie-membri, che oggi sono ridotti intorno ai 60/70. Si è discusso molto all'interno del club del decremento del numero di soci e della mancanza di coinvolgimento da parte dei giovani, ma non si è giunti ad una soluzione. Si è arrivati a discutere anche della possibilità di unirsi ad altri clubs. Penso che la vitalità e la sopravvivenza dei clubs e delle associazioni saranno nella loro capacità di collaborare e lavorare insieme come organizzazioni simili*".

La Canneto Society ha mantenuto e ricreato una ricca tradizione religiosa della festa della Madonna di Canneto. La manifestazione, ancora molto sentita da migliaia di italo-canadesi devoti alla Madonna di Canneto, rimane un'importante iniziativa celebrata, ogni anno, in Italia e qui in Canada. E' evidente come quest'associazione sia riuscita a mantenere il rispetto di una forte tradizione religiosa ricreando l'antico costume qui in Canada.

5. Ciociaro Social Club
(TORONTO)

On January 5, 2010, I met with Santino Di Palma and Joe Capogna at Sandy's Leather in Woodbridge Ontario. At the time of this interview Joe Capogna was the president of the Ciociaro Social Club and Santino Di Palma was the head of the sports committee for the club.

This Social Club was unique in that it was not started by a group of people from a specific town in Italy. The Ciociaro Social Club gathered the newly arrived Italian immigrants from the geographical area in the Lazio region known as 'Ciociaria'.

'Ciociaria' is a name that can be traced back to the eighteenth century. The word 'ciociaro' appeared engraved in an album of costumes edited by Bartolomeo Pinelli (1781-1835) and the word appears to refer to footwear.[1] The root of the word, 'cioce', is the name of the leather footwear worn by shepherds in the area until the early twentieth century. There are many other possible explanations, but this

---

1. Michele Santulli, *Week Lazio in Canada.* Origine di "Ciociaro" e di "Ciocie". 25

5. Ciociaro Social Club
(TORONTO)

Il 5 gennaio 2010, ho incontrato Santino Di Palmo e Joe Capogna al Sandy's Leather a Woodbridge in Ontario. Ai tempi dell'intervista Joe Capogna era presidente del Ciociaro Social Club e Santino Di Palma capo del comitato sportivo per lo stesso.

Questo Social Club ha la particolarità di non essere stato fondato da un gruppo di persone provenienti da una particolare città italiana. Al contrario esso ha tentato di raccogliere i neo immigrati provenienti da tutta l'area geografica conosciuta come Ciociaria.

Il nome Ciociaria può essere fatto risalire al diciottesimo secolo. La parola ciociaro apparve in un libro di costumi di Bartolomeo Pinelli (1781-1835) e si riferiva ad un tipo di calzatura. La radice del termine, "ciocia", indicava, infatti, il nome delle calzature indossate dai pastori di questa zona fino ai primi del novecento. Esistono molte altre interpretazioni dell'origine del termine Ciociaria, ma questa è la versione più comune.

La Ciociaria è una zona situata a sud di Roma, spesso descritta in maniera approssimativa come una "sub-regione del Lazio", che oggi

is the most common version regarding the origin of the word.

Ciociaria is the geographic area in the countryside south of Rome. It has always been loosely described as a 'sub-region of Lazio'. Today it is somewhat defined by the borders of the 'Province of Frosinone'. Ciociaria is a large geographic area, with many small towns. Each town has its own traditions and customs, but shares a similar history and experience. Most of the people from the region of Lazio who immigrated to Canada came from 'Ciociaria'.

A special committee started the Ciociaro Social Club on Nov. 12 1967. The committee registered the Club on September 18, 1968 and obtained their charter in 1969.

The first meetings and gathering of the founding directors and leaders of the Ciociaro Social Club, were held in individual homes. As needed the larger general meetings and larger social functions took place either at the Sora Hall or the Piper Club.

Joe recalled, "*The early membership consisted of some Italians established in Canada since the first world war, as well as more recent immigrants.*" The age of the members ranged between twenty to forty years old in those early years. The membership swelled to three hundred and fifty families in a very short time.

The reason this organization was founded was explained by Joe: "*In the late 60's and early 70's the Ciociaro Social Club fulfilled the need for new Italian immigrants to socialize and feel at home.*" The new

viene fatta coincidere con i confini della Provincia di Frosinone. Si tratta di una vasta area geografica, con molti piccoli centri, ognuno dei quali, ha le proprie tradizioni e costumi. Allo stesso tempo, però, essi condividono storia ed esperienze. La gran parte dei laziali arrivati in Canada proveniva dalla Ciociaria.

Un comitato ad hoc fondò il Ciociaro Social Club il 12 novembre 1967 e lo registrò il 18

OPUSCOLO COMMEMORATIVO DEL
CIOCIARO SOCIAL CLUB
9th EDITION

settembre 1968 ottenendo lo statuto nel 1969.

I primi incontri fra i soci fondatori e i dirigenti del Ciociaro Social Club, si svolgevano in case private, mentre a seconda del numero dei partecipanti gli incontri generali e le attività più numerose si svolgevano presso la Sora Hall o al Piper Club.

club gathered together those with the same traditions and the same language. It recreated a social community reflecting the culture and traditions left behind.

As the membership of the club grew the need for a permanent home also grew. Both Joe and Santino recalled: *"With the larger membership, the club needed to get a place the members could call their own. In the mid - 1970's the Ciociaro Social Club rented their first facility at Finch and Milvan. In the*

Joe ha ricordato che "La compagine sociale era costituita da alcuni Italiani già stabilitisi in Canada dopo la prima querra mondiale e altri arrivati da meno tempo". In quei primi anni l'età dei membri oscillava tra i 20 e i 40 anni. Il numero dei soci, invece, salì a circa 350 famiglie in breve tempo.

La ragione per cui l'organizzazione fu fondata mi è stata spiegata da Joe. "Tra la fine degli

The page below taken from the commemorative booklet.

CIOCIARO SOCIAL CLUB OPENS CLUB HOUSE

SITUATED AT: 2 Milvan Dr.
Suite No. 2
Weston, Ontario

(1st set of lights west of Weston Rd. north of Finch)

After 13 years of bouncing from hall to hall in order for us to hold our monthly meetings, the Club finaly opened its own club house on Saturday May 30, 1981.

The Club at the moment is open Friday night to allow the members to unite together and play cards, or talk over a drink and get to know each other which can only help to develop a close unity.

In the future the club will be open four nights and Sunday mornings for the following purposes:

Monday — Sports

Tuesday — Youth

Wednesday — Ladies

Friday — Members

a.m. Sunday — Members

early 80's they relocated to a larger newer facility on Steeles Ave and Weston Road area in Woodbridge. This was a beautiful new unit with a hall, enabling the club to have our own functions in-house. We also had a bar and two indoor bocce courts. Due to the popularity of the location and the sport of bocce, the clubhouse was expanded to annex another unit and two more bocce courts were installed."

At the Steeles location, with their own bocce courts, the teams' membership grew

---

CIOCIARO SOCIAL CLUB

FONDATO: 12 NOVEMBRE 1967
REGISTRATO: 18 SETTEMBRE 1968
OTTENUTO CHARTER: 1969

LE ATTIVITA' DEL CLUB:

Riunione Mensile

1. Il Comitato ed i Soci si riuniscono per discutere le attivita' del CLUB.
2. Si riuniscono per fare una partita a carte in una atmosfera spensierata accompagnata con qualche panino e bevande.

Feste Dell'anno

Serate	pubbliche con cena
Serate	per Soci e famiglie
Serate	per i Giovani
Serata annuale	per L'elezione della MISS CIOCIARA
Serata allegra	per i bambini dei Soci con BABBO NATALE

SCAMPAGNATE ESTIVE PER SOCI E FAMIGLIE
PELLEGRINAGGIO ANNUALE

SPORT

Squadra di Calcio che milita in prima divisione
Gioco di Bowling ogni Martedi sera alle ore 9 p.m. YORK BOWL.

SECRETARIO

Armando D'Arpino

1978 - Annual activities of club. Page taken from the commemorative booklet.

---

anni '60 e i primi anni '70 il Ciociaro Social Club ha risposto alle necessità dei nuovi immigrati italiani di stare insieme e sentirsi a casa". Il nuovo club ha riunito tutti coloro che avevano le stesse tradizioni e la stessa lingua e ha ricreato una comunità sociale che rispecchia la cultura e le tradizioni lasciate in Italia.

Man mano che il numero dei soci cresceva, aumentava anche il bisogno di una sede stabile. Sia Joe che Santino hanno ricordato che, "Con il crescere del numero dei membri, il club ebbe necessità di avere un luogo che i membri potessero riconoscere come proprio. A metà degli anni '70 il Ciociaro Social Club affittò il loro primo locale a Finch e Milvan. Successivamente, nei primi anni '80, si trasferì in una sede più grande e più nuova nella zona di Steeles Ave e Weston a Woodbridge. Era una bella sede, nuova che permetteva al club di svolgere le attività sociali in sede. Avevamo anche un bar e due campi di bocce al coperto. Data la popolarità del posto e dello sport delle bocce, il circolo è stato ampliato per aggiungere un altro ambiente e sono stati installati altri due campi. "

Nella sede di Steeles, con la disponibilità dei propri campi di bocce, il numero dei giocatori passò da 30 a 90 circa. I campi furono costruiti secondo gli standard

from around thirty players to over ninety players. The bocce courts were built to a high professional standard and the teams developed skilled competitive players. Santino stated, *"In the '90s, the Ciociaro Bocciofila attended various international tournaments, in South America, Europe and the USA. In 1996, at the World Club Championship in Chicago, we were second only to the world reigning Italian team."* The team continued to win local tournaments and qualified for the next World Cup in Italy. They represented Canada at the World Cup and they came in fifth place overall.

This interest in bocce also created a new commercial venture. Joe explained, *"When the new Kipling Ave. location was completed,*

professionali e le squadre formarono giocatori altamente competitivi. Santino ha dichiarato: "Negli anni '90, la Ciociaro Bocciofila partecipò a diversi tornei internazionali, in Sud America, Europa e negli Stati Uniti. Nel 1996, al World Club Championship a Chicago, si classificarono secondi rispetto alla squadra italiana campione del mondo in carica". La squadra continuò a vincere tornei locali e si qualificò per la Coppa del Mondo in Italia nell'anno successivo rappresentando il Canada e posizionandosi al quinto posto.

L'interesse per le bocce ha favorito col tempo anche una nuova impresa commerciale. Joe ha sottolineato che, "Quando la nuova sede di Kipling Avenue fu completata, Saverio Velloci, membro del club, sviluppò e introdusse

Saverio Velloci a member of the club developed and introduced the first synthetic court material at the club. With his new technology he built new professional courts at the site. Since then, Saverio Velloci has built or renovated most of the bocce courts in the Greater Toronto Area as well as other parts of Ontario." To this day bocce is an important activity maintained by the club.

The Ciociaro Bocciofila continues to have world-class players. Every year they consistently have at least one or two players who are selected to make up team Canada. The team and players from the Ciociaro Club have played in the United States, Brazil, South Africa, France, Argentina and Italy. The game is still a popular activity for all skill levels at the club.

The bocce courts have become a revenue generator for the Ciociaro Social Club. The fees paid by members and other organizations, to play on the courts, help to maintain the club. The Nino D'Aversa Bakery Tournament is the club's major in-house bocce tournament. The D'Aversa family, who are Ciociari and members of the club, have sponsored the bocce tournaments for the last 20 years.

Soccer also became a serious undertaking by the Ciociaro Club. In 1972, the Ciociaro Social Club entered a soccer team in the Toronto & District Soccer league 1st division. The soccer team became very competitive and won a number of trophies. The Ciociaro Club recruited, coached and trained the players. Most of the team players were sons of members, but as the competitiveness grew other players and coaches were recruited from outside the club. The directors dedicated to soccer at the time were; Domenic Mauti, Armando Mauti, Remo Mauti,

per la prima volta un materiale sintetico per campi di bocce. Con la sua nuova tecnologia costruì dei nuovi campi professionali per il club. Da allora Saverio Velloci ha costruito o ristrutturato la maggior parte dei campi da bocce nella zona di Toronto e in altre parti dell'Ontario". Ancora oggi il gioco delle bocce è una delle principali attività gestite dal club.

Il Ciociaro Bocciofila continua ad avere giocatori di classe a livello internazionale. Tra questi ogni anno vengono scelti almeno uno o due giocatori per costituire la squadra canadese. La squadra e i giocatori del Ciociaro Club hanno giocato negli Stati Uniti, in Brasile, in Sud Africa, in Francia, in Argentina e in Italia. Il gioco per il club è ancora un'attività importante a tutti i livelli.

I campi da bocce sono diventati anche una fonte di entrata per il Ciociaro Social Club, essendo utilizzati anche da altri club e associazioni. Gli introiti ottenuti aiutano a finanziare le attività e la manutenzione della sede. Tra i tanti tornei gestiti dal Club il più importante è 'il Nino D'Aversa Bakery, organizzato da venti anni e sponsorizzato dalla stessa famiglia D'Aversa, d'origini ciociare e membro del club.

Anche il calcio ha fatto parte degli impegni da parte del Club Ciociaro. Nel 1972, il Ciociaro Social Club iscrisse la propria squadra di calcio al campionato di prima divisione della Toronto & District Soccer league. La squadra, divenuta competitiva, vinse diversi trofei ed era lo stesso Ciociaro Club che reclutava e allenava i giocatori. La maggior parte dei giocatori della squadra erano figli di soci, ma successivamente

Angelo Capogna, John Mauti, Domenic Boccia, Amato Fiacco, Tony De Luca and many others. The coaches were Waino Pasinato, John Paulis, Joe Buccella, Carlo Di Monte and others. The ongoing challenge in maintaining a competitive

1978 Team

Back Row (L-R)
T. Lizzi, D. Mauti (G.M.), N. Perricone, J. Paulis (Coach), A. Gabrielli, A. Reis, T. de Sousa, V. Iozzo, J. Pagliuso, R. Hunte, L. Simone, F. Mauti

Front Row (L-R)
P. Mauti (Mascot), F. Hunte, R. Mastrantoni, N. Silveri, J. Colarossi, K. Kellman, C. Bisogno, P. Petracca

Absent: U. Quadrini (Trainer)
M. Bracciale, J. Simao, L. Mollicone, W. Gilkes

1978 - Soccer Team

soccer team not only required talent and dedication, but it required a significant financial commitment on the part of the club.

In 1980 the Ciociaro Social Club Soccer Team won the Beatrice Ontario Cup in the Senior Amateur Division. Both Joe and Santino recounted, *"The stands were often filled with many spectators watching the team play."* In October 1981, the team won the Canadian

altri , ma successivamente altri giocatori e allenatori furono reclutati al di fuori del club. Tra i consiglieri delegati al calcio, all'epoca furono Domenico Mauti, Armando Mauti, Remo Mauti, Angelo Capogna, Giovanni Mauti, Domenico Boccia, Amato Fiacco, Tony De Luca e molti altri. Mentre alcuni degli allenatori furono Waino Pasinato, Giovanni Paulis, Joe Buccella, Carlo Di Monte e altri. La gestione di una squadra di calcio competitiva non richiedeva, però, solo talento e dedizione, ma anche un notevole impegno finanziario da parte del club.

Nel 1980, la squadra di calcio del Ciociaro Social Club vinse la Beatrice Ontario Cup nella Divisione Senior Amateur. Joe e Santino mi hanno raccontato che, "Le tribune erano spesso occupate da molti spettatori per vedere giocare la squadra". Nell'ottobre del 1981, la squadra vinse il campionato nazionale canadese di Calgary al Labatts Challenge Cup. Era la prima volta che un club italo-canadese raggiungeva un livello così alto; un fatto, questo, che non fu dimenticato, al contrario fu riconosciuto nel corso di una visita molto speciale dell'allora primo ministro italiano Giulio Andreotti, che visitò le strutture del club su Steeles Avenue, in una breve pausa durante i lavori del G7 tenutosi a Toronto nel 1988.

La vittoria della Coppa del Mondo da parte dell'Italia nel 1982, accentuò l'interesse per il calcio. La squadra ciociara ebbe un enorme seguito, ma mantenere la squadra a livelli tanto competitivi si rivelò, nel corso del tempo, troppo costoso per il club. Alla fine degli anni '80 la squadra fu fusa con i Rockets North York. La nuova squadra si chiamava North York Rockets Ciociaro.

National Championship in Calgary at the Labatts Challenge Cup. This was the first time that this high level of achievement was attained by an Italian-Canadian social club. This fact was not lost and was indeed acknowledged during a very special visit by the then Prime Minister of Italy Giulio Andreotti, who attend the club facilities on Steeles Ave., during a brief break from his G7 summit meetings in Toronto, in 1988.

The 1982 World Cup win by Italy heightened the interest in soccer. The Ciociaro team had a huge following. However over time the high financial cost to maintain the soccer team, at such competitive levels, proved too expensive. As a result, the Ciociaro team amalgamated with the North York Rockets. They were called the North York Ciociaro Rockets. Unfortunately by the early 90's, the Ciociaro Social Club was no longer involved in soccer.

Another sport that the members of the Ciociaro Social Club have always participated in is bowling. The reader will know that this is not a typical Italian sport per se. The club started a five-pin bowling league in the 70's. Their bowling league in 1983-1984 season took 1st place

Ciociaro Social Club Bowling Team.

Sfortunatamente nel giro di un anno o due il Ciociaro Social Club non era più coinvolto nel calcio.

Sfortunatamente nel giro di un anno o due il Ciociaro Social Club non era più coinvolto in questo sport.

Un'altra attività sportiva che i membri del Ciociaro Social Club hanno sempre praticato è il bowling. Come è noto questo sport non è tipicamente italiano. Negli anni '70 il club avviò una lega di bowling a cinque birilli, che negli anni 83-84 si posizionò al primo posto nell' Italian-Canadian Bowling Association e oggi il club ha anche una lega di bowling a dieci birilli.

Il club si è impegnato anche in altre attività sportive durante gli anni, come ad esempio il tiro al piattello che ormai non viene più praticato. Negli ultimi vent'anni il club ha ospitato anche un torneo annuale di golf per

in the Italian-Canadian Bowling Association and today they also have a very active 10-pin bowling league.

Other sporting activities the club supported over the years were; trap shooting, which is no longer an activity of the club. Over the last twenty years the club has hosted an annual charity golf tournament.

Because of the success of the club's events and functions the club began to search out a larger location to purchase. In 1996-1997, they bought a 4-acre parcel of land located on Kipling Ave., just south of Highway #7, in Woodbridge, where the Ciociaro Social Club is located today. Joe pointed out with pride: *Our facility was purchased and developed with private funds received from the members. We received no government assistance for this project.*

The clubhouse was a realization of the dreams and aspirations of the founders. It is a hub of activity for its members and the community to this day. Annually the Ciociaro Club holds an anniversary dinner dance in November with over six hundred people in attendance. For this event a larger venue is required. The club also organizes annual picnics, Christmas Celebrations, New Years Eve festivities and other events for its members. The Ciociaro Club of Toronto has been a reference point for dignitaries from the Province of Frosinone, Italy, from Regione Lazio and other contacts from Italy. They also host dignitaries from the Greater Toronto area, governments of Ontario and Canada at their functions.

In looking to the future, the conversation turned to the reality of an aging membership. When the club began, the average age of the members was between twenty and forty years

beneficenza.

Data la crescente popolarità delle iniziative, il club iniziò a cercare una struttura più grande da acquistare. Tra il 1996 e il 1997, il Club acquistò un terreno di 4 acri situato sulla Kipling Avenue, a sud della Highway 7, a Woodbridge, dove il Ciociaro Social Club tutt'oggi la sua sede. Joe ha sottolineato con orgoglio che, "Il nostro impianto è stato acquistato e sviluppato con fondi privati ricevuti dai membri e non abbiamo ricevuto alcun finanziamento pubblico per il progetto."

La sede del club è stata la realizzazione dei sogni e delle aspirazioni dei fondatori. Si tratta di un centro di attività per i suoi membri e per la comunità ancora oggi. Ogni anno il Ciociaro Club organizza una cena con ballo in occasione dell'anniversario nel mese di novembre con oltre seicento persone presenti, per la quale occorre un locale più grande. Il club organizza anche picnic annuali, Feste di Natale, il Veglione di Capodanno ed altre iniziative per i suoi membri. Il Club nel tempo è stato un punto di riferimento per le autorità della Provincia di Frosinone ed altri enti italiani. Inoltre, il club invitava anche autorità della zona di Toronto, dell'Ontario e del Canada stesso ai suoi eventi.

Nel parlare di futuro la discussione con gli intervistati si è concentrata sull'invecchiamento dei soci. Quando l'associazione è nata l'età media dei membri era tra i venti e quaranta anni, oggi, invece, è stimata intorno ai cinquantacinque e settantacinque anni.

of age. Today the estimated average age is between fifty-five and seventy-five years old.

Over time the demographics of the membership has changed. This change is also reflected in the community around the club.

Col tempo la composizione demografica del club è cambiata e si riflette anche nella comunità vicina ad essa. Joe, Santino ed io abbiamo osservato, attraverso la raccolta degli annuari, come il contenuto di questi testi raccontino la storia di tale

Ottobre 1981

CORRIERE SPORTIVO

L'impresa e' stata compiuta a Calgary: due successi in 48 ore

Il Ciociaro di Toronto vince titolo di Campione del Canada

CALGARY - Per la prima volta nella storia del calcio canadese una squadra italiana di Toronto ha vinto il titolo di Campione del Canada. L'eccezionale impresa e' riuscita al Ciociaro Soccer Club che a Calgary ha battuto la compagine locale Springer Kickers per 2-1 e cosi' facendo si e' aggiudicata la Labatt's Challenge Cup e con essa il titolo di Campione.

Prima di vincere la finale la compagine laziale ha dovuto eliminare in semifinale per 1-0 (venerdi') la rappresentante del Newfoundland.

Poi a distanza di 48 ore scarse, i ciociari hanno anche avuto ragione dei padroni di casa, ammessi di diritto alla finale.

La partita tra Ciociaro e Kickers si e' disputata sotto un leggero nevischio che ha reso molto scivoloso il terreno di gioco. La qual cosa ha favorito i piu' duri Kickers anche se alla fine la maggiore classe dei laziali ha avuto il sopravvento.

Dopo un primo tempo abbastanza equilibrato, dove le due squadre hanno creato uguali azioni da gol, il Ciociaro e' pervenuto al gol al 3' della ripresa. E' Tony De Sousa che corregge imparabilmente di testa una punizione calciata da David Porco. Gli italiani insistono all'attacco e al 10' tocca al capitano Gabrielli siglare quella rete che poi varra' il titolo. Gabrielli, su corner di Abbassi, calcia a volo in rete. I Kickers hanno una reazione furiosa ma disordinata e al 25' accorciano le distanze per

un discutibile rigore, decretato dall'arbitro dopo un intervento aereo, deciso ma pulito, di Carnevale.

La massima punizione viene trasformata ma il Ciociaro stringe i denti e non si fa piu' sorprendere. Nella semifinale la rete del successo ciociaro era stata siglata da Jim Tedesco al 42' del primo tempo.

Nella partita che e' valsa il titolo, l'allenatore Buccella ha schierato la seguente formazione: M.Pirone, J.Pellegrino, J.Berta, J.

Carnevale, N.Afoussi, S.Gennaro, F.Abbassi, D.Porco, T.De Sousa, A.Gabrielli, J.Tedesco. In panchina Petracca, Guglielmelli, Silveri, Teofilo, Lizzi.

Alla vittoriosa trasferta hanno partecipato Tony De Luca, presidente del Ciociaro Social Club, Domenico Mauti, presidente del Ciociaro Soccer Club, Remo Mauti, segretario - manager, Art Crea, trainer, Angelo Capogna e diversi altri tifosi.

As Joe, Santino and I looked through the collection of yearbooks, the ads from these books tell their own story of change. The myriad of ads illustrated Italian-Canadian businesses, which were fledgling in the 60's have either achieved great success while others are no longer in existence. In some ways through these collections of booklets, not only do we get a picture of social activities, we see the economic dynamic of Italian-Canadian businesses.

How will this organization face the future? That was a difficult question to answer, because according to Joe and Santino the community has changed a great deal. It is obvious from listening to Joe as president and Santino as sports director, that they maintain an enthusiasm, which is quite remarkable. They stated with confidence: "*Because we have our own facility and because of the success of our sports activities, our future is strong. How it will be shaped or continue to evolve will be up to the newer generation, as they become involved.*"

The Ciociaro Club of Toronto fulfilled an important role in maintaining cultural traditions and creating a social environment for immigrants from Ciociaria. It brought people together without distinguishing towns or villages of origin. Over time some members from this club founded other clubs specific to towns in Ciociaria. It is important to note that the Ciociaro Club of Toronto was also the springboard from where the Lazio Federation of Ontario formed in 1988. Its facilities provided a place to gather and it continues to be relevant to the whole Italian-Canadian community. This club has recreated a sense of place and a social comunity.

cambiamento. Una miriade di annunci pubblicitari mostra le imprese italo-canadesi alle prime armi negli anni '60 e che hanno, poi, ottenuto grande successo mentre altre non esistono più. In qualche modo attraverso queste raccolte di opuscoli, oltre ad avere un quadro delle attività sociali, possiamo osservare la dinamica economica delle imprese italo-canadesi.

Come affronterà il futuro quest'associazione? Una domanda difficile a cui rispondere, perché secondo Joe e Santino la comunità è notevolmente cambiata. E' evidente ascoltando Joe come presidente e Santino come direttore sportivo, che essi nutrono un grande entusiasmo. Hanno dichiarato con fiducia: "Poiché noi abbiamo la nostra sede e dato il successo delle nostre attività sportive, il nostro futuro è solido. Come tutto ciò continuerà ad evolversi dipenderà dalla generazione più giovane e da quanto essa si coinvolgerà".

Il Ciociaro Club di Toronto ha svolto un ruolo importante nel mantenere le tradizioni culturali e nel creare un ambiente sociale per gli immigrati di questa parte d'Italia. Esso ha riunito italiani senza distinzione di città o villaggi di origine. Col tempo alcuni dei suoi membri hanno fondato altri club legati ad altre città ciociare. E' importante sottolineare che il Ciociaro Club di Toronto è stato anche il trampolino di lancio da cui la Federazione Laziale dell'Ontario è nata nel 1988. Le stesse strutture del Club hanno fornito alla comunità italo-canadese un luogo di aggregazione e continuano ad essere per questa un punto di riferimento. Il club è stato in grado di ricreare il senso di un

luogo e di una comunità socialmente unita.

MISS CIOCIARO 1978 – S. LORINI

The above page taken from the 1978 commemorative booklet.

GOLDEN ORCHARD

Godere il conforto e la conviniensa di abitare a GOLDEN ORCHARD, situato nel cuore di Mississauga. Una completa comunita' alla portata di tutti. Case piu' grande, piu' moderne, costruiti in mattoni, a prezzi molto raggionevoli con ipoteca valevole al 12.5% per cinque anni con prezzi a partire da $78,900. Prezzi e specificazioni possono cambiare con nessun avviso.

Model shown Mark IV $121,900

HWY 401
EGLINTON AVE.
BURNHAMTHORPE — DIXIE RD.
Q.E.W.

IDEAL GREENPARK

Front Row
A. Fiacco - Secretary
G. Mauti - Sports Treasurer
D. Noce - Treasurer
S. Fiacco - Miss Ciociaro 1979
T. Deluca - President
A. Capogna - Team Manager
J. Paulis - Team Coach
D. Mauti - Sports Director

Back Row
P. Magnanti - Vice Secretary
T. Peticca - Vice president
R. Mauti - Sports Secretary
R. Salati - Membership Committee
R. Ceccarelli - Programming Committee

Missing:
P. Riccardi - Public Relations

1978 - 1979 Board of Directors.

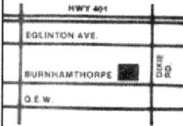

TEL.: 857-0717
TORONTO LINE: 749-5514

A F INDUSTRIES

A. & F. INDUSTRIES

180 HEALEY ROAD
BOLTON, ONTARIO LOP 1AO

FRANK ZUCCATO

CUSTUMI CIOCIARI

How Am I going to keep CANADA Together

Don't worry PIERRE we have the same problems trying to keep the Ciociari together

1980 - Traditional costumes of place of origin.

PRESIDENT .... Armando Mauti
VICE PRES .... Tony DeLuca
SECR .... Armando D'Arpino
VICE SECR .... Sante Coratti
TREASURER .... Remo Mauti
MEMBERSHIP COMM .. Vitto Raponi
PROGRAM   COMM .. Tony Quattrociocchi
PUBLIC RELATIONS ... Ugo Quadrini
SPORTS DIRECTORS .. Domenic Mauti
                    Domenic Boccia
                    Amato Fiacco
PAST PRES .... Tony Polsinelli
ADOVCATE .... Luigi Rovazzi

Ciociaro 1978 Board of Directors.

GIUGNO 1905
Un gruppo di lavoratori radunati sull'aia, mentre trebiano il grano, con trebiatrice a quattro (4) zampe.

Ciociaro 1992.

These pages taken from the commemorative booklet.

1980 ONTARIO CLUB CHAMPIONS

The Semifinal was held at Oshawa Civic Stadium
on Sept., 27/80

With Ciociaro winning over Croation United, Ciociaro
(Toronto) won the game on penalty kicks from
N. Affoussi - P. Petracca - B. Abbassi - A. Gabrielli
score 4-3. Penalty kicks decided the winners due to
the game ending in overtime with a score of 0-0.
Mario Pirone of Ciociaro was selected most valued
player.

The finals were held Sept., 28/80 in front of 1,500
people. Ciociaro started the game on a sour note
with Dondus scoring after 30 minutes into the second
half Dondus scored again taking a 2-0 lead.
This seemed the end for the Ciociaro. With
20 minutes left in the game, Ciociaro scored on a
beautiful shot from 18 yards out.

Ronald Hunte tied the game on a header from Angelo
Gabrielli. In the final minutes two goals were scored
with Mike Bracciale scoring on a free kick and Benham
Obbassi scoring on a breakaway with only seconds on
the clock. On that goal the Ciociaro won the
championship. Ronald Hunte of Ciociaro was voted
most valuable player.

The players would like to thank the numerous fans
at the game for support, without them it would
have been very difficult to win.

*Images on pages 74
and 75 taken from
1991 commemorative
booklet.*

(Foto di Roberto Cianfarani)

Visita a Toronto
dell' On.le Giacomo Troja

In occasione della visita a Toronto e Hamilton dell'On.le Giacomo Troja, Assessore al Lavoro, Personale e Affari Generali della Regione Lazio, si è svolta in Suo onore una simpatica serata, che ha visto una larga partecipazione, presso i magnifici locali del Club Ciociaro di Toronto, al 4160 Steeles Ave. West, Woodbridge. Nel corso della serata il presidente Americo Mazzoli ha offerto all'On.le Troja una moneta ricordo della EXPO 1986 di Vancouver. Animatore della serata l'instancabile Leonardo Cianfarani, della Laziali nel Mondo di Toronto, Coordinatore della Federazione delle Associazioni Laziali in Canadà.

È FINITA L'EPOCA QUANDO SI POTEVA DIRE SOLO LA DONNA LAVA I PIATTI.

Did You Know?

The man who discovered Canada in 1497, was Italian. John Cabot's real name was Giovanni Caboto. He changed it when he moved to England in his 30s but he didn't forget his roots. When he landed in Cape Breton, Caboto unfurled the English and Venetian flags.

- • - • -

There were 30,000 Italian Canadians who had their names put on an enemy alien list during World War II. Seven hundred were locked up in detention camps. In November, 1990, Prime Minister Mulroney apologized on behalf of Canada.

- • • • -

Call it the Canadian Dream. Cousins Nick Ciccone and Nick Gargarella came to Toronto from Aquila after the war and established themselves very quickly. In 1948, they brought over eight relatives. Just one year later, they paid the passage for 13 more Ciccones - and gave everyone homes in Toronto as gifts.

- • • • -

There are almost twice as many Italian Canadian Clerks (99,160) as construction workers (52,975). And there are more Italian sales people (53,370) than construction workers.

- • • • -

Italian Canadians are much more apt to avoid divorce than the average Canadian. For every divorced Italian, there are 33 married ones. In Canada as a whole, for every divorced person there are only 18 married ones.

Taken from Commemorative Booklet.

75

6. Itri Canadian Recreation Club

I interviewed Roberto Ialongo, the past president of the Itri Club, on March 8, 2011 in Vaughan, Ontario. Roberto provided information about this organization, which

6. Itri Canadian Recreation Club

Ho intervistato Roberto Ialongo, ex-presidente dell'Itri Club, l'8 marzo 2010 presso la sua casa a Vaughan, Ontario. Roberto mi ha parlato della storia di questa organizzazione che opera da oltre quaranta tre anni.

L'attuale presidente del club è Mirella Ialongo, moglie di Roberto, che lavora anche lei nel club da diverso tempo.

Roberto ha affermato, "Coloro che provenivano da Itri, come gli altri italiani, si sentivano in qualche modo emarginati dalla vita sociale canadese. Non parlavano l'inglese e volevano restare uniti in gruppo". Molti di coloro che emigrarono da Itri avevano origini umili, contadine, e sentivano l'ambiente canadese estraneo e diverso dal loro. Nell'opuscolo del 25° anniversario si ricorda che gli anni '60 e '70 furono periodi difficili. L'adattamento ad un clima freddo, ad un nuovo linguaggio, ad un nuovo modo di vita, a valori diversi dai propri, ad un nuovo ambiente

has been active for over forty-three years. Mirella Ialongo worked alongside her husband and is the current president of the club.

Roberto began, *"Those who came from Itri, as other Italians, felt somewhat marginalized from the mainstream of Canadian life. They did not speak English and wanted to stay united as a group."* Many of the early immigrants from Itri came from humble, rural origins. Canada felt strange and foreign to them. In the Twenty-Fifth Anniversary commemorative booklet it states that the 1960s and 1970s were difficult times. Adjusting to the cold climate, a new strange language, a new way of life, different values, new social environment, and customs created a feeling of displacement and culture shock.

FOTO DEI TRE PRESIDENTI CHE HANNO DIRETTO IL CLUB DI ITRI NEI SUOI 25 ANNI DI ESISTENZA

ROBERTO IALONGO

EMILIO SAVINETTI   BRUNO MAGGIACOMO

Basically everything was different. Those from Itri felt the need to be together, to hear a friendly voice, to exchange ideas, to feel the warmth of those who came from the same roots, and to meet together to remember where they came from and share the stories of their place of origin.

The formation of the club provided a social network for people who knew one another and with whom they felt comfortable and safe. It helped to develop a social environment,

sociale e a costumi diversi determinarono un forte shock culturale. In sostanza tutto era diverso. Gli immigrati sentivano il bisogno di stare insieme, di sentire una voce amica, scambiarsi idee, sentire il calore di quelli che avevano le loro stesse radici. Sentivano il bisogno di incontrarsi insieme per ricordare da dove erano venuti e condividere la storia dei propri luoghi.

La nascita del club ha alimentato questa rete sociale nata tra persone che si conoscevano e che si sentivano a loro agio e al sicuro tra loro, favorendo, così, un ambiente sociale che ha fatto in modo che a Toronto, e in Canada, si sentissero più come a casa loro.

L'Itri Canadian Recreation Club fu fondato a metà degli anni '60 da Gaetano Rubin, Emilio Savinetti, Salvatore Soscia, Renato Orefice

Left: Foto dei tre Presidenti che hanno Diretto Il Club di Itri nei suoi 25 anni di esistenza.

Robert Ialongo
Emilio Savinetti   Bruno Maggiacomo

ed altri loro amici. Roberto mi ha raccontato: "Ci vollero circa due anni di preparazione e incontri per mettere insieme l'organizzazione e per formalizzarne la costituzione".

Nel novembre del 1968 il Recreation Itri Canadian Club diventò ufficiale. Nel 1969, il primo consiglio direttivo era composto da: Emilio Savinetti (Presidente), Gaetano Rubino, Carlo Savinetti, Noe' Di Biase, Pasquale Di Biase, Gianni Maggiacomo, Severino Maggiacomo, Fausto Stamegna, Joe De Meo e Benito Soscia. Da allora il

which made Toronto, Canada feel more like home.

The Itri Canadian Recreation Club began in the mid 1960's. Gaetano Rubin, Emilio Savinetti, Salvatore Soscia, Renato Orefice, and friends founded the club. According to Roberto, "*It took about two years of preparation and meetings to put together the organization and to formalize its incorporation.*"

In November of 1968 the Itri Canadian Recreation Club became official. The 1969 first board of directors were: Emilio Savinetti (President); Gaetano Rubino; Carlo Savinetti; Noe' Di Biase; Pasquale Di Biase; Gianni Maggiacomo; Severino Maggiacomo; Domenic Maggiacomo; Fausto Stamegna; Joe De Meo; Benito Soscia. From then on a new board was elected every two years.

In the early days the members of the Itri Social club met at the Driftwood Community Centre located at Driftwood and Jane. The group came together to play cards as well as to simply, socialize. As the years passed and the activities were repeated annually, the meetings increased and the aspirations of the members grew. The members felt the need to have a place to call their own. This took shape between 1979 to1985. A place was purchased at 750 Oakdale Road, Downsview, Ontario. This unit is still owned today by the Club.

The Itri Club began with great enthusiasm. The members and directors organized and coordinated social activities, recreational and sports events. Many activities became annual events over time. The feast of San Giuseppe is held at the clubhouse at the end of March, a

consiglio è stato eletto ogni due anni.

Nei primi tempi i membri del club si riunivano presso il Driftwood Community Centre, a Driftwood e Jane. Il gruppo si riuniva per giocare a carte o, semplicemente per stare insieme. Col passare degli anni, le attività e gli incontri aumentavano insieme con le aspirazioni dei soci, che sentivano la necessità di avere una sede propria. Questo desiderio si concretizzò nel periodo fra il 1979 e il 1985 quando fu acquistato un locale al 750 di Oakdale Road a Downsview in Ontario che, ancora oggi, è di proprietà del club.

L' Itri Club iniziò a lavorare con grande entusiasmo. I membri e i dirigenti organizzavano e coordinavano attività sociali, manifestazioni ricreative e sportive. Col tempo molte attività sono diventate appuntamenti annuali. Per esempio, alla fine di marzo, si organizza la Festa di San Giuseppe presso la sede sociale. Mentre a maggio si festeggia la festa della mamma e a giugno la festa del papà. Ogni anno, nel weekend più vicino al 21 luglio, il club celebra anche la festa di Maria Santissima della Civita, patrona di Itri. La celebrazione prevede una funzione religiosa, un barbecue all'aperto, musica e danze. La festa rappresenta un altro modo per mantenere la tradizione religiosa della città di origine e far incontrare gli originari di Itri. Ogni anno, nel mese di novembre, il club festeggia l'anniversario della fondazione a cui, in passato, partecipavano dalle quattrocento alle cinquecento persone. Col tempo tutto ciò è cambiato, molte famiglie si sono trasferite in tutta l'area della Greater Toronto e oggi le presenze a questo evento sono ridotte a circa duecentocinquanta. Malgrado ciò le

Le attivita' che il Club di Itri ha intrappreso nei suoi 25 anni di esistenza sono molteplici e grazie alla cooperazione di tutti sono sempre state un successo:

- VIAGGIO A ITRI PER IL 75mo ANNIVERSARIO
DELL'INCORONAZIONE DELLA MADONNA DELLA CIVITA.
-VIAGGIO IN MEXICO.
-VIAGGIO A FANTASY ISLAND
-VIAGGI A CRANSTON
-TORNEI DI BOCCE
-TORNEI DI CALCIO TORONTO/CRANSTON
-TORNEI DI HOCKEY
-TORNEI DI GOLF
-TORNEI DI CARTE
-TORNEI DI BIGLIARDINO
-TORNEI DI FRECCETTE
-TORNEI DI BOWLING
-BINGO
-SCUOLA DI TAGLIO E CUCITO
-SCUOLA DI MACRAME'
-SFILATA DI MODA
-MONTECARLO NIGHT
-FESTA DI NOVEMBRE
-FESTA DI SAN VALENTINO
-FESTA DELLA MAMMA
-FESTA DI CARNEVALE MASCHERATO
-FESTA DI BENEFICENZA
-FESTA DELLA MADONA DELLA CIVITA
-PIC-NIC
-BARBEQUE
-GARAGE SALE
-FESTA DI NATALE PER I BAMBINI DEL CLUB
-FESTA DI NATALE PER IL COMITATO DIRETTIVO
-FESTA DI CAPODANNO
-INCONTRI CON PERSONALITA' IMPORTANTI:
1) VISITA DI PADRE GIUSEPPE POLSINELLI, RETTORE DEL
SANTUARIO DELLA MADONNA DELLA CIVITA
2)VISITA DI DON MARIO MANCINI, PARROCO DELLA PARROCCHIA
DI SAN MICHELE ARCANGELO DI ITRI
3) VISITA DEL SINDACO DELLA CITTA' DI FONDI

*1993 - List of activities of Itri Club over a
25 year period.*

IL COMITATO DEL CLUB DI ITRI
1991/1993

Roberto Ialongo	Presidente
Paolo Agresti	Vice President/Tesoriere
Maria Agresti	Segretaria
Mirella Ialongo	Presidente "Bowling League"
Noe' Di Biase	Coordinatore "Festa della Civita"
Fernando Di Biase	Coordinatore "Pic-Nic"
Franco Figliozzi	Coordinatore "Torneo di Bocce"
Vittorio Capirchio	Coordinatore "Torneo di Golf"
Severino Maggiacomo	Coordinatore "Torneo di Carte"
Carlo Agostini	Coordinatore "Festa di Beneficenza"
Concetta Manzo	Coordinatrici "Barbeque e
Giuseppina Soscia	Attivita'
Anna Maggiacomo	Festive"
Salvatore Soscia	Direttore Sala
Joe Manzo	Direttore Sala
Alfonzo Savinetti	Rappresentante Relazioni Pubbliche
Maria Di Biase	(Sostituisce Severino Maggiacomo)

Mother's Day event in May, Father's Day in June. On the weekend closest to July 21st, the Itri Social Club of Toronto celebrates the feast of the patron saint of the hometown, "Maria Santissima della Civita". This celebration includes a religious service, outdoor barbecue, music and dance. It was begun as another way to maintain the religious tradition from the town of origin and bring together those who came from Itri. Every November, the Itri Club held their Anniversary of the founding of the club and four to five hundred people attended. Today about 250 people participate. Much has changed over time, and families have dispersed across the Greater Toronto area. These activities were and continue to be a way to stay connected with one another.

Other events organized by the club include a Christmas celebration, a Board of Directors dinner, a New Year's Eve party for the membership and their families. These are all held at the clubhouse. The club also organizes bocce tournaments and has maintained a bowling league for over 25 years. Other significant initiatives have been hockey teams and soccer teams. The soccer teams played in tournaments with

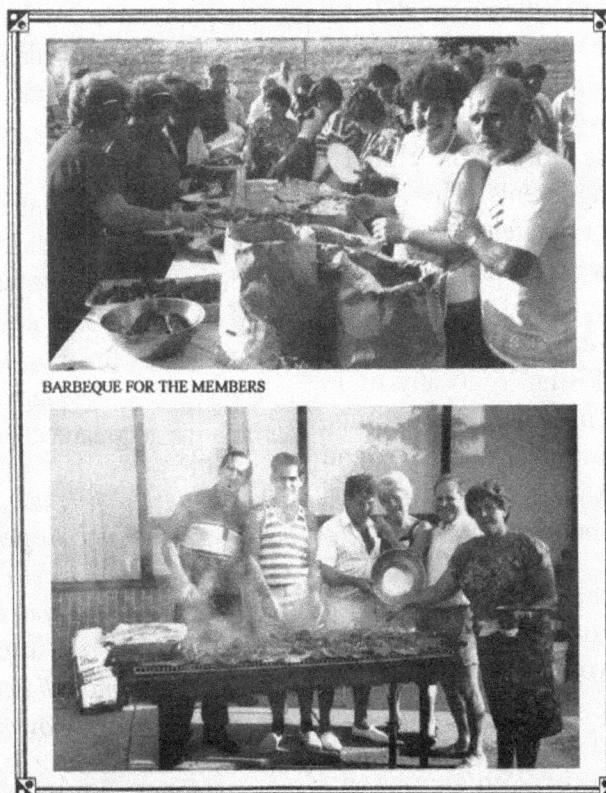

BARBEQUE FOR THE MEMBERS

attività sociali erano e continuano ad essere l'occasione per restare uniti l'uno con l'altro.

Il Club organizza anche altri eventi come la Festa di Natale, una cena per il consiglio direttivo e il Veglione di Capodanno per i soci e le loro famiglie, tutte attività che si svolgono presso la sede sociale. Il club organizza anche tornei di bocce e ha gestito una lega di bowling per oltre 25 anni. Altre iniziative importanti di questa associazione sono state le squadre di calcio e di hockey. Le prime hanno incontrato in torneo anche l'Itri Club di Cramston Rhode Island negli Stati Uniti. Infatti, il club cura i rapporti tanto con l'America del Nord quanto con l'Italia.

Sin dall'inizio sono stati stabiliti forti legami con il comune di Itri in Italia. In occasione del 25° anniversario del club il sindaco di Itri, Giovanni Agresti, il presidente della pro loco Camillo Tatta e il parroco don Mario Mancini arrivarono a Toronto per festeggiare la ricorrenza insieme con i membri. I soci del club, ricambiarono la visita partecipando al centenario della festa del patrono della città, Maria Santissima della Civita, in Italia.

Nel 1980 all'interno dell'associazione ci fu un cambiamento culturale voluto dalle donne. a quel momento le donne non potevano diventare soci a pieno titolo, né votare o candidarsi nel direttivo.

the Itri Club in Cramston Rhode Island in the U.S. The Itri Club maintains ties within North America as well as ties to Italy.

Strong ties with the town of Itri in Italy were established from the beginning. For the club's 25th anniversary the mayor of the town of Itri, Giovanni Agresti as well as the president of the 'pro loco', Camillo Tatta and the local priest Don Mario Mancini came to celebrate with the members in Toronto. Reciprocally, members of the club from Toronto attended the 100th anniversary of the patron of the town "Maria Santissima della Civita" in Italy.

In 1980 there was a cultural shift within the club that was brought about by women. Up until this time the women could neither become full members, nor vote, nor run for board positions. However they had been actively involved in the work of the club, by cooking and organizing events. There came a point where the women felt they should be given full membership rights. When this was first brought to the board of directors it was met with resistance. The women showed their discontent by refusing to do any more cooking or to assist in organizing events. It was difficult to change the mentality and attitude of the day, but the women of the Itri club persevered until the men relented.

Roberto admitted that over time this change benefited the organization. The full participation of the women re-vitalized the club. This change balanced old attitudes with new ones and created a more inclusive social organization. Stated in the 25th anniversary booklet, translated from the Italian: *"...In giving women equal rights was for the club a determinant factor in balancing human and social rights...Today we can look to the past*

Nonostante ciò, ad esse veniva richiesto di collaborare nel lavoro del club, nella cucina e nell'organizzazione degli eventi, fino al momento in cui le donne rivendicarono il loro diritto ad essere socie. Quando le donne del club presentarono la richiesta al direttivo incontrarono una certa resistenza. Le donne mostrarono il loro disappunto rifiutandosi di cucinare per il club e di collaborare all'organizzazione delle iniziative. Fu difficile cambiare la mentalità e l'atteggiamento maschile, ma le donne dell'Itri Club perseverarono nella loro protesta finché gli uomini non cedettero alle loro richieste.

Roberto ha ammesso che l'associazione beneficiò del cambiamento e la piena partecipazione delle donne portò ad una rivitalizzazione del club. Lo stesso cambiamento bilanciò le vecchie attitudini con le nuove e creò una organizzazione sociale più inclusiva. Come è riportato anche nel libretto del 25° anniversario "...dare alle donne la parità di diritto é stato per il Club un fattore determinante nel bilanciare i giusti diritti sociali e umani...oggi possiamo finalmente guardare al passato con senso di orgoglio...e possiamo veramente dire che il Club di Itri è oggi l'orgoglio degli Itrani in Canada". Il messaggio mostra la capacità di cambiare e adeguarsi ai tempi.

Col passare del tempo, i dirigenti del club hanno sperato che la generazione più giovane prendesse le redini del club. Nel 1993, furono riportate in un opuscolo commemorativo quelle che erano all'epoca le previsioni per il futuro "...Adesso, è tempo di pensare al futuro di dare campo libero ai giovani e sono certo che il loro interessamento e le loro aspirazioni non saranno meno delle nostre nel mantenere alto i nostri valori culturali e sociali".

Dopo 42 anni, Roberto ritiene che sia ancora molto importante cercare di mantenere le attività

with pride…and we are able to state truly that the Itri Club is a source of pride to all the Itrani living in Canada…" This showed the club's capacity to change and adjust with the times.

With the passage of time, the club's directors looked to the younger generation to take the reigns. In the commemorative booklet of 1993 was consideration about the future, translated from the Italian: "…*Today is time to consider the future to give free reign to the young. We are certain that their aspirations are not less than ours in maintaining our social and cultural values."*

After 42 years, Roberto believes it is still very important to try to maintain activities that will keep the community together and to pass on those values of the hometown to the next generation. Roberto and Mirella his wife, the current president of the club, admit it is a real challenge to involve the new generation in the activities of the club. Regardless, they are still committed to maintain and continue with the work of the club.

che continueranno a tenere insieme la comunità e a trasmettere i valori dei luoghi d'origine alle prossime generazioni. Sebbene entrambi Roberto e Mirella, sua moglie e attuale presidente del club, sostengono che è una vera sfida coinvolgere le nuove generazioni nelle attività del club, essi sono ancora impegnati a mantenere e continuare il lavoro dell'associazione.

Feste della Madonna Della Civita a Toronto.

SANTUARIO DELLA MADONNA DELLA CIVITA

La leggenda narra che il quadro raffigurante la Madonna col Bambino, conservato nell'attuale Santuario ed oggetto di culto devotissimo, considerato opera di S. Luca, provenga dall'Oriente e in particolare da Costantinopoli, Esso, venerato dapprima in Antiochia, e poi a Bisanzio, sarebbe stato posto in salvo, durante le persecuzioni icconoclastiche di Leone Isaurico, da due monaci brasiliani, detti calogeri.

7. Casalvieri Club

I interviewed Sabino Catenacci and Marino Moscone on January 13, 2010. This interview took place at Marino's place of work, Metric Tiles.

During this conversation Sabino and Marino shared their insight into the development of the Casalvieri Club over the last forty-three years. Marino explained, "*This founding took place during the organizing of a picnic in the summer of 1968. The permit for the picnic was issued in the name of Dario D'Angela because there was no official name as an organization. Friends and families from Casalvieri came together to enjoy the picnic with music and good food. One hundred and fifty to two hundred people participated in this first event. During the picnic the name given to the newly formed organization was 'Società Casalverana'.*

The founders of the club were: Dario D'Angela, Americo Di Rezze, Lidio Iacobelli, Nello Fiore, Angelo Di Rezze, Tommaso Vitti, Gaetano Catallo, Antonio Vitti, Argentino Ianni and Benedetto Moscone. Many volunteers were involved in organizing early

7. Casalvieri Club

Ho intervistato Sabino Catenacci e Marino Moscone il 13 gennaio 2010 presso il Metric Tiles, sede di lavoro di Marino.

Nel corso della conversazione Sabino e Marino hanno condiviso la loro idea in merito allo sviluppo di quest'organizzazione negli ultimi quarantatré anni. Marino mi

Founding of Casalveri Club.
Picnic Permit 1968.

ha spiegato: "Questa fondazione ha avuto luogo durante l'organizzazione di un pic-nic, per il quale si erano riunite le persone chevenivano da Casalvieri. Il permesso a

activities. Marino highlighted, *"The spirit of volunteering and helping one another was ingrained in the people who arrived from Italy in those early days."*

For New Year's Eve of 1968, 'Società Casalverana' had their first function at the Riviera Hall on Rogers and Dufferin in Toronto. Sabino recalled, *"Over 300 people came out for the event. For this first celebration, those organizing it did not want to turn any one away and accepted all the latecomers. I remember that a number of people complained about it being too crowded. In the end everyone had a great time anyway.*

By 1971, 'Società Casalverana' was renamed the Casalvieri Club. The club, began

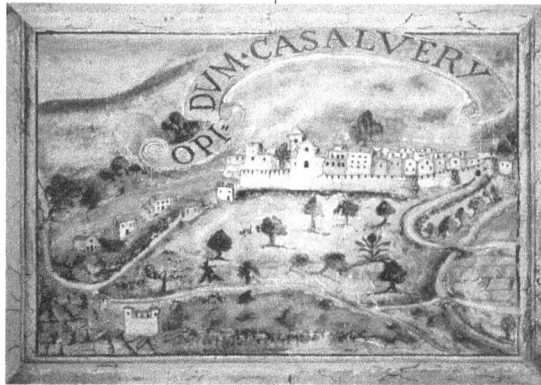

Ancient map of Casalvieri, Italy

svolgere questo primo picnic, nell'estate del 1968, fu rilasciato a nome di Dario D'Angela, perché il club non aveva ancora un nome ufficiale. Amici e famiglie di Casalvieri presero parte al picnic, dove trovarono musica e buon cibo. Furono presenti fra le centocinquanta e le duecento persone. E quel giorno fu scelto il nome di 'Società Casalverana', per l'associazione."*

I fondatori furono Dario D'Angela, Americo Di Rezze, Lidio Iacobelli, Nello Fiore, Angelo Di Rezze, Tommaso Vitti, Gaetano Catallo, Antonio Vitti, Argentino Ianni, Benedetto Moscone. Oltre a queste persone furono coinvolti molti volontari.

Aerial view of the town of Casalvieri, Italy.

Students in elementary school in 1950s
Casalvieri, Italy.

Immigrants on route to Canada in
early 1950s.

the tradition of celebrating the religious feast of 'Sant'Onorio', the patron saint of 'Casalvieri'. The church of St. Basil at Shepherd and Weston Rd. was the venue used for this celebration. The mass was held in the church hall along with the related festivities. Marino commented, *"Today this celebration and mass are held outdoors. The diocese banned the celebration of mass in halls a number of years ago."*

As the discussion unfolded Sabino recounted why the club was an important factor in his immigration experience. *"I came to Canada in 1963 at the age of fourteen. When I started school, they put me back two grades and I had difficulty fitting in. In those early days I felt as if I was an outsider in a strange country, therefore I was naturally drawn to the people from my 'paese', 'Casalvieri' or to other Italians."* As more and more people arrived from Casalvieri, there evolved the natural progression to stay connected through social events. Sabino's dad became a member of the Casalvieri club and participated in organizing activities. Sabino and Marino conveyed clearly that the Casalvieri Club,

per l'organizzazione degli eventi. "Lo spirito di volontariato e l'aiuto reciproco erano radicati nelle persone che arrivarono dall'Italia a quei tempi", mi ha spiegato Marino.

Il Veglione di Capodanno del 1968 fu, per la Società Casalverana la prima iniziativa in assoluto e si tenne presso la Riviera Hall sulla Rogers e la Dufferin a Toronto. "Furono presenti alla serata oltre 300 persone" ha ricordato Sabino, "per questo primo evento, gli organizzatori non vollero rifiutare nessuno e accolsero anche coloro che non aveva prenotato. Ricordo che alcune persone lamentarono il fatto che la sala fosse troppo affollata, ma si divertirono tutti comunque".

Nel 1971, la Società Casalverana fu rinominata Casalvieri Club. Il club iniziò a proporre la festa religiosa in onore di Sant'Onorio, il santo patrono di Casalvieri, nella chiesa di San Basilio a Shepherd e Weston Road, sede utilizzata per questa celebrazione. Le celebrazioni si tennero nella sala della chiesa. Marino ha aggiunto: "Oggi questa festa si svolge all'aperto, perché la diocesi un po' di anni fa ha vietato

was where everyone felt comfortable, knew one another and helped the newcomers to re-establish their sense of belonging and celebrate traditions.

*Procession for the feast of
Sant' Onorio in Toronto.*

Marino continued to expand on the role of the Casalvieri Club in his life: *"My father came to Canada in 1955 and I was born in Canada. I was raised speaking only Italian dialect until I began school. The club was a large part of my social and cultural life then, and has continued until today."*

Marino and Sabino both described those early days of immigration. *"They were defined and are fondly remembered by us as a time when people helped one another. For example if one person needed to renovate his basement others would give a willing hand. Help was constantly reciprocated among the 'compaesani'.* People helped one another as a part of the resettlement process in this new country. Renovating a basement was common among new Italian families. They

la celebrazione della messa nelle sale".

Con l'evolversi della discussione, Sabino mi ha spiegato perché il club fu un fattore importante per la sua esperienza d'immigrato. "Arrivai in Canada nel 1963 all'età di quattordici anni. A scuola mi fecero retrocedere di due anni e avevo difficoltà di adattamento. In quei primi tempi mi sentivo un estraneo e, pertanto, tendevo a stare con persone del mio paese, Casalvieri, o da altri italiani". Sempre più persone arrivavano da Casalvieri e prendevano parte a quel processo naturale che permetteva loro di restare in contatto attraverso le attività sociali. Anche il padre di Sabino divenne un membro del club e partecipava all'organizzazione delle attività. Sabino e Marino sono stati d'accordo su un punto. Il Casalvieri Club era il luogo dove ognuno si sentiva a suo agio, ci si conosceva l'uno con l'altro e si aiutavano i nuovi arrivati a ritrovare un certo senso di appartenenza e a celebrare le proprie tradizioni.

Marino ha continuato a descrivere il ruolo del Casalvieri Club nella loro vita. "Mio padre venne in Canada nel 1955 e io sono nato in qui. Sono cresciuto parlando solo il dialetto italiano fino a quando non sono andato a scuola. Il club è stato parte della mia vita sociale e culturale sin da bambino e ha continuato ad esserlo fino ad oggi". .

Marino e Sabino hanno entrambi descritto quei primi giorni d'immigrazione. *"Li definiamo, e li ricordiamo con affetto, come come un*

often built a second kitchen or renovated the downstairs space in which to get together and socialize. It was also used as extra living accommodation for the newly arrived families and friends who did not yet have a home of their own.

The annual activities of the Casalvieri Club were numerous and well attended. In 1976 the Casalvieri Club formed bowling leagues. This activity played a significant role in keeping the club together. Today there are twelve teams who play ten pin bowling and fourteen teams who play five pin bowling.

Bowling League Winners.

Bowling League.

The success of the bowling league according to Marino continues because: " *Steve Di Zazzo who started the league in 1976 is still the same person who looks after the teams today in 2010.*" From September to April bowling takes place and in May the club holds a bowling banquet.

There are various other activities during the year, which the club organizes. In March an in-house bocce tournament is held. On the first Sunday in June, there is the celebration

momento in cui le persone si aiutavano a vicenda. Per esempio se una persona aveva bisogno di rinnovare il suo seminterrato altri davano una mano e questo aiuto era costantemente ricambiato tra i compaesani". L'aiuto reciproco era una parte del processo d'insediamento in questo nuovo paese. Rinnovare il seminterrato era comune fra le famiglie italiane. Spesso essi costruivano una seconda cucina o rinnovavano gli

Ten Pin bowling league.

of the feast of Sant'Onorio. Since around 1994-1995 this activity has been held outdoors at St. Patrick's in Brampton. In July,

Steve Di Zazzo takes over as Santa Claus.

an annual picnic is organized. Intermittently there is a corn roast held in September. The club holds an annual golf tournament with proceeds to either assist the club or are given to charitable causes.

The Casalvieri Club also had trips to New York. These excursions have been organized in the month of August. In October, during the Thanksgiving weekend' the club hosts a gala. November is the month during which a celebration for San Martino is held. A time for tasting of new wine and eating chestnuts. In December the club holds a Christmas party and their annual general meeting takes place at the end of the year.

One of the highlights that was pointed out by Marino was the contact maintained with the town of origin. In 1989 the mayor of Casalvieri came to Toronto and brought

scantinati nei quali si riunivano per stare insieme. Questi spazi erano utilizzati anche per ospitare le famiglie dei nuovi arrivati e gli amici che non avevano ancora una casa propria.

Le attività annuali del Casalvieri Club sono state numerose e molto frequentate. Nel 1976 il club formò delle leghe di bowling, attività che ha avuto un ruolo importante nel mantenere il club unito. Attualmente il club ha dodici squadre che giocano a bowling a dieci birilli e quattordici squadre che giocano quello a cinque. Ciò che è interessante circa il successo delle squadre di bowling secondo Marino, è: "Steve Di Zazzo, le ha create nel 1976 e se ne occupa ancora oggi, nel 2010". Le competizioni si svolgono da settembre ad aprile e a maggio il circolo ospita un banchetto fra i giocatori.

Il club è impegnato nel corso dell'anno ad organizzare anche molte altre attività. Nel mese di marzo, ad esempio, si tiene un torneo interno di bocce. La prima domenica di giugno si celebra la festa di Sant'Onorio, che dal 1994-1995, si tiene all'aperto a St. Patricks a Brampton. Nel mese di luglio viene organizzato un picnic annuale e a di tanto in tanto nel mese di settembre si organizza un corn roast. Il club organizza anche un torneo annuale di golf i cui proventi vengono utilizzati per sostenere il club oppure dati in beneficenza.

Tra le attività del club ci sono stati anche viaggi a New York, nel mese di agosto, mentre nel mese di ottobre, durante il weekend del Ringraziamento, il club ospita una serata di gala. A novembre si festeggia San Martino, un'occasione per degustare il vino novello e mangiare le castagne, nel mese di dicembre il circolo ospita una festa di Natale, mentre alla fine dell'anno si tiene l'assemblea generale

One of the annual picnics of the Casalvieri Club.

the club's emblem known in Italian as the 'gonfalone'. This was a major event for all who originated from Casalvieri.

Both Marino and Sabino explained, *"We consider the Casalvieri Club as a true not-for-profit organization. In the early 1990's the board and membership made the decision that we would not develop a hall or own a clubhouse nor would we further expand our events. Our mandate was simply to maintain our cultural traditions within a social environment for all the families. We did not want to be encumbered by having to pay for or maintain assets as an organization."*

Marino and Sabino discussed candidly the demographics of the organization. The average age of members at the time of

annuale.

Uno degli aspetti importanti ricordati da Marino è il legame con la città d'origine. Nel 1989 il sindaco di Casalvieri venne a Toronto e portò l'emblema del club conosciuto in italiano come gonfalone. Fu un evento importante per tutti coloro che venivano da Casalvieri.

Marino e Sabino mi hanno spiegato, "Consideriamo il Casalvieri Club realmente un'associazione senza fini di lucro. Nei primi anni '90, il consiglio e i soci decisero che non avremmo costruito una sala o posseduto una sede, né aumentato il numero di eventi. Il nostro mandato è stato semplicemente quello di mantenere la nostra tradizione culturale all'interno di un ambiente sociale per tutte

founding was between twenty and forty years old. Today that age is between fifty and seventy years old. Marino optimistically pointed out: *"We are fortunate in that the club always has young people participating at our events. The organization has always tried to keep up with the times. In the days when I was a youth member, in 1975-76, we organized a disco dance. Although it was a one-time function, that event encouraged me to participate further in the club."*

There is commentary in the documents of the club regarding the future. In the 1994, 25[1] anniversary booklet, Marino as president looked ahead: *"We should use this, our 25th anniversary, as a stepping stone to ensure that our children continue to be proud of a very special heritage ... and hope to see many more years of celebrating and honouring our traditions."* [1] Marino pointed out numerous times during the interview, that the club has made significant efforts to involve young people to participate and work on the events and activities by the Casalvieri Club."

Marino articulated that, *"The club has an approach, which shows it is open to new ideas. When someone has a proposal then that person becomes the chair for developing and realizing the idea."* He emphasized that the club still works and thrives because many people including children and youth are still involved. The participation of many, keeps the organization relevant and is the key to the success of the club.

At the end of the interview Marino Moscone's younger brother Marco joined us and he

1. Marino Moscone, 25th anniversary booklet, 1994.

le famiglie. Non volevamo essere gravati dal dover pagare e mantenere delle proprietà giacché non avevamo scopo di lucro".

Marino e Sabino mi hanno parlato apertamente dell'aspetto demografico dell'associazione. L'età media dei soci al momento della fondazione era compresa tra i venti e i quarant'anni di età, mentre oggi oscilla tra i cinquanta e i settanta. Ma Marino ha sottolineato: "Siamo fortunati perché i giovani partecipano sempre ai nostri eventi. L'organizzazione, di fatti, ha sempre cercato di tenere il passo con i tempi. Quando ero un giovane membro, nel 1975-76, organizzammo una serata con musica dance. Anche se fu l'unica volta, l'iniziativa mi incoraggiò a continuare a lavorare nel club".

Dai documenti del club si evince una certa attenzione per il futuro. Nel opuscolo del venticinquesimo anniversario del club, del 1994. Marino come presidente guarda in avanti. "Dovremmo considerare quest'occasione, il nostro 25° anniversario, come il primo passo per assicurarci che i nostri figli continuino a essere orgogliosi di un patrimonio molto speciale ... e spero di vedere celebrare e onorare le nostre tradizioni ancora per lungo tempo". Marino ha sottolineato molte volte, durante l'intervista, che il club sta mettendo in atto un significativo sforzo per coinvolgere i giovani a partecipare e lavorare negli eventi e nelle attività del Club.

Marino ha continuato dicendo: "L'approccio del club è di essere aperti a nuove idee. Quando qualcuno ha una proposta quella persona diventa il referente per lo sviluppo e la realizzazione dell'idea". Marino ritiene che il club funzioni ancora perché sono coinvolte molte persone, compresi i bambini

Top left: Yonge/Queen Sts. 1966.
Top Right: Francesca Iacobelli
              (Casalvieri 1931)
Middle Left: St. Onorio Committee.

2009 - Current and former
Presidents having fun while
cutting the cake.

spoke with pride and enthusiasm about the Casalvieri Club. He reinforced that the work and development of the club, over the last forty years, has had a significant impact on the lives of many. He stated, *"This club, through the dedication and commitment of so many has maintained the cultural ties and traditions through the many years of integration in Canada."*

Marino provided to me the latest commemorative booklet of the Casalvieri Club, which was created for the occasion of the 40th anniversary. This booklet of 2009, is an album of photographs illustrating the many events. The photos show large numbers of members and younger generations participating and enjoying the many activities. These anniversary booklets document the legacy of the club. They illustrate the community building and successes of which the club has played an integral part.

e i giovani. La partecipazione di molti rende l'organizzazione importante ed è la chiave del successo del club.

Alla fine dell'intervista Marco Moscone, fratello minore di Marino, si è unito a noi e ha parlato con orgoglio ed entusiasmo del Casalvieri Club. Marco ha ribadito che il lavoro e lo sviluppo del club hanno avuto, negli ultimi quarant'anni, un impatto significativo sulle vite di molti. Marco ha dichiarato: "Questo club, attraverso la dedizione e l'impegno di tanti, ha mantenuto i legami culturali e le tradizioni di Casalvieri attraverso i molti anni d'integrazione in Canada".

Marino mi ha procurato l'ultimo opuscolo del club, stampato in occasione del 40° anniversario. L'opuscolo stampato nel 2009, è un album fotografico, che illustra numerosi eventi e attività dell'associazione. Le foto mostrano l'alto numero di partecipanti e le generazioni che hanno usufruito delle tante attività del club. Gli opuscoli degli anniversari documentano il lascito che il club, grazie al suo lavoro ha fatto alla comunità e per la quale esso ha rappresentato una parte integrante.

8. Ciociaro Club of Windsor Inc.

In November of 2010 I met the president of the Ciociaro Club of Windsor, Frank Maceroni, at the Ciociaro Club complex in Tecumseh, near Windsor. He provided information and documentation pertaining to the history and activities of the club.

According to Frank Maceroni this club is a success story of a people who immigrated to Canada, and re-established their social, cultural and religious traditions. They built

8. Ciociaro Club di Windsor Inc.

Nel novembre del 2010 ho incontrato il presidente del Ciociaro Club di Windsor, Frank Maceroni, nella sede del club a Tecumseh vicino Windsor. Frank mi ha fornito le informazioni e la documentazione sulla storia e le attività del club.

Secondo Frank Maceroni il Club è la storia del successo di un popolo emigrato in Canada, che ha ristabilito le tradizioni sociali, culturali culturali e religiose. L'associazione ha

Anno 2009: veduta aerea del Ciociaro Club di Windsor, Ontario, Canada

View of the main entrance to the Ciociaro Club of Windsor facilities.

ENTRATA PRINCIPALE

a facility to serve the Italian-Canadian community. A facility that evolved into the largest structural complex outside of Italy built by an Italian-Canadian organization. The Ciociaro Club of Windsor has become a fully integrated organization. It serves not only the Italian-Canadian community, but has become a part of the Tecumseh-Windsor-Essex fabric in all its multicultural makeup.

The club was founded in 1972 by a handful of individuals originating from Ciociaria who brought together a group of people to celebrate and maintain common cultural roots. These origins provided the common thread for the organized events. The activities of the club maintain cultural identity, help to celebrate customs and provide the environment in which to share the heritage of 'Ciociaria' in Canada.

The Ciociaro Club of Windsor is a story of people from humble, rural origins who immigrated to Canada. In 1972 Arcangelo

costruito una struttura a disposizione degli Italiani in Canada, conosciuta oggi come il più grande complesso all'estero costruito da un'organizzazione italo-canadese. Col tempo il Ciociaro Club di Windsor è diventato un'organizzazione completamente integrata e non è al solo servizio della comunità italo-canadese, ma è entrato a far parte dell'intero tessuto sociale di Tecumseh-Windsor-Essex in tutta la sua composizione multiculturale.

Il Club fu fondato nel 1972 da un gruppo di persone, per condividere le comuni radici culturali. La provenienza italo-ciociara rappresentava il legame comune che attribuiva alle iniziative organizzate la funzione di conservare l'identità culturale al fine di ricordare e condividere il patrimonio delle loro origini ciociare, qui in Canada.

Il Ciociaro Club di Windsor è la storia di persone umili, di origine rurale, emigrate in Canada. Nel 1972 Arcangelo Lombardi propose a Americo Rizza e Tony De Luca di formare un club tra coloro che provenivano

Lombardi approached Americo Rizza and Tony De Luca to form a club of people from 'Ciociaria'. Six men began to meet regularly at each other's homes and began planning events.[1] The first administration was composed of the following; Steve De Luca, Archangelo Lombardi, Tony De Luca, Tony Rizza, Cesidio Acchione, Pasquale Carducci, Frank Cervi, Armando De Luca, Domenico Lombardi, Jonh Pizzuti, Toni Rea, Americo Rizza and Onorio Rocca.[2]

Steve De Luca led the new organization as the president in 1972. In October 22, 1973 the Province of Ontario issued the letters patent officially incorporating the Ciociaro Club of Windsor Inc. A folk group was formed in 1974, bocce teams were organized and hunting and fishing groups were founded that year.

During this period the club established criteria and rules for membership and the development of the club began. They requested one hundred dollars initiation fee and monthly dues of two dollars. Soon after the organization began in earnest to look for property and purchased twenty-four acres of land on North Talbot in 1973, for $2000 per acre. In 1974 they had the first design for the building project. In 1975 another twenty-one acres was purchased and construction for a building commenced. That year the club had grown to over six hundred and fifty members.[3]

1. Commemorative Booklet, 35th Anniversary: The Ciociaro Club of Windsor, 2007, 32-33.
2. Booklet, Grand Opening Celebration of the new entrance and atrium, October 13-15, 1989.
3. Commenorative Booklet, 35th Anniversary: The Ciociaro Club of Windsor, 2007.

dalla Ciociaria. Sei uomini cominciarono a riunirsi regolarmente nelle rispettive case e a programmare gli eventi da organizzare. Il primo consiglio era composto da: Steve De Luca, Arcangelo Lombardi, Tony De Luca, Tony Rizza, Cesidio Acchione, Pasquale Carducci, Franco Cervi, Armando De Luca, Domenico Lombardi, John Pizzuti, Toni Rea, Americo Rizza e Onorio Rocca .

Steve De Luca guidò la nuova organizzazione

GEMELLAGGIO - TECUMSEH E FROSINONE
SINDACO McNAMARA - SINDACO MARINI
2009 - Signing of twinning between the city of Frosinone and the town of Tecumseh.

come Presidente nel 1972. Il 22 ottobre 1973 la Regione dell'Ontario rilasciò l'autorizzazione riconoscendo ufficialmente il Ciociaro Club di Windsor Inc. Nel 1974 il club gestiva un gruppo folk, alcune squadre di bocce e gruppi di caccia e pesca.

In quel periodo il Club stabilì il regolamento per i soci dando il via all'associazione. Furono chiesti cento dollari come quota iniziale e una tessera mensile di due dollari. Poco dopo l'organizzazione iniziò a cercare seriamente un terreno e nel 1973 fu acquistato di terreno di 24 acri sul Nord Talbot per 2.000 dollari l'acro. Nel 1974 il club aveva il

Many dedicated individuals have given and continue to give of their time and commitment to this thriving organization. All the board responsibilities were and continue to be voluntary positions.

The presidents are recorded as follows:

1972 to 1977 Steve De Luca

1977 to 1990 Luigi Tosti

1990 to 1992 Rocco Maiuri

1992 to 2002 Luigi Tosti

2002 to 2006 Giulio Malandruccolo

2006 to 2011 Frank Maceroni[4]

By 2006 the membership had more than doubled to 1,440 and the facilities were expanded. The main building grew to 10,000 square metres in size. This not-for-profit social club's banquet facilities could accommodate more than 2000 people. It boasts the latest technology, which includes built-in video, acoustic and teleconferencing equipment as well as a fully equipped kitchen to serve the maximum capacity of the hall. Adjacent to the members' bar is a wood-burning oven, and a five-lane bocce facility. There are various small halls and a library, which are made available to the membership and the community.[5]

About eighty metres from the main building the club built an additional two thousand square meter covered pavilion space for outdoor events. The outdoor facilities

4. Commemorative Booklet, 35th Anniversary: The Ciociaro Club of Windsor, 2007.
5. Brochure, Ciociaro Club of Windsor Inc.

primo progetto per la sede. Nel 1975 furono comprati altri ventuno acri di terreno e iniziò la costruzione del complesso. Quell'anno il club aveva superato i seicento cinquanta iscritti.

Sono molti coloro che si sono dedicati all'associazione e hanno dato e continuano a dare il loro tempo e il loro impegno a quest'organizzazione tanto attiva. Tutte le cariche erano e continuano ad essere posizioni volontarie.

La successione dei presidenti è stata la seguente:

dal 1972 al 1977 Steve DeLuca;

dal 1977al 1990 Luigi Tosti;

dal 1990 al 1992 Rocco Maiuri;

dal 1992 al 2002 Luigi Tosti;

dal 2002 al 2006 Giulio Malandruccolo;

dal 2006 al-2011 Frank Maceroni.

Nel 2006 il numero dei soci era più che raddoppiato e superava i 1.440 iscritti, mentre la sede aveva raggiunto i 10.000 metri quadri di superficie. Quest'associazione non-profit, oggi è in grado di ospitare più di 2000 persone per i banchetti. Vanta la più recente tecnologia, che include attrezzature video, acustiche e per teleconferenze, nonché una cucina completamente attrezzata per servire la capacità massima della sala. Adiacente al bar dei soci sono stati installati un forno a legna e una bocciofila a cinque campi. Nel complesso sono presenti anche altre sale minori e una biblioteca a disposizione dei soci e della comunità.

A poca distanza dalla costruzione principale,

Ciociaro Club of Windsor Inc.
Tecumseh, Ontario, Canada

3745 North Talbot Road, R.R. #1, Oldcastle, Ontario, Canada
Telephone (519) 737-6153 • Fax (519) 737-7269
www.ciociaroclub.com • E-mail: reception@ciociaroclub.com

Front view of banquet facility.

included parking for approximately one thousand vehicles, fourteen outdoor bocce courts, a volleyball court, six baseball diamonds, seven soccer fields and a playground for children. All of this area is surrounded by a bicycle track, the only one of its kind in North America.[6]

This enormous complex accommodates the club's extensive itinerary of programs. The facilities accommodate cultural, social, sports and religious activities organized for the community.

Religious-cultural traditions of the immigrants from "Ciociaria" are recreated annually. The religious celebrations of St. Onorio, St. Gerardo, and the Madonna Di

6. Brochure, Ciociaro Club Inc. Connor Printing 2009.

il club ha costruito altri duemila metri quadri di spazi coperti per le attività all'aperto. che comprendono un parcheggio per circa mille veicoli, quattordici campi da bocce all'aperto, un campo da pallavolo, sei campi da baseball americano, sette campi da calcio e un parco giochi per i bambini. Tutta l'area è circondata da una pista ciclabile, l'unica del Nord America nel suo genere.

Questo enorme complesso permette al club di avere un ricco programma di attività; nelle sue strutture vengono accolte le attività sociali organizzate per la comunità.

Le tradizioni religioso-culturali degli immigrati ciociari vengono rispettate ogni anno. Vengono celebrate le feste in onore di S. Onorio, San Gerardo e della Madonna di Canneto. Quest'ultima è la più importante fra le celebrazioni religiose organizzate dal club. Questa ricorrenza religiosa ha una

CAPPELLA - MADONNA DI CANNETO

Canneto are celebrated each year. The Madonna di Canneto is the most popular of the religious events held at the club. This religious custom has a long-standing tradition in Italy. Many of the immigrants were and continue to be devout followers of the Madonna. This custom was so important that a modern chapel was constructed in the 1990's on the grounds of the Ciociaro Club, which houses the replica of the statue of the Black Madonna di Canneto. Every year over 10,000 people arrive from all over Canada and the United States to pay tribute.

Over the years the club has offered and organized a myriad of sporting activities. Men and women's Bocciofila, the Ciociaro Sportsmen, as well as the soccer and tug-of-war teams were established. Trapshooting was also part of the activities. The trap shooting team won the Canadian championship three times and represented Canada internationally.

lunga tradizione in Italia. Molti immigrati, infatti, erano e continuano ad essere devoti di questa Madonna. La tradizione era talmente importante che negli anni '90 fu costruita una moderna cappella in suo onore sulla proprietà della sede del club. La cappella accoglie una copia della statua della Madonna Nera di Canneto e ogni anno oltre 10.000 persone, provenienti da tutto il Canada e dagli Stati Uniti, si recano in questo luogo per rendere omaggio alla Madonna.

Nel corso degli anni il club ha organizzato molte attività sportive come: bocciofile maschili e femminili, il Ciociaro Sportsmen, il tiro al piattello, il calcio e le squadre di tiro alla fune. La squadra di tiro al piattello ha vinto il campionato canadese per tre volte e ha rappresentato il Canada a livello internazionale. Nel 2002, il Ciociaro Club di Windsor ha lanciato un programma di diffusione di calcio giovanile. Col tempo

LE CIOCIE

"E lì che il popolo porta le 'ciocie,' una semplicissima calzatura che ha dato al paese il suo nome. Da Anagni in giù vidi in uso questi speciali sandali, non si poteva ideare un sistema più primitivo ed al tempo stesso più comodo, almeno io l ho invidiato sinceramente ai ciociari: la 'ciocia' si fabbrica con un pezzo quadrato di pelle di asino o di cavallo, nei buchi viene infilato uno spago che avvolge il piede in modo che il sandalo si assottiglia verso la punta e termina con una curva; la gamba viene avvolta fino al ginocchio con tela grigia e ruvida, legata con molti spaghi di corda o di filo, così il ciociaro si muove liberamente nel campo ove la terra o sulle rocce badando alle pecore e alle capre, avvolto in un mantello o giacca di pelo grigia e corta, sempre con la sua zampogna."

–Ferdinand Gregorovius

"It is there that the people wear the 'ciocie,' a very simple kind of footwear that has given this country its name. Starting in Anagni, already I saw these special sandals in use. I could not imagine a system more primitive, and at the same time more comfortable; at least I sincerely envied the Ciociari: the 'ciocie' are made with a square piece of skin of ass or horse, in the holes is threaded a string that wraps the foot in such a way that the sandal becomes thinner toward the toe and ends in a curve; the leg is wrapped to the knee with rough, grey canvas, tied with many laces of cord or thread, so that the Ciociari move freely in the field, hoeing the earth or on the rocks tending the sheep and the goats, wrapped in a cloak or a short jacket of grey hair, always with his bagpipes."

–Ferdinand Gregorovius

Ciociaro traditional footwear 'Cioce'. From 1989 Commemorative booklet of the club

In 2002, the Ciociaro club of Windsor launched a youth development program for soccer. Over time the Ciociaro Soccer Club has teamed up with the South Windsor Youth Soccer Club and the club now offers house league programs for the summer at their facilty.

Besides the many sporting events organized, this club has also become a leading fundraiser, which benefits local,

il Ciociaro Soccer Club si è unito con il South Windsor Youth Soccer Club ed oggi organizza tornei locali nel periodo estivo.

Al di là delle tante attività sportive, il club è diventato anche un punto di riferimento per raccogliere fondi a favore di diverse organizzazioni locali, nazionali e internazionali. Le associazioni che hanno beneficiato dei fondi raccolti sono: la Canadian Cancer Society, il Children's

CIOCIARO CLUB OF WINDSOR
2007–2009

ADMINISTRATION

President..Frank Maceroni
Vice-President..Enio DiDonato
Treasurer..Valentino Rossi
Recording Secretary..Joseph Capaldi
Correspondence Secretary..Anna Vozza

DIRECTORS

Armando Carlini   Giorgio Mariani
John Colaluca   Enzo Pappini
Nazzareno Conte   Giacomo Ramieri
Angelo Gesuale   Anna Vitti
Giovanni Maceroni   Luigi Vozza

SERGEANTS AT ARMS   TRUSTEES
Joe DiBenedetti   Marcello DeLuca
Alessio Recine   Piero DiStefano
Tommaso Rossi   Pietro Valente

national and international charities. Some of the charities which have benefited from fundraising initiatives are: the Canadian Cancer Society, Children's Rehabilitation Centre, the Muscular Dystrophy Association of Canada, the Spina Bifida, Hydrocephalus Association of Canada, Easter Seals of Canada, The Italian-Canadian Handicap Association, the University of Windsor, the Windsor Symphony Orchestra, and the St. Angela Merici Church. The club has also raised funds for disaster relief such as the earthquake of Abruzzo, Hurricane Katrina in the United States, the Tsunami Relief in southeast Asia and many more.

Another activity, which has been strongly supported by the club has been the Italian Heritage Language program. This program saw an enrolment of 150 children and 60 adults in 2007. Italian language programs are important because teaching Italian to the next generation is a way to retain cultural identity.

The Ciociaro Club of Windsor also maintain ties with the place of origin in Italy. Every year the club recognizes one of the ninety-one towns from the 'Provincia di Frosinone' at a special event at the hall. This practice began in 1995. To date they have commemorated sixteen towns in Ciociaria. Often Italian delegations come to Windsor especially for this occasion. In return members of the board from the Ciociaro club were also hosted in Italy.

An official link created was the twinning of two cities, Tecumseh and Frosinone. The Ciociaro Club suggested that the Town of Tecumseh be twinned with the City of Frosinone. This took place in Italy on April 28, 2009 and administration from both towns

Rehabilitation Centre, la Muscular Dystrophy Association of Canada, la Spina Bifida, la Hydrocephalus Association of Canada, la Easter Seals of Canada, la Italian-Canadian Handicap Association, l'Università di Windsor, la Windsor Symphony Orchestra e la Chiesa di S. Angela Merici. Il club ha raccolto fondi per aiuti anche in caso di calamità naturali come il terremoto dell'Abruzzo, l'uragano Katrina, o a favore dello Tsunami Relief Fund ed altri.

Un'altra attività, fortemente sostenuta dal club, è l'Italian Heritage Language Program, volto a preservare il patrimonio linguistico italiano e che nel 2007 ha visto iscritti 150 bambini e 60 adulti. Il programma ha una sua importanza perché attraverso l'insegnamento dell'italiano alle nuove generazioni si favorisce la conservazione dell'identità culturale.

I legami con la zona di origine in Italia sono al centro dell'attenzione del club. A questo scopo ogni anno viene selezionato uno dei 91 comuni della Provincia di Frosinone che viene eletto città dell'anno. La prima selezione risale al 1995 e fino ad oggi sono state scelte 16 città. Spesso delegazioni italiane vengono a Windsor soprattutto per questa occasione, mentre alcuni membri del consiglio del club, a loro volta, vengono ospitati in Italia.

Un altro nesso ufficiale con l'Italia è il gemellaggio fra le città di Tecumseh e di Frosinone. Il gemellaggio fu proposto dal Ciociaro Club e ufficializzato in Italia il 28 aprile 2009, alla presenza delle amministrazioni di entrambe le città e dei consiglieri del club.

Nel 2010, nella sala del club, in occasione della Settimana della Memoria si sono riuniti reduci italiani e canadesi. Il club ha ospitato

was in attendance, along with the board members of the Ciociaro Club.

Italian and Canadian veterans came together at the hall of the club in 2010 during Remembrance Week. The club hosted Dr. Gianni Blasi from Frosinone. He made a moving presentation on the Italian Campaign of 1943. The Canadians along with the allies fought the Germans in Valle del Liri and around the mountains of Monte Cassino. At this presentation the Ciociaro Club board members, the Canadian Legion, veterans, and the mayor of Tecumseh along with members of the community were present. The Ciociaro Club of Windsor proudly sponsored this event.

The religious, cultural, sporting and members' events often have dignitaries from both the municipal, provincial and federal governments of Canada participating alongside the religious leaders and dignitaries from Italy. This assists in developing good relations with both countries at various levels.

The Ciociaro Club of Windsor stands out as a symbol of a strong community who came together to build something tangible as a testament to their heritage. There are over thirty thousand people of Italian origin or descent who live in Windsor. The Ciociaro Club represents a small number from a specific part of Italy. Because of the vision of the early founders, the Ciociaro Club of Windsor maintains strong ties to the place of origin. The 'Ciociari' immigrants have not only rebuilt home in Windsor, they have recreated their cultural community. Its many activities have enriched not only those of Italian background, but also the whole of south western Ontario.

il Dr. Gianni Blasi di Frosinone che ha tenuto una lezione sulla campagna dell'esercito canadese del 1943 nella Valle del Liri e nella zona di Montecassino. Alla manifestazione erano presenti la Canadian Legion, il sindaco di Tecumseh, i reduci e rappresentanti della comunità. L'evento è stato orgogliosamente sponsorizzato dal club.

Gli eventi religiosi, culturali e sportivi vedono spesso la presenza delle autorità municipali, provinciali e federali canadesi insieme con le rappresentanze civili e religiose italiane. Tutto ciò contribuisce a sviluppare i rapporti fra i due paesi a vari livelli.

L'associazione si presenta come il simbolo di una forte comunità che è arrivata insieme per costruire qualcosa di tangibile a testimonianza del loro patrimonio culturale. Oggi più di trentamila persone di origine italiana e i loro discendenti vivono a Windsor. Il Ciociaro Club rappresenta una piccola parte di essi e una specifica parte d'Italia. Grazie alla convinzione dei primi fondatori, esso mantiene forti legami con il patrimonio e la cultura del luogo di origine e grazie alla sua presenza gli immigrati ciociari hanno ricostruito a Windsor non solo la loro casa, ma la loro comunità sociale arricchendo se stessi e il sud ovest dell'Ontario.

9. San Donato Val Comino Association

This interview took place on February 20, 2010 at 1355 Wilson Avenue at Dr. Donato Tramontozzi's Optometry Office. Present were Nino Pellegrino, Dr. Donato Tramontozzi and Maria Laura Pellegrini.

9. San Donato Val Comino Association

L'intervista ha avuto luogo il 20 febbraio 2010 al 1355 di Wilson Avenue, nello studio optometrico del dott. Donato Tramontozzi. Erano presenti Nino Pellegrino, lo stesso dott. Donato Tramontozzi e Maria Laura Pellegrini.

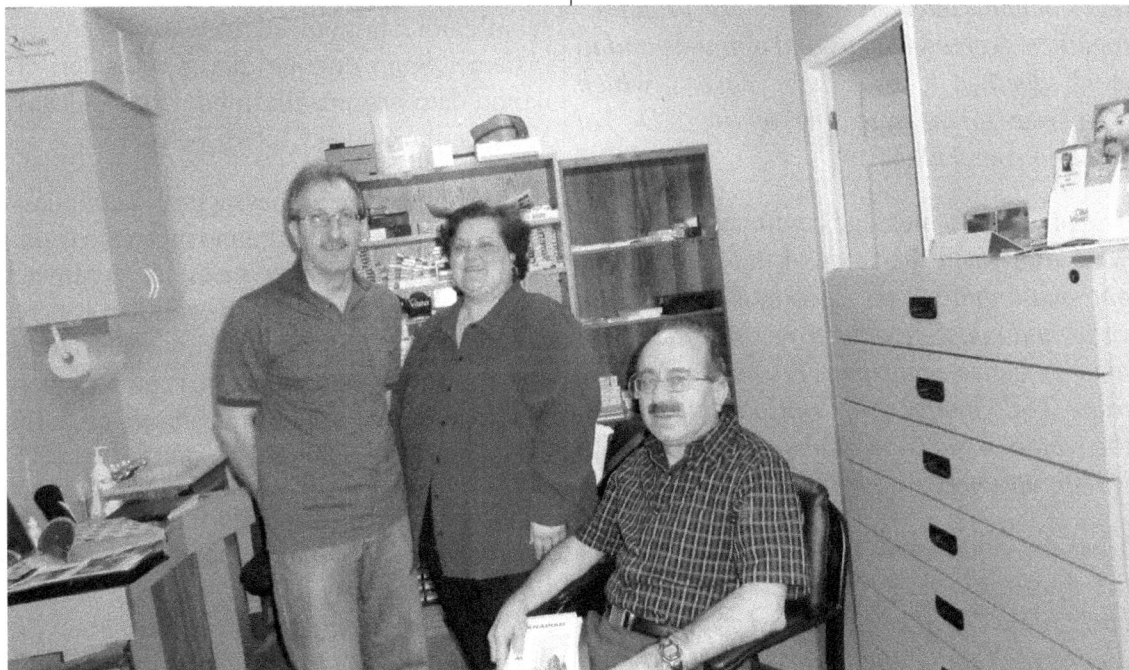

Left to Right: Nino Pellegrino, Maria Laura Pellegrini and Dr. Donato Tramonttozzi.

This association, San Donato Val Comino, was founded in 1974 to celebrate 'San Donato Vescovo e Martire, the patron saint

L'Associazione San Donato Val Comino è nata nel 1974 per celebrare "San Donato Vescovo e Martire", santo patrono del paese

of the town of origin   According to Nino, "*A working group had already been formed as early as the 1960's to organize this celebration to this patron saint. Since then, on the closest weekend to August 7 a mass followed by a dinner and dance is celebrated every year. In the past people who originated in the vicinity of San Donato, such as Gallinaro and Settefrati also participated in this celebration.*"

In the club's commemorative booklet of 1975, the president D.M Tramontozzi's message outlines the reason for this organization's founding.   "*Today we are together not merely because we have the same religious beliefs, but because we have the same desires and common interests: These are to gather together, exchange ideas and opinions and to work together. It is for these reasons, which gave rise to the founding of the S.D. Val Comino social club.*"[1]

The president's message continued to explain what motivated the work of the club. "*Our optimistic outlook is to continue to work for valid and concrete objectives, in order to be able to better contribute to our community from 'Val Comino' but to also contribute to the whole of the Canadian community which we are all part.:*[2]

Nino provided some background to explain the dynamics of the club. He said, "*In the early days of the club most people who immigrated to Canada from San Donato lived in the same neighbourhood in Toronto,*

d'origine e dal quale quest'ultimo prende in nome. Nino mi ha detto: "un gruppo di lavoro era stato costituito già nel 1960 per organizzare la festa in onore del patrono. Da allora ogni anno, nel fine settimana più vicino al 7 agosto, si celebra una messa seguita da una cena con balli e musica. In passato anche le persone provenienti dalle città limitrofe di San Donato, come Gallinaro e Settefrati, partecipavano a questa festa".

In un opuscolo del 1975 è contenuto il messaggio del presidente D.M Tramontozzi, il quale illustra le ragioni della fondazione di quest'associazione. "Oggi siamo riuniti non solo perché abbiamo lo stesso credo, ma perché abbiamo lo stesso desiderio e gli stessi interessi comuni: quelli di incontrarci scambiarci opinioni ed idee e per lavorare insieme. Sono dunque questi i desideri che hanno dato origine alla fondazione del S. D. Val Comino Social Club di Toronto".

Il presidente nel messaggio continua a spiegare le ragioni che hanno motivato il club. "Il nostro desiderio è quello di continuare a lavorare per obiettivi più validi e concreti in modo che non solo contribuiremo meglio alla nostra comunità proveniente dalla Val Comino ma anche all'intera comunità Canadese della quale facciamo tutti parte".

Nino fornisce alcune informazioni basilari per spiegare le dinamiche del club. "Nei primi tempi di vita del club coloro che erano emigrati in Canada da San Donato V.C. vivevano nello stesso quartiere di Toronto, nella zona di College e St. Clair. E' stato più semplice per loro mantenere i contatti ed incontrarsi. Nel corso del tempo abbiamo iniziato a spostarci verso Downsview e oggi molti vivono a Woodbridge. Man mano che la comunità si è diversificata, si è trasferita

---

1 & 2. D.M. Tramontozzi, San Donato's Val Comino Association commemorative booklet. Toronto August 1975.

College and St. Clair. It was easier to maintain contact and to socialize together in those years. Over time we began to move up towards Downsview and today many live in Woodbridge. As the community diversified, integrated and moved to different locations in the Greater Toronto Area it became more and more difficult to bring people together."
As people dispersed the club played a useful role organizing events that reconnected the community.

To continue celebrating the feast of the patron saint of San Donato, in Canada, a statue of 'San Donato Vescovo e Martire' was commissioned. This statue was made in Italy and brought to Canada in the mid 1970's. To pay for the statue, volunteers canvassed members of the 'San Donato' community, in Canada, for donations. The amount of eight thousand dollars was raised. This religious celebration grew in Toronto and the organizing of the feast of San Donato became a large undertaking. Maria Laura explained, "Today there is a specially designated sub-committee, which has the sole purpose to take care of the statue and to organize the celebration of the feast for the patron saint."

Besides the religious celebrations other organized events were facilitated by the organization. Those interviewed added that the club has a number of annual activities, which include; a Mother's Day dance in May, a picnic in June or July, and they participate at the San Donato feast day in August. In September the club holds their

in diverse località della Greater Toronto e si è integrata con la comunità canadese, è diventato sempre più difficile riunire le persone". Allo stesso tempo, man mano che la comunità si allontanava, il club ha svolto un ruolo importante organizzando attività che permettessero alla comunità stessa di restare unita.

Per preservare la tradizione religiosa della festa del santo patrono di San Donato, a metà degli anni '70 fu commissionata una statua di "San Donato", in Italia. Alcuni volontari

Festa S. Donato V.M. 1974
Toronto. Ontario. Canada

si occuparono di raccogliere tra la comunità i fondi necessari e, raggiunsero la somma di ottomila dollari. La celebrazione religiosa è diventata così importante a Toronto che organizzare la festa di San Donato ha richiesto sempre più impegno. Maria Laura ha spiegato: "Oggi esiste una commissione appositamente delegata, con l'unico scopo di

annual general meeting with elections; in October they host a Halloween party and in November there is a funeral mass for all the departed. At the end of the year the club holds a Christmas party for the families. Besides the events the club also organized bus trips. The excursions included trips to New York, Quebec, Thousand Islands and Buffalo. They also travelled to Casino Rama to see shows. Bowling was also part of the club's annual program. Maria Laura stated, *"Today the bowling league is no longer active, but there are plans to restart this activity in the near future."*

The club not only recreated the religious, social and cultural traditions in Canada, but they also maintained ties with the town of origin. According to Donato, *"Every three*

prendersi cura della statua e di organizzare la celebrazione della festa del Santo Patrono".

Gli intervistati hanno aggiunto che, oltre alle celebrazioni religiose, l'associazione organizza una serie di attività annuali, che comprendono: un ballo per la festa della mamma nel mese di maggio, un pic-nic in giugno o luglio e la festa di San Donato in agosto. Nel mese di settembre il club organizza l'assemblea annuale per le elezioni generali, a ottobre la festa di Halloween e nel mese di novembre si celebra una messa in suffragio dei defunti. Alla fine dell'anno, invece, il club organizza una festa di Natale per le famiglie. Oltre a queste attività, il club ha organizzato numerosi viaggi a New York, in Quebec, alle Mille Isole, a Buffalo e al Casino Rama per assistere ad alcuni spettacoli. Anche il bowling faceva parte

PICNIC PER I MEMBRI, RIVIERA GARDENS 1979

or four years the Mayor of the Town of 'San Donato V.C' and his delegation, which included the priest, travelled to Canada to participate with the club, in their activities."

Today there are one hundred families active in the club. Nino, Donato and Maria Laura all spoke of how much has changed since the founding of the club in 1974. In the beginning the enthusiasm for the activities and celebrations was felt by all the members of the community, both young and old. Today the younger generation is less interested in participating or helping to organize activities. There are fewer and fewer people attending the events over the last ten years. They conveyed clearly that, *"Although we are committed to organizing social events to bring people together and to maintain our traditions, it is more and more difficult with the passing of time."* The survival of the club long term was described as uncertain and as Donato said, *"It is unrealistic to expect that the next generation feels the same way about our roots as we do."*

delle attività del club. "Oggi la lega di bowling non esiste più, ma si sta pensando di riproporre l'iniziativa in un prossimo futuro", mi ha spiegato Maria Laura.

Il club non solo ha ricreato alcune tradizioni religiose, sociali e culturali in Canada, ma ha contribuito anche a mantenere i legami con il paese d'origine. Donato racconta che: "Il Sindaco del Comune di San Donato V.C. e la sua delegazione, che comprendeva anche il parroco del paese, si sono recati in Canada ogni tre o quattro anni per partecipare alle attività del club".

Oggi l'associazione conta 100 famiglie attive al suo interno. Nino, Donato e Maria Laura mi riferiscono di quanto sia cambiata l'associazione dai tempi della sua fondazione nel 1974. All'inizio l'entusiasmo per le attività e le celebrazioni era sentito da tutti i membri della comunità, giovani e meno giovani. Oggi la generazione più giovane è meno interessata a partecipare o contribuire ad organizzare le attività. Negli ultimi dieci anni, sempre meno persone hanno partecipato alle iniziative sociali. Gli intervistati hanno concordato chiaramente nel dire che: "Anche se ci siamo impegnati a organizzare eventi sociali per unire le persone e per mantenere le nostre tradizioni, con il passare del tempo è sempre più difficile farlo". La sopravvivenza del club nel lungo termine è stata definita incerta e come ha detto Donato: "Non è realistico aspettarsi che la prossima generazione percepirà le nostre radici nel nostro stesso modo".

FESTA
DI
S. DONATO
V. e M.

1975

IN MARY LAKE

TORONTO
ONTARIO
CANADA

La Processione

ORGANIZZATA
DAL
COMITATO
DIRETTIVO
DEL
VAL COMINO
SOCIAL CLUB
DI TORONTO

Con
La Partecipazione
Della Hamilton
Italo-Canadian
Band

Il Maestro: Liberato Ferrelli

Vincitori Della Corsa Maratona — Uno Dei Vari Giochi Del Pomeriggio

Above. Various activities of San Donato Val Comino Social Club.

Left. 1985 Board of Directors of Club - 10th anniversary celebrations.

IL COMITATO PRO SAN DONATO VAL COMINO   1974

1974 Board of Directors of San Donato Val Comino Association.

VIAGGIO A FATIMA E NIAGARA 1977

1977 - Club's trip to Niagara Falls.

IL SINDACO DI SAN DONATO,
Dott. LUCIO QUINTILIANI A TORONTO

Nella foto ha ricevuto in regalo una placca ricordo di Toronto dal nostro club.

Nella foto presenta al comitato direttivo una pittura di San Donato Val Comino.

1977 photos of the Mayor of San Donato with members of the Club during his visit to Canada.

IL COMITATO FEMMINILE 1977

ELEONORA CEDRONE

MARIA CEDRONE

PINA CEDRONE

Carmelina Tramontozzi

ROSEANNE CICCORITTI

AGNESE DI LEONARDI

FILOMENA DI LEONARDI

MARIA DI LEONARDI

ANNA LEONE

MARIA LAURA PELLEGRINI

10. Campodimele Social Club Inc.

On February 10, 2010, at the Lazio Place in Richmond Hill, I interviewed Vittorio Zanella and Giovanni Di Fonzo about the Campodimele Social Club Inc. Both Vittorio and Giovanni had been long standing, active members of the club and provided their recollections and stories about the organization.

Before the official founding, family members

Club Logo

10. Campodimele Social Club Inc.

Il 10 febbraio 2010, presso il Lazio Place a Richmond Hill, ho intervistato Vittorio Zanella e Giovanni Di Fonzo a proposito del Campodimele Social Club. Sia Vittorio che Giovanni, da tempo membri attivi del club, mi hanno raccontato ricordi e aneddoti sull'organizzazione.

Prima della fondazione ufficiale, i membri delle famiglie e gli amici di Campodimele, che erano immigrati a Toronto negli anni '50 e 60', si incontravano spesso e festeggiavano insieme molte ricorrenze. "Appena arrivati, eravamo abituati a stare insieme, perché ci conoscevamo l'un l'altro ed eravamo pochi. In occasione di matrimoni eravamo tutti invitati, ma questo è diventato più difficile, man mano che sempre più gente arrivava in Canada", mi ha raccontato Vittorio.

Quando il club fu fondato, a Toronto vivevano tra le 800 e le 1000 persone originarie di Campodimele. Oggi con i matrimoni e le nascite, il numero di quelli che hanno radici a Campodimele è molto più alto. Gli emigrati originari di Campodimele vivono oggi in tutto il mondo, la maggior parte di essi vive

and friends from Campodimele, who had immigrated to Toronto in the 1950s and 1960s, often met and celebrated many social functions together. *"When we first arrived, we used to get together socially because we all knew one another and the numbers were small. At weddings we would all be invited, but this became more difficult as more and more people arrived in Canada,"* said Vittorio.

It is estimated that 800 to 1000 people from Campodimele lived in Toronto when the club was formed. Today with marriages and births it is a much larger number who have roots from this hometown. People from this town of origin live all over the world. The largest number are found in Toronto and Vancouver. Others are dispersed in the United States, England and Australia.

The reason for founding of the club was to celebrate the patron saint of Campodimele, 'Sant'Onofrio'. This was a focus, which brought the whole community together. The feast of 'Sant'Onofrio' in Canada, to this day, is honoured with a mass, a religious procession followed by a celebration. The founding members who initiated this tradition in Canada were; Virginio Marsella, Vincenzo De Parolis, Alessandro Pecchia Alessandro Pannozzo, Daniele Di Fonzo, Dino Spirito and Paolo Picano.

It was at the celebration of 'Sant' Onofrio, on June 12, 1976, that members were recruited to join the club. This was the date that Vittorio and Giovanni point to as the founding of the Campodimele Social Club. Vittorio added, *"I remember that we asked five dollars for membership and as we went around on that day, three hundred members joined."*

Campodimele, Italy.

a Toronto e a Vancouver, mentre altri si sono stabiliti.

Lo spunto per la fondazione del club fu la festa di Sant'Onofrio, patrono di Campodimele, fulcro intorno al quale tutta la comunità si riuniva. Ancora oggi, la solennità di Sant'Onofrio in Canada si celebra con una messa e una processione seguite da una festa. I fondatori del club, che diedero inizio a questa tradizione, furono: Virginio Marsella, Vincenzo De Parolis, Alessandro Pecchia Alessandro Pannozzo, Daniele Di Fonzo, Dino Spirito e Paolo Picano.

Fu in occasione della Festa di Sant'Onofrio del 12 giugno 1976, che i membri furono reclutati per entrare nel club. Quella data segnò, secondo Vittorio e Giovanni, la fondazione del Campodimele Social Club.

Directors of Club in early years.

With the support of the board and membership many events were organized. Each year celebrations were repeated and from time to time new ones were added. In June of 1977, a year after its founding, the Campodimele Club repeated the 'Festa di Sant'Onofrio'. That same year, in October, the 'Festa della Madonna del Rosario' was added. This celebration was tied to an important event, known as the 'Fiera di Merci e Bestiame', held in 'Taverna', a well-know suburb of Campodimele. Vittorio explained the significance of this for the people originating from Campodimele: *"We were farmers (contadini) and this rural fair, where the selling and buying of livestock and agricultural produce took place, was an important part of our lives in Italy. It was who we were. So we remembered the* 'Fiera di Merce e Bestiame' at the 'Madonna del Rosario' event in October in Canada."

"Ricordo che chiedemmo cinque dollari per l'adesione e nella stessa giornata raggiungemmo i 300 membri", mi ha raccontato Vittorio.

Con l'aiuto del consiglio e dei soci sono stati organizzati molti eventi. Ogni anno sono state aggiunte nuove iniziative. Nel giugno del 1977, l'anno successivo alla fondazione, la Festa di Sant'Onofrio fu ripetuta dal Campodimele Social Club. Quello stesso anno, in ottobre, fu celebrata anche la Festa della Madonna del Rosario, celebrazione legata ad un'importante fiera del borgo di Taverna, nota a tutti coloro che provenivano da Campodimele e conosciuta con il nome di Fiera di Merci e Bestiame. *"Eravamo contadini e questa fiera rurale, dove si commerciavano bestiame e prodotti agricoli, era stata una parte importante della*

Giovanni Di Fonzo and Vittorio Zanella, February 10, 2010.

Shepherd's hut and making ricotta from sheep's milk.

The town of Campodimele, Italy is known as a place where inhabitants live much longer than other parts of the world. One of the reasons pointed out is the rural lifestyle of the town. On the web site of the town is "Comune di Campodimele, il paese della longevità." (The town of Campodimele, known as the town of longevity.)

Other events organized by the club included 'Festa di Carnevale' in February. 'Carnevale' was an occasion to dress in costume. Over time most who pariticpated stopped wearing them to the event. Vittorio recalled, *"At first, this was a great success. As time passed fewer and fewer people came in costume and we turned it into the Valentine Dance about*

nostra vita in Italia. Essa rappresenta ciò che eravamo e oggi la riviviamo organizzando la festa qui in Canada ad ottobre", ha spiegato Vittorio.

Campodimele è conosciuto per essere un luogo dove gli abitanti vivono più a lungo che in altre parti del mondo. Una delle ragioni evidenziate è lo stile di vita rurale condotto dagli abitanti del paese, tanto che sul sito web della città si legge "Comune di Campodimele, il paese della longevità".

In passato il club organizzava anche la Festa di Carnevale nel mese di febbraio. Carnevale era l'occasione indossare i costumi, ma col

Shepherd Isidoro Grossi in the mountains of Campodimele.

Feast of Sant' Orofrio celebrated in Toronto.

fifteen years ago."

As well, picnics were held in July and August. At Christmas time, presents from Santa Claus were distributed to children, followed by a dinner. These became annual activities for the club, which were well attended by families. Vittorio added, *"The picnics and the Christmas dance always have a lot of young families who participate."*

The members of the Campodimele Social Club, not only participated and enjoyed the activities, held locally, they organized numerous trips. Vittorio and Giovanni recalled, *"When we were younger the club*

tempo i partecipanti smisero di mascherarsi. "All'inizio la festa ebbe molto successo, però col passare del tempo, sempre meno persone indossavano le maschere e, circa quindici anni fa, trasformammo la festa nel ballo di San Valentino,", ha ricordato Vittorio.

I pic-nics organizzati a luglio e ad agosto e il Ballo di Natale, con i regali di Babbo Natale per i ragazzi, sono diventati attività annuali organizzate dall'associazione. A queste iniziative partecipano le famiglie al completo. "I pic-nic e il Ballo di Natale vedono sempre la partecipazione di molte famiglie giovani", mi dice Vittorio.

Vittorio e Giovanni hanno ricordato i tanti viaggi organizzati in passato dal loro club. "Quando eravamo più giovani, abbiamo organizzato molti viaggi in pullman. Eravamo sempre in tanti e ci divertivamo molto. Siamo stati a Ottawa, alle Mille Isole nel Kingston, al Mary Lake Shrine, alle cantine nella regione del Niagara, al Santuario di Fatima negli Stati Uniti e al Casino delle Cascate del Niagara. C'era talmente tanta gente che voleva partire che a volte potevamo riempire fino a tre pullman". Le escursioni davano l'opportunità ai membri del club di scoprire insieme altre parti dell'Ontario. Nel corso dell'intervista Vittorio ha aggiunto: "Oggi queste gite non vengono più organizzate perché i tempi sono cambiati e noi non siamo più giovani come allora".

Col passare del tempo, il club ha mantenuto i contatti con l'amministrazione di Campodimele e alcune delegazioni del paese natale sono venute spesso in Canada. Delle delegazioni facevano parte il Parroco, il Sindaco, la Polizia Municipale e il Presidente della Pro Loco. In questo modo Campodimele

CORRIERE CANADESE

CANADA

LUNEDÌ 6 LUGLIO 2009 PAG. 15

Il Campodimele Social Club in festa

Celebrato il 33° anniversario e sant'Onofrio. Presente una delegazione dalla cittadina capeggiata dal sindaco Roberto Zannella

MARIELLA POLICHENI

TORONTO - Una festa per due celebrazioni importanti: il Campodimele Social Club ha celebrato così sia il suo 33esimo anniversario di fondazione che il santo patrono della cittadina in provincia di Latina, Sant'Onofrio.

Soddisfatto della riuscita dell'evento è il presidente Vittorio Zannella: «Sono felice, così come lo è tutto il comitato, nel constatare che la festa ha riscosso un grande successo - dice Zannella che guida il club da venti anni - eravamo centosessanta persone e abbiamo trascorso assieme una serata molto piacevole con cena, ballo, sorteggi di premi».

Non sono mancati ospiti dalla cittadina del Lazio: «Abbiamo avuto l'onore di avere tra di noi il sindaco di Campodimele Roberto Zannella, il vicesindaco Alessandro Grossi e l'assessore Adolfo Di Fonzo - precisa il presidente - è stato bello notare anche che tantissime persone residenti lì hanno colto quest'occasione per venire a Toronto a far visita a parenti ed amici».

È una comunità, questa originaria da Campodimele, che conta un buon numero di emigrati a Toronto: «Tra prima, seconda e terza generazione siamo circa duemila persone - dice Zannella - sembra che il primo emigrato dal nostro paese sia giunto qui nel 1920 anche se la vera ondata migratoria è avvenuta dopo gli anni Quaranta».

Prossima occasione di incontro per il club e i suoi ami-

Nella foto a sinistra il comitato del Campodimele Social Club assieme agli ospiti: Roberto Zannella, Alessandro Grossi, Paolo Zannella, Vittorio Zannella, Tony Di Fonzo, Arsenio Di Fonzo, Daniele Di Fonzo, Giovanni Di Fonzo, Adolfo Di Fonzo e Pietro Zanella; nella foto sotto a sinistra Anna Zannella, Maria Zannella, Grossi Alessandro, Paolo Zannella, Vittorio Zannella, Tony Di Fonzo, Arsenio Di Fonzo, Daniele Di Fonzo, Giovanni Di Fonzo, Adolfo Di Fonzo e Pietro Zannella; sotto a lato Antonietta Zannella recita la preghiera prima della cena; nella foto in basso si riconoscono Roberto Zannella, Alessandro Grossi, Vittorio Zannella, Lilli Zannella, Joseph Nator Di Fonzo, Eda Nator Di Fonzo, Kris Vivaldo, Anna Zannella, Maia Luigini, Adolfo Di Fonzo, Paolo Zannella

(Foto Corriere-Francis Crescia)

ci sarà il picnic in programma il 19 luglio presso il Lazio Place (su Dufferin a nord di Major MacKenzie): «La scampagnata è il nostro appuntamento estivo mentre durante l'anno organizziamo anche la festa di San Valentino, ad ottobre la festa in onore della Madonna del Carmine e a Natale la festa per i bambini - conclude il presidente Zannella - tempo per annoiarci proprio non ne abbiamo».

Article in Corriere Canadese 2009.

organized bus trips. The buses were always full and we had a lot of fun. The trips took us to Ottawa, 1000 Islands in Kingston, Mary Lake Shrine, Wineries in the Niagara region, Fatima in the U.S. as well as the Casino in Niagara Falls. So many people wanted to go that sometimes up to three buses would be filled to go on these tours." These excursions provided an opportunity for the club members to discover together other parts of Ontario. Vittorio added, *"Now*

ha ristabilito i contatti con coloro che ora vivono in Canada. Ad esempio, il ventesimo e il venticinquesimo anniversario del club sono stati alcuni dei momenti in cui le autorità del paese sono venute dall'Italia e hanno partecipato agli eventi del Club. Al contrario anche alcuni gruppi e membri del Club sono stati a Campodimele per ritrovarsi con i loro amici e parenti in Italia.

these trips are no longer organized because times have changed, and we are not as young as we used to be."

Over the passage of time, the club has maintained ties to Campodimele in Italy. Delegations often came and continue to come to Canada. These delegations have included the parish priest, the mayor, the municipal police and the president of the 'Pro Loco'. They came to reconnect with those who now live in Toronto and participated in the events of the club such as the occasion of the twenty-fifth anniversary. In exchange, groups

Nel corso dell'intervista si è parlato anche del futuro dell'associazione. Vittorio mi ha detto con apprensione: "Ora tocca alle nuove generazioni assumere il ruolo di leadership nel club. Noi non abbiamo l'energia che avevamo quando eravamo più giovani per continuare il lavoro. Ma purtroppo ancora nessuno sembra disposto a prendere il nostro posto". Quando persone come Vittorio, che hanno dedicato all'associazione venticinque anni, non saranno più in grado di continuare, chi li sostituirà?

Non sembra esserci nessun giovane pronto

Traditional food preservation in Campodimele.

and individuals from the club also traveled to Campodimele and reconnected with their friends and relatives in Italy.

The future of the club came up during the discussion. Vittorio stated with concern, *"Now it is up to the younger generation to take on the role of leadership in the club. We*

a farsi carico dell'impegno del club. Ma la costanza di Vittorio e Giovanni per l'organizzazione è incrollabile ed entrambi sono impegnati ad incoraggiare la partecipazione dei giovani. "Continueremo

don't have the energy we had when we were younger to keep up the work. Unfortunately no one appears to be stepping up to the plate yet." When people like Vittorio, who have dedicated over twenty-five years to the organization, are not able to continue, who will replace them? There does not appear to be anyone younger in the horizon to take over the work of the club. Vittorio and Giovanni's commitment to the club is unwavering and they continue to encourage the participation of the next generation. *"We will continue to work hard and give everything we can to the club, until we are able. When we can't do this anymore, I hope that the younger generation who come to our events, will eventually take over,"* concluded Vittorio.

The programs facilitated and offered by the club were a way to maintain contact among a growing community. Many of the activities reflected in some way customs and traditions from the town of origin. The club has been very successful in maintaining these in Canada. Over time activities were also drawn from the Canadian influence. And in this way the club has assisted both in recreating home and in adaptation to this new country.

a lavorare sodo e a dare tutto il possibile per il club, fino a quando saremo in grado. Quando non potremo più farlo spero che le giovani generazioni, che oggi vengono alle nostre manifestazioni, prenderanno il nostro posto", ha concluso Vittorio.

Tutta l'attività del club è stata un modo per mantenere in contatto una comunità in crescita. Molte delle iniziative hanno rispecchiato, in qualche modo, i costumi e le tradizioni della città d'origine e il club ha avuto molto successo nel farlo. Nel tempo le attività del club si sono arricchite anche dei costumi canadesi e ciò ha permesso al club di farsi testimone del processo di adattamento della comunità italiana al nuovo paese.

11. Terelle Social Club

This interview took place on Februaty 10, 2010 with Violetta Di Vizio and Rocco Grossi at his home in Vaughan.

The Terelle Social Club was named after a small town near Monte Cassino. The town is situated on the side of Monte Cairo, at an altitude of 960 metres above sea level. This small town in Italy has a unique history. It was the property of the Monastery of Monte Cassino from 744 AD.

According to Rocco, "*One of the first people who came from Terelle arrived in Toronto in 1904. They lived at Clinton and College St. Over time College, Crawford, St. Clair, Grace and Manning were the streets where the Italian population was concentrated.*" A

Violetta Di Vizio and Rocco Grossi, photo taken in their home in 2010.

11. Terelle Social Club

L'intervista ha avuto luogo il 10 febbraio del 2010 con Violetta Di Vizio e Rocco Grossi a casa di quest'ultimo a Vaughan.

Il Terelle Social Club prende il nome da un piccolo paese vicino Montecassino, situato sul pendio del Monte Cairo ad un'altitudine di 960 metri s.l.m.. Tra l'altro il piccolo centro era ricompreso nelle proprietà del Monastero di Montecassino dal 744 A.C.

Rocco ha detto che "*Uno dei primi abitanti di Terelle arrivò a Toronto già nel 1904. Gli emigrati del paese vivevano a Clinton e College St. Col tempo College, Crawford, St,*

Terelle Club logo.

Veduta di Terelle

small number of people emigrated from Terelle in the early part of the 20th century. In those early years, Terelle, as many other small communities in Ciociaria, saw many of their people emigrate to Canada, the U.S. and to other parts of the world. The largest emigration diaspora from Italy took place after the Second World War. It was this immigration cohort to Toronto that gave rise to the Terelle Social Club.

The Terelle Social club would eventually become the point of reference for the immigrants and their descendants in Toronto. In the 50s and 60s weddings were celebrations where everyone gathered. As the community grew larger and larger this was no longer possible. Violetta and Rocco confirmed, *"The post war years of the 50s and 60s saw large numbers of people arrive to Toronto*

Clair, Grace e Manning furono le vie nelle quali si stabilirono gli emigrati italiani". Uno stretto numero di persone emigrò da Terelle agli inizi del 1900. In quei primi anni, Terelle come molte altre piccole comunità della Ciociaria vedevano emigrare molti dei loro abitanti verso il Canada, gli Stati Uniti ed altre parti del mondo. La più grande emigrazione italiana si ebbe nel secondo dopoguerra e fu quest'immigrazione di massa che diede lo spunto per la creazione del Terelle Social Club.

Il Club diventò il punto di riferimento per gli immigrati e i loro discendenti a Toronto. Negli anni '50 e '60 i matrimoni erano le cerimonie a cui partecipavano tutti, ma quando la comunità crebbe ciò divenne sempre più difficile. Violetta e Rocco hanno confermato: "Gli anni del dopoguerra videro una ampio

Board of Directors of Terelle Social Club in early days.

from Terelle. The club was the response to maintain the cultural traditions left behind. As the years went by, and the community became more affluent, people moved north and dispersed to various parts of the GTA. The events organized by the club became a way for those from our hometown of Terelle, living in Toronto, to reconnect and spend time together."

Mario Patriarca, Nazzareno Tesa and Antonio Del Duca came up with the idea of forming a club. On September 4, 1976 at 946 Ossington Avenue, Toronto, Mario and a number of people came together to form a board of directors. Mario Patriarca was the first President, Orland Mariani 1st Vice President, Antonio Del Duca 2nd Vice

numero di persone arrivare a Toronto da Terelle. Il club rappresentava il modo per mantenere le tradizioni culturali lasciate a casa. Col passare degli anni, la comunità si fece più agiata e molti si trasferirono a nord della città, nell'area della Greater Toronto. Gli eventi organizzati dal club divennero, per coloro che venivano da Terelle e vivevano a Toronto, un modo per relazionarsi e stare insieme".

L'idea di formare il club fu di Mario Patriarca, Nazzareno Tesa e Antonio Del Duca ebbero. Il 4 settembre del 1976 al 946 Ossington Ave. A Toronto, Mario ed altre persone si riunirono per costituire il consiglio direttivo. Mario Patriarca fu il primo presidente, mentre Orland Mariani fu scelto come primo vice-

President, Antonio Tari, Secretary, and Antonio Mele, Treasurer. Others present at this founding meeting were Nazzareno Tesa and Joe Palombo. This was the formation of the Terelle Social Club. It was formally incorporated on June 14, 1979.

The club's main focus were two main events, the annual celebration of the Patron Saint of Terelle, 'Sant'Egidio Abate' and an annual dinner dance. For the celebration of the feast of their patron saint, the club raised money and commissioned a statue of Sant'Egidio, in Italy, in 1977. The statue arrived in 1978 and the 'festa' has been one of the main events that continues to bring the community together.

The organization did not move in the direction of owing a clubhouse. In agreement with this policy, Rocco and Violetta do not see the need for the club to have their own facilities. They explained, *"All the club work is on a volunteer basis. Not owning our own clubhouse makes life less complicated because having fixed assets would require ongoing maintenance and management."*

The traditional celebrations continue annually in Toronto. In September, the festivities for 'St. Egidio Abate' include a mass, a procession, followed by a picnic. In the evening there is a dance and a "fiaccolata", which is a procession with candles. Fireworks culminate the event. This day of celebration is well attended by over 1000 people. Violetta stated, *"Those who originated from Terelle still come together. Even those who live in Thorold come into Toronto by bus to join the others for this day."*

The Terelle Social Club has added other events to its activities: An annual memorial mass is celebrated in November for all the deceased paesani. A Saint Valentine's Dinner Dance

presidente e Antonio Del Duca come secondo vice-presidente. Il segretario fu Antonio Tari e il tesoriere Antonio Mele. Gli altri presenti all'incontro erano: Nazzareno Tesa e Joe Palombo. Così fu formato il Terelle Social Club che fu registrato il 14 giugno 1979.

Scopo principale del club erano due eventi in particolare: la festa in onore di Sant'Egidio Abate, patrono di Terelle e una cena annuale con ballo. Nel 1977 il club raccolse fondi e commissionò una statua di Sant'Egidio in Italia per poter fare la festa. La statua arrivò nel 1978 e la festa continua ad essere tutt'oggi uno dei principali eventi che vede riunita tutta la comunità.

Per quanto riguarda la sede, l'organizzazione non è mai stata intenzionata ad averne una propria. Gli stessi Rocco e Violetta non vedono la necessità per il club di avere delle strutture. Essi mi hanno spiegato: "Tutto il club lavora su base volontaria. Non avendo una sede la vita del club è più semplice, mentre una struttura di proprietà richiederebbe molto lavoro di manutenzione e gestione".

Sono diverse le ricorrenze tradizionali che continuano ad essere annualmente organizzate a Toronto. Nel mese di settembre ha luogo la festa di Sant'Egidio Abate con la celebrazione di una messa seguita da una processione e da un picnic. La serata prevede una fiaccolata e un intrattenimento musicale e si conclude con i fuochi d'artificio. L'evento è atteso ogni anno da più di 1000 persone. "Gli originari di Terelle che vivono a Toronto vengono ancora insieme" ha detto Violetta, "e a questi si uniscono quelli che vivono a Thorold, che si spostano in autobus".

Le iniziative continuano nel mese di novembre con una messa in suffragio dei paesani. A San Valentino si organizza una cena con ballo, alla quale partecipano più di 500 persone. In passato veniva organizzata anche l'elezione

is held with over 500 people in attendance. Miss Terelle contest was held for a few years but over the past twenty years, this became an awards night to honour students by giving scholarships. Special anniversary dinners for members are held to commemorate the club's founding. As well, charitable functions to raise money for the community are organized by the club.

The organization not only gathered the Terelle community together in Toronto, but also maintained ties to the place of origin in Italy. They have received visitors from Italy; mayors, priests, and more recently the

di Miss Terelle, manifestazione che con il tempo è diventata una serata di premiazioni per gli studenti meritevoli. Si aggiungano, poi, la cena per l'anniversario della

Terelle Social Club organizes procession celebrating Sant'Egidio Abate in Toronto, Ontario.

Board of Directors of Terelle Social Club - 2008.

Terelle Social Club members.

Terelle Social Club members and youth celebrating together.

'Archiabate'(arch-abbot) of Montecassino. The members of the club have kept in touch with the municipal government of Terelle, assisted with church renovations in the town, and participated in the festivities held in Terelle such as 'Sant'Egidio Abate', 'San Rocco' and 'La Madonna Addolorata.' The club has participated in the commemoration and celebration of the 800 years of the founding of the town of 'Terelle', they participated at the sixtieth anniversary commemorating the end of the war, took part constructing the memorial site in the town of 'Terelle' to honour all those who died in the war, as well as contributed to the construction of a monument to Italian Emigrants. Rocco added, *"The ties with the hometown in Italy are less today than in the past."*

Rocco Grossi has had a keen interest in the documenting the journey of this club and has kept very good records of the historical information on the activities of the organization. Each year the Terelle club produces a booklet, which summarizes its activities. This booklet includes financial statements, pictures of all events as well as special occasions like birthdays and special anniversaries. Often these booklets include five generational commemorative photos of

fondazione del club ed eventi di beneficienza per raccogliere fondi per la comunità.

L'associazione, oltre a far incontrare la comunità di Toronto, ha mantenuto rapporti anche con la città di origine. Il club ha ricevuto spesso le visite di ospiti di Terelle come nel caso di sindaci, parroci e di recente l'Archiabate di Montecassino. I membri del club hanno mantenuto i contatti con l'amministrazione comunale di Terelle, hanno collaborato alla ristrutturazione della chiesa del paese e hanno partecipato alle feste organizzate sempre a Terelle, come la festa di Sant'Egidio, San Rocco e la Madonna Addolorata nonché alle celebrazioni per l'anniversario degli 800 anni di fondazione della città di Terelle. Altre attività alle quali l'associazione ha preso parte sono state la commemorazione per il sessantesimo anniversario dalla fine della guerra, la costruzione del monumento ai caduti e la costruzione del monumento agli emigrati.

Miss Terelle.

Children's sack races at the Terelle Social Club picnic.

families. Terelle paesani in Toronto who have died during the year are remembered in the annual booklet. Special occasions celebrated in the town of origin are also part of the publication. Many business cards of paesani in Toronto are well placed in this document to offset the cost of printing. This yearbook is a valuable record of the events and the presence of those originating from Terelle and now living in Toronto. This documentation prepared and maintained under the stewardship of Rocco Grossi depicts and showcases the legacy of the Terelle Club.

The club's main focus has been to maintain ties and connection with those who originated from the Town of 'Terelle' and are now living in Canada. The nostalgia of the place of origin and the cultural traditions keep this community connected by bringing everyone together for their annual events. The documented work printed every year

Purtroppo, ha spiegato Rocco, "*I rapporti con Terelle sono indeboliti rispetto al passato*".

Lo stesso Rocco Grossi ha dedicato molto del suo tempo a documentare la storia del club e ha conservato molto materiale sulle attività dell'associazione. Di fatti ogni anno il Terelle club realizza un opuscolo che riassume le attività svolte. Negli opuscoli sono riportati il bilancio sociale, le foto degli eventi come nel caso di compleanni o anniversari. Spesso essi contengono le foto di cinque generazioni diverse e in essi vengono ricordati anche i paesani di Terelle deceduti durante l'anno. A volte vengono riportate anche le manifestazioni organizzate a Terelle, oltre agli annunci pubblicitari delle aziende dei paesani di Terelle che finanziano la stampa dei libretti. Questa sorta di annuari documentano gli eventi e la presenza degli italiani originari di Terelle che ora vivono

Monument to the fallen soldiers of war at the town of Terelle, Italy.

is a remarkable and comprehensive written testimony of the 'Terelle' community in Toronto.

By maintaining ties to one another the community has a broader and stronger connection to their roots and identity. Even though the first people to arrive from Terelle to Toronto can be traced as early as 1904, the club's activities have kept their cultural traditions alive. The Terelle Club has played a significant role in maintaining this specific identity even though the community becomes more and more an integral part of Canadian Society.

a Toronto. Tutta questa documentazione, preparata e conservata con cura da Rocco Grossi, descrive chiaramente il patrimonio del Terelle Club.

Lo scopo principale del club è ancora quello di far restare in contatto tutti gli originari di Terelle che vivono in Canada. La nostalgia del paese d'origine e le tradizioni culturali mantengono la comunità in contatto attraverso gli eventi annuali e il lavoro documentato e stampato ogni anno è una testimonianza scritta, significativa e dettagliata, della comunità di Terelle a Toronto.

Conservando i rapporti l'uno con l'altro la comunità è più unita alle proprie radici e alla propria identità. Nonostante l'arrivo del primo abitante di Terelle arrivato a Toronto possa essere fatto risalire al 1904, il club ha mantenuto vive le sue usanze per tutti questi anni. Inoltre, il Terelle Club ha avuto un ruolo significativo nel mantenere una specifica identità anche se la comunità è sempre più integrata con la società canadese.

'La Fiacollata' by the Terelle Social Club members for the Feast of 'Sant' Egidio Abate'.

Left. Arch-Abbot of Montecassino Pietro Vittorelli in Toronto.

Middle Left. Fireworks in Toronto for Terelle Social Club's celebration of Sant' Egidio Abate.

Middle Right. Students receiving scholarships from the Terelle Social Club.

Bottom. Donato Tari's 99th birthday celebration with family and friends.

12. Veroli Cultural Society

This interview took place at The Riviera Parque in Vaughan with Lorenzo Zeppieri, Gianni Mignardi and Aldo Quattrociocchi on January 22, 2010.

The post World War II migration saw large numbers of people from Veroli settle in Toronto. Aldo recalled, *"In the early 1950s families helped one another as new comers arrived."* He estimated that around five thousand immigrants left Veroli. A large number of these arrived in Toronto. Others settled in St. Catharine's, Barrie, Windsor, Hamilton, Montreal and Albany, New York.

Lorenzo, Gianni and Aldo provided insight and perspective of the clustering and settlement of Italian-Canadians in Toronto. Gianni and Aldo explained, *"Around 1965 many Italians as*

12. Veroli Cultural Society

L'intervista ha avuto luogo al Riviera Parque in Vaughan con Lorenzo Zeppieri, Gianni Mignardi e Aldo Quattrociocchi il 22 Gennaio 2010.

Le migrazioni del secondo dopoguerra videro un alto numero di verolani stabilirsi a Toronto. Aldo ha ricordato: "Nei primi anni '50 le famiglie si aiutavano tra loro man mano che arrivavano i nuovi immigrati". Sempre Aldo ha stimato che, nel tempo, circa cinquemila verolani hanno lasciato il paese. Gran parte di essi arrivarono a Toronto, mentre altri si stabilirono a St. Catharine's, Barrie, Windsor, Hamilton, Montreal e Albany, New York.

Lorenzo, Gianni e Aldo mi hanno descritto come gli italo-canadesi si sono riuniti in gruppo e si sono stabiliti a Toronto. Gianni e Aldo mi hanno spiegato: "Intorno al 1965 molti

131

'Santa Maria Salome' celebrations in Toronto.

Celebrating 'Santa Maria Salome' in Canada with Italian dignitaries.

Picnic for the members of the Veroli Cultural Society,

well as those originating from Veroli began to move north to Downsview area from St. Clair and College St. They moved into neighbourhoods of Downsview within the vicinity of Dufferin and Wilson."

Gianni recalled, "*Those who lived in the Downsview quadrant in the late sixties built bocce courts there. People who came from Veroli as well as other Italian friends gathered for picnics at Musselman's Lake. In those days as many as 400 people would attend the picnics.*" Socializing and maintaining contact with one another was a significant part of the settlement process in their respective neighbourhoods in Canada.

italiani compresi quelli che venivano da Veroli, da St. Clair e College St. iniziarono a trasferirsi a nord nella Downsview area, spostandosi nel quartiere di Downsview e nelle zone di Dufferin e Wilson".

Gianni ha ricordato: "Quelli che vivevano nel quartiere di Downsview alla fine degli anni '60 avevano costruito dei campi di bocce. La gente originaria di Veroli insieme ad altri amici italiani si incontravano per fare dei pic-nics al lago Musselman. A quei tempi partecipavano quasi 400 persone". Il fatto di socializzare e tenersi in contatto reciprocamente è stato un aspetto importante del processo di assestamento nei rispettivi quartieri in Canada

The natural progression from the settlement process brought about the founding of the Veroli Cultural Society. Lorenzo recounted, *"When the club was founded in 1980, about forty people signed up and after two years over 300 families had joined."* Some of the first founding members of the Veroli Cultural Society were; Severino Martelluzzi, Luigi Marcoccia, Roberto Magnante, Leo Zeppieri. These men met at a restaurant owned by Leo Zeppieri in Downsview, where they were enjoying a game of cards. As the story is told, it was during this game of cards among friends when the founding of the organization was discussed. The actual incorporation date was October 24, 1980.

The men recalled how over time, the Veroli Cultural Society replicated events and traditions from their town of origin in Italy. As with many of the other Italian-Canadian organizations, the community gathered around their patron saint, 'Santa Maria Salome', the main reason for founding of the

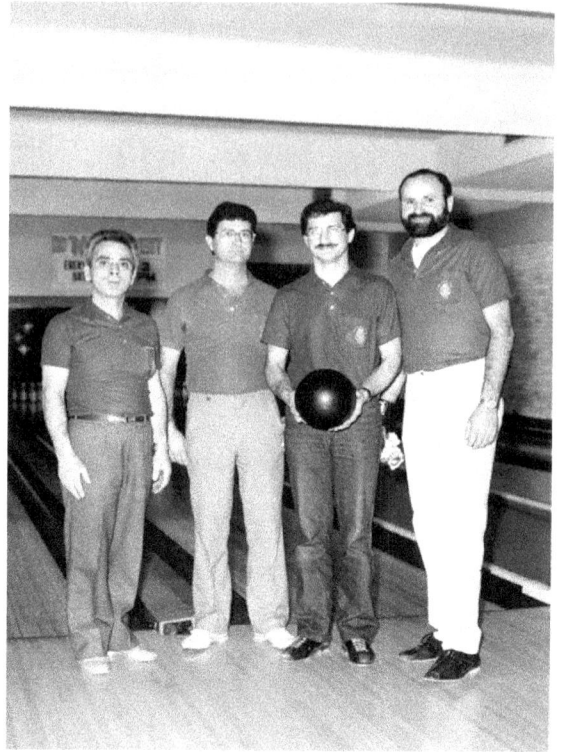

Veroli Club bowling team.

e da esso nacque l'esigenza della fondazione del Veroli Cultural Society. Lorenzo ha raccontato: : *"Quando il club è stato fondato*

Veroli Club's trap-shooting and gun club.

club. Padre Gino Carinci celebrated the mass at the first 'festa'.

The cultural traditions emulated were; Miss Veroli which in Veroli was 'Reginetta delle Fragole', the famous 'Ciambelle Verolane' and of course the feast day of 'Santa Maria Salome'. During the early years the society also sponsored soccer teams for seven to twelve year old players, but this activity has not continued. For over twenty years the club has had trap shooting and a gun club, which are no longer active.

The club as an organization holds elections for its board members every two years. The board meets every two weeks. The society also holds four general meetings a year. The Veroli Cultural Society continues to be active with a number of annual events. They organize 'Tutto Pesce' at the end of February. This is their largest event, which attracts over

nel 1980, aderirono circa quaranta persone e dopo due anni si erano aggiunte più di 300 famiglie". Alcuni dei soci fondatori del Veroli Cultural Society erano: Severino Martelluzzi, Luigi Marcoccia, Roberto Magnante e Leo Zeppieri. La riunione ebbe luogo nel ristorante di Leo Zeppieri a Downsview, lo stesso dove si incontravano per giocare a carte. Sulla base di quanto è stato raccontato, fu durante una partita a carte tra amici che si parlò della fondazione di un'organizzazione. La registrazione fu fatta il 24 ottobre 1980.

Gli intervistati ricordano come col tempo, il Veroli Cultural Society ha replicato eventi e tradizioni della città d'origine. Come altre associazioni italo-canadesi, la comunità si riuniva intorno al santo patrono "Santa Maria Salome", ragione principale della fondazione del club. In occasione della prima festa fu

Children's races at the picnic in Toronto.

700 people. In November the Veroli Cultural Society holds their anniversary Gala. In December they hold a Christmas party with activities for the whole family. In 1981-82 a bowling league was started and is still going strong during the winter months. The Society continues to maintain a full array of events and activities for its members. Although their slate is full, a clubhouse or facility was not in the cards for the association. *"We rent banquet halls as we need them for events,"* added Aldo.

In the summer, since 1990, the club has organized a golf tournament as a fund raiser. The tournament was started by Franco Fiorini, the current president of Associazione Cattolica Santa Francesca Romana di Veroli. This became a charitable event that has raised money for Sick Children's Hospital, breast cancer and prostate cancer. One hundred, forty-four golfers usually participate at this

Veroli Club's golf tournament for charity.

Padre Gino Carinci a celebrare la messa.

Tra le principali tradizioni della città di origine imitate dal club vi erano: l'elezione di Miss Veroli che nella città natale era La Reginetta delle Fragole, le famose Ciambelle Verolane e naturalmente la festa di Santa Maria Salome. Nei primi anni l'associazione sponsorizzò anche delle squadre di calcio per ragazzi da sette a dodici anni, attività poi interrotta. Per più di venti anni il club si è occupato anche di tiro al piattello e ha avuto un 'gun club'. Attività oggi non più svolte.

Sul piano interno il club rinnova ogni due anni il consiglio direttivo, che a sua volta si riunisce ogni due settimane. L'associazione, invece, si incontra quattro volte l'anno per le assemblee generali. La Veroli Cultural Society continua ad essere attiva organizzando diverse manifestazioni nel corso dell'anno. Alla fine di febbraio, ad esempio, si svolge la manifestazione dal nome "Tutto Pesce", che vede più di 700 presenze. A novembre il club organizza un galà per l'anniversario della fondazione, mentre in dicembre si svolge la festa di Natale con attività per le famiglie. Tra l'81 e l'82 fu organizzata una lega di bowling, che continua a giocare ancora oggi, durante i mesi invernali. La società continua a mantenere un'ampia scelta di eventi e attività per i suoi membri., ma malgrado la varietà del suo programma, il club non si è mai dotato di una propria sede sociale. "Affittiamo delle sale per i banchetti a seconda della necessità", ha aggiunto Aldo.

Nel periodo estivo, dal 1990 ad oggi, il club organizza un torneo di golf di beneficienza. La manifestazione fu iniziata da Franco Fiorini, l'attuale presidente dell'Associazione

successful, annual fundraiser of the Veroli Cultural Society.

There was and still exists a strong rapport and link to the hometown. Often the club hosted the local dignitaries from 'Veroli', Italy including the mayor and other delegations when they visited Canada. Members of the club reciprocated visits to 'Veroli' and were hosted by the administration of their town of origin. The interaction between the club and the city of Veroli has been significant. To date four mayors of Veroli have been guests of the club. The bishop of the diocese of Veroli, who was also the rector of the 'Basilica Santa Maria Salome', donated relics of the saint to

Cattolica Santa Francesca Romana di Veroli. Nel tempo il torneo è diventato un evento importante che ha permesso di raccogliere fondi per il Sick Children's Hospital e per la ricerca sul cancro al seno e alla prostrata. Normalmente 144 giocatori di golf prendono parte a questa iniziativa di successo della Veroli Cultural Society.

C'era in passato e dura ancora oggi un forte legame con la città di provenienza. Spesso il club ha ospitato le autorità di Veroli, compreso il Sindaco e altre delegazioni in occasione delle loro visite in Canada. I membri del club, a loro volta, hanno visitato Veroli e sono stati ospitati dall'amministrazione della

The Veroli Clubs of Toronto host dignitaries from place of origin.

Onorando…

I Fondatori Della Veroli Cultural Society:

Severino Martelluzzi

Luigi Marcoccia

Roberto Magnante

All four of these certificates taken from slides prepared for the twentieth anniversary gala .

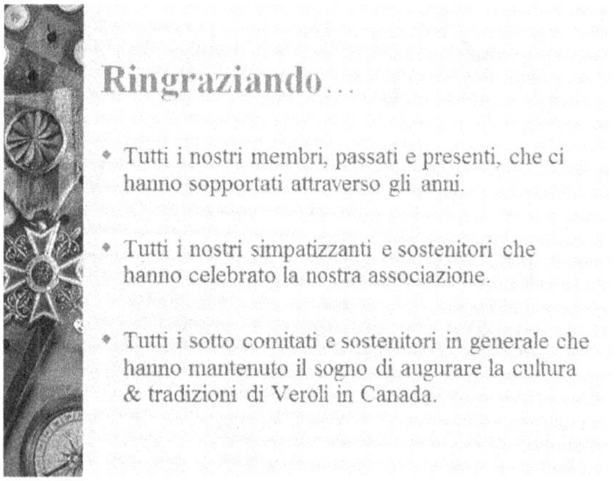

Ringraziando…

- Tutti i nostri membri, passati e presenti, che ci hanno sopportati attraverso gli anni.

- Tutti i nostri simpatizzanti e sostenitori che hanno celebrato la nostra associazione.

- Tutti i sotto comitati e sostenitori in generale che hanno mantenuto il sogno di augurare la cultura & tradizioni di Veroli in Canada.

città. L'interazione tra il club e la città è stata significativa, tant'è che fino ad oggi il club ha ospitato quattro diversi sindaci verolani. Il vescovo della diocesi di Veroli, che era anche parroco della Basilica di Santa Maria Salome, ha donato le reliquie della santa alla comunità e garantito la loro permanenza a Toronto nella cappella del Santissimo Crocifisso delle Suore Minime sulla Kipling ave, a sud della

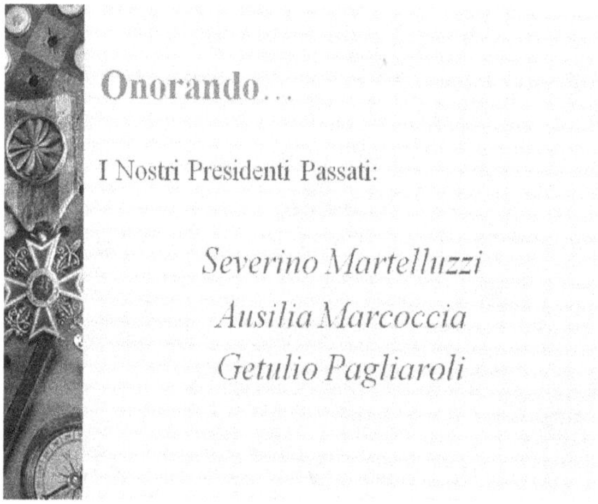

Onorando…

I Nostri Presidenti Passati:

Severino Martelluzzi

Ausilia Marcoccia

Getulio Pagliaroli

Highway 7. I rapporti tra il club e la città di Veroli vanno avanti ancora oggi.

Nel 1998 il club organizzò uno scambio studentesco, che dette ai giovani italo-canadesi l'opportunità di conoscere il loro

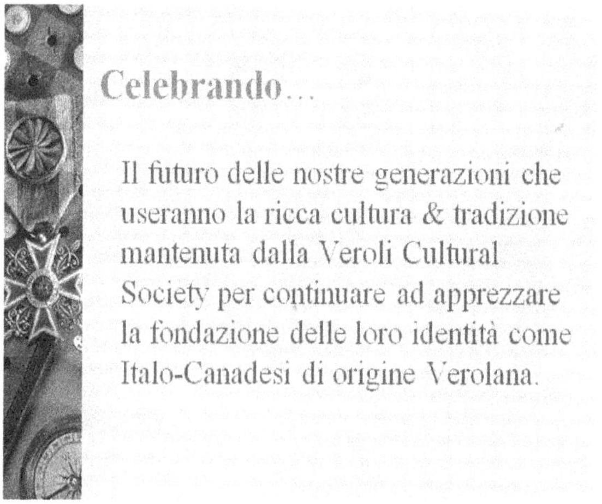

Celebrando…

Il futuro delle nostre generazioni che useranno la ricca cultura & tradizione mantenuta dalla Veroli Cultural Society per continuare ad apprezzare la fondazione delle loro identità come Italo-Canadesi di origine Verolana.

the community and granted them permanent residence in Toronto at 'The Cappella del Santissimo Crocifisso delle Suore Minime' at Kipling, south of Highway 7. This rapport between the Veroli Cultural Society and the city of Veroli, Italy continues.

In 1998 the club organized a student exchange. This provided an opportunity for the Italian-

Canadian youth to experience their place of origin and students from Veroli to come to Canada. In October of 2009, representatives of the Veroli Cultural Society, Associazione Cattolica Santa Francesca Romana di Veroli and Associazione Cattolica Colle Berardi di Veroli were invited to the 800-year anniversary of the church of Santa Maria Salome, in Italy. The weeklong event also commemorated the many who left Veroli to emigrate for other parts of the world. According to all accounts this was one of the most moving and spectacular celebrations, for the members of these Italian-Canadian clubs who attended.

The Society has seen much change over the years. Other clubs were formed out of the Veroli Cultural Association. They represented groups of people who originated from the suburbs or 'frazioni' of Veroli. Two groups formed were called, Associazione Cattolica Santa Francesca Romana di Veroli and Associazione Cattolica Colle Berardi di Veroli.

Change continues as conveyed by so many other clubs and associations. This is especially noted because the activities, which sustained the club for so many years, do not seem to hold an attraction for the younger generation. Gianni explained, "*Even though significant time and energy are spent to encourage involvement from youth and younger families, fewer and fewer participate each year. Most of the active members have been involved since its founding. I have been involved for the past 16 years and I am one of the younger board members.*"

Aldo added, "*I do not see a promising*

luogo di origine e agli studenti di Veroli di venire in Canada. Nell'ottobre del 2009 i rappresentanti della Veroli Cultural Society, dell'Associazione Cattolica Santa Francesca Romana di Veroli e dell'Associazione Cattolica Colle Berardi sempre di Veroli, furono invitati all'anniversario degli ottocento anni della chiesa di Santa Maria Salome, in Italia. L'evento, durato una settimana, era dedicato anche ai tanti che avevano lasciato Veroli per andare in altre parti del mondo ed è ricordato, dai membri delle associazioni italo-canadesi che vi presero parte, come una delle celebrazioni più spettacolari e commoventi mai viste prima.

L'associazione ha assistito a molti cambiamenti nel corso degli anni. Da essa, ad esempio, sono nate altre realtà che rappresentano gli abitanti emigrati da specifiche contrade della stessa Veroli. E' il caso ad esempio dell'Associazione Cattolica Santa Francesca Romana e dell'Associazione Cattolica Colle Berardi.

Ma il cambiamento continua come confermato da altre associazioni, a dimostrazione del fatto che le molte attività, organizzate per anni, oggi non sembrano attirare la generazione più giovane. Gianni ha spiegato: "Nonostante abbiamo speso tempo ed energie per stimolare il coinvolgimento dei giovani e delle famiglie più giovani, ogni anno sempre meno di essi partecipano. La maggior parte dei membri attivi fa parte del club sin dalla sua creazione. Io collaboro con l'associazione da sedici anni e sono uno dei membri più giovani".

Aldo ha aggiunto: "Non vedo un futuro promettente. Abbiamo gettato le fondamenta

future. We have laid a strong foundation and the stage has been set for the organization to continue, if there is the will and interest from the younger members of the Veroli Cultural Society. Time constraints, raising small children and the busy lives of working parents seem to make it even more difficult for younger members to get involved with the club. We must not forget that the community is integrating into Canadian Society, which is both a normal process and a positive phenomenon. So, maybe change, which is inevitable, is also part of a different future with a smaller club and events on a smaller scale."

The Veroli Cultural Society comes from a legacy of a place in Italy that has a rich and long-standing religious and cultural tradition. The people of Veroli living in Canada, through the work of the Veroli Cultural Society, have been able to maintain their connections to one another and to their town of origin. Without the hard work of so many dedicated volunteers that piece of identity would be less vibrant. The Veroli Cultural Society has played a strong part in what defines the Veroli Italian-Canadian community in Toronto.

e preparato la scena perché l'organizzazione continui a patto che ci sia l'interesse e la volontà da parte dei giovani della Veroli Cultural Society per portarla avanti. Con i ritmi di oggi, l'impegno dei figli e una vita occupata dal lavoro, sembra essere sempre più difficile per i giovani impegnarsi nel club. Non dobbiamo dimenticare che la comunità si sta integrando con la società canadese. Processo, questo, del tutto normale e positivo. Forse, il cambiamento, che è inevitabile, è anche parte di un diverso futuro che vedrà un club sempre più piccolo e manifestazioni a scala ridotta".

La Veroli Cultural Society viene dalla realtà di un luogo italiano che ha una ricca e lunga tradizione religiosa e culturale. I verolani in Canada, attraverso l'operato della Veroli Cultural Society, sono stati in grado di conservare i rapporti tra loro e con la terra d'origine. Senza il duro lavoro di tanti volontari questa parte di identità sarebbe stata meno presente. La Veroli Cultural Society ha avuto un compito importante in quella che oggi viene definita comunità italo-canadese Verolana a Toronto.

13. Ceprano Social Club Toronto

This Interview took place on March 3, 2010 with Dino Di Palma, at 'Dino's Place' on Bloor St. West in Toronto.

I met up with Dino Di Palma, the president of the Ceprano Social Club at his hair salon where he has been open for business for almost fifty years. Dino had been president

13. Ceprano Social Club Toronto

Questa intervista ha avuto luogo il 3 marzo 2010 con Dino Di Palma, al 'Dino's Place' sulla Bloor St. a Toronto.

Ho incontrato Dino Di Palma, il presidente del Ceprano Social Club, nel suo salone di parrucchiere, che fu aperto quasi cinquanta anni fa. Dino è stato presidente del Ceprano Social Club dal luglio 1987 per oltre 22 anni e ha fatto una stima dei cepranesi arrivati in Canada. "Direi che circa 4000 persone emigrate dalla città di Ceprano si sono stabilite a Toronto, ma un altro gran numero di essi si è stabilito anche a Windsor in Ontario, a Londra e in Argentina".

Dino ha ribadito che l'immigrazione da Ceprano verso gli Stati Uniti e il Canada è cominciata agli inizi del ventesimo secolo, quando molti vennero in America del Nord a lavorare per la costruzione della ferrovia, ma la maggioranza degli immigrati italiani venne in Canada dopo la seconda guerra mondiale. Questo gran numero di cepranesi ha costruito una nuova vita, è cresciuto ed ha continuato a mantenere le tradizioni e i valori portati in Canada dal loro luogo di nascita.

Dino mi ha racconto che, "*La gente di Ceprano,*

FONDATORI DEL CLUB

I sotto-scritti membri sono riconosciuti come fondatori del Ceprano Social Club Toronto e sará loro garantita la tessera a vita.

Presidente:	Rocco De Santis
Vice-Presidente:	Frank Carlini
Secretario/Tesoriere:	Bruno De Lellis
Direttori:	Arduino Ceccarelli
	Dino Di Palma
	Frank Nalli
	Tony Nalli
	Bruno Rea
	Gaetano Vona
	Renato Vona
	Santino Vona

Tutti gli ammendamenti sono stati accettati dalla Riunione Generale tenutasi il 12 Novembre, 1989.

The above page taken from the Club's by-laws.

of the Ceprano Social Club since July 1987. He estimated, " *I would say that about 4000 people from the Town of Ceprano have settled in Toronto, but large numbers have also settled in London, Windsor, Ontario, and in Argentina.*"

He reinforced that immigration from Ceprano to the U.S. and Canada began as early as the

che abitava nella zona di Toronto, si riuniva e organizzava attività sociali già nel 1950. Ci si incontrava in casa, nei seminterrati, per organizzare le attività. Alcune di queste prime iniziative si svolgevano presso i centri sociali a Mississauga o Etobicoke".

Dino ha ricordato che nei primi tempi si discuteva della possibilità di acquistare

beginning of the 20th century, when many came to work on the railroad. The majority came to Canada after World War Two. This large number of 'Cepranese' built new lives, prospered and continued to maintain their traditions and values, which they brought to Canada from their place of birth.

Dino Di Palma, photo taken March 3, 2010.

As told by Dino, *"The people from 'Ceprano' in the Toronto area would come together and plan social activities as early as 1950s. We would meet in one another's home, in basements, to organize social functions. Some of these events in the early days were held at community centres in Mississauga or Etobicoke."*

Dino recalled that during those early days there was some discussion to buy property and build a centre for the "Ceprano" community in Toronto. This was not the direction that the majority of the members wanted to go. Other clubs, such as Casalvieri and Terelle, have stated a similar policy, which was, not to get into the complicated business transaction of owning property nor take on the responsibilities of ownership and ongoing maintenance. According to Dino, *"The 'Ceprano Social Club' made the decision to rent property instead. In the past 23 McLeary Crt. Toronto, was where the club rented a unit for our activities. Currently the 'Ceprano Social Club' is renting a unit with the Lions Club at 15A Grierson Road, where*

delle proprietà e costruire un centro per la comunità di Ceprano a Toronto, ma non era questa la direzione in cui voleva andare la maggioranza dei membri. Molti altri club, come Casalvieri e Terelle, presero la stessa decisione, non volevano appesantire la gestione dell'associazione con l'acquisto e la successiva gestione e manutenzione di beni di proprietà. "Il Ceprano Social Club decise, invece, di affittare una proprietà. In passato la nostra sede si trovava al 23 di McLeary Crt. a Toronto, dove il club aveva affittato una struttura per ospitare le nostre attività. Attualmente il "Ceprano Social Club" ha in affitto una struttura, insieme con il Lions Club, al 15A di Grierson Road, dove teniamo i nostri incontri e continuiamo a riunirci per gli eventi sociali", ha continuato Dino.

Il club fu formalmente costituito il 23 luglio 1985. La prima iniziativa ufficiale fu la festa in onore del santo patrono di Ceprano Sant'Arduino. Fu organizzato un pic-nic al quale parteciparono circa 300 persone fra cui molti giovani. Dino ha specificato che, "Il

we hold our meetings and continue to come together for social events."

The club was formally incorporated on July 23, 1985. Their first official function was in honour of the patron saint of Ceprano 'Sant'Arduino'. The picnic, held for this occasion had over 300 people in attendance; many of whom were young people. Dino specifically noted, *"The club organized and continues to organize activities for the young and old. At the annual picnics everything, including food and drink, is free. We are proud and fortunate that Ital-pasta has been the sponsor for our picnics for many, many years."*

Dino continued his conversation about the statue of the patron saint, which was commissioned for the "Festa di Sant' Arduino". There was an interesting history regarding the statue. Most of the clubs I interviewed have had the statue of their

club ha organizzato e continua a organizzare attività per i giovani e meno giovani. Tutto ciò che viene offerto durante i pic-nic, compreso il cibo e le bevande, è gratuito. Siamo orgogliosi e fortunati che Ital-pasta offra da anni le vivande per la festa".

Dino ha continuato parlandomi della statua del santo patrono, che fu commissionata per la Festa di Sant'Arduino. La storia di questa statua è molto interessante. La maggior parte dei club, che ho intervistato, hanno commissionato l'immagine del santo patrono in Italia, ma non in questo caso. Nel 1997 Joe Arcese, un italo-canadese che vive a Toronto, scolpì la statua di Sant'Arduino ricavandola dal tronco di un albero canadese. I fratelli Arcese lavoravano nella produzione di mobili. Dino ha spiegato che "Joe donò la statua al club nel 2003 e la comunità italo-canadese di Ceprano è onorata e

Celebration of Sant'Arduino in Toronto.

Showcasing traditions of Ceprano in Toronto.

patron saint commissioned in Italy, but this was not the case with this community. Joe Arcese, an Italian-Canadian living in Toronto, carved the Ceprano's Sant'Arduino statue from the trunk of a Canadian tree in 1997. Arcese Brothers, were in the furniture manufacturing business. Dino explained, *"Joe Arcese donated this statue to the club in 2003, and the 'Ceprano' Italian-Canadian community was both honoured and pleased to now be the stewards of this statue for our beloved 'Sant'Arduino'."*

Besides celebrating the feast of 'Sant'Arduino' the Ceprano Club holds monthly dinners for the members. They created a traditional 'Ceprano' menu, such as 'trippa' 'pasta e fagioli' and so on. Dino specified, *"It has always been important to the members of*

contenta di essere custode della statua per la nostra amata Festa di Sant'Arduino".

Oltre alla festa di Sant'Arduino il Ceprano Club organizza ogni mese una cena per i soci, per la quale ha creato anche un menù tradizionale denominato "Ceprano" che comprende la "trippa", la "pasta e fagioli" e altri piatti tipici. Dino ha aggiunto: "E' sempre stato importante per i membri del club mantenere le nostre tradizioni culinarie".

"Le nostre attività impegnano molto sia noi che gli organizzatori", mi ha spiegato Dino, "Giochiamo a bingo e a bocce ogni lunedì da ottobre a marzo presso la Famme Friulan Hall. Nel mese di febbraio organizziamo un Gala di San Valentino, al quale partecipano circa 700 persone". Dino ha anche

FONDATORI DEL CLUB

DA DESTRA: ROCCO DESANTIS, SANTINO VONA,
BRUNO REA, FRANCO NALLI, DINO DI PALMA,
ANTONIO NALLI, RENATO VONA, GAETANO VONA,
BRUNO DE LELLIS, FRANK CARLINI,
E ARDUINO CECCARELLI NON PRESENTE (FOTO RICORDO)

CEPRANO SOCIAL CLUB
TORONTO

FONDATO MARZO 1985

INCORPORATO 23 LUGLIO 1985

the club that our culinary traditions be maintained."

"Our ongoing activities keep the various organizers and all of us very busy," explained Dino, "We hold bingos and bocce every Monday from October to March at the 'Famme Friulan Hall'. In February we hold a Valentine Gala, where as many as 700 people participate." Dino also emphasized that their annual golf tournaments, have raised money for Sick Children's Hospital, Heart and Stroke foundation as well as the church in Ceprano, Italy. In the past the club has held 'Festa dell'Uva' and 'Festa della Mamma', but some of these events are not held any more.

The club also maintained a close link with Ceprano, Italy and the town's administration. This tie was important to the many people who had to leave their hometown. But it is the success and the growth of the community in Canada of which Dino is very proud. Dino conveyed, " We have a famous writer here in Canada who came from Ceprano. Gianna Patriarca, the well-known Italian-Canadian poet. She was raised in Toronto, but was born in Ceprano. Our club and our community is very proud of her. All of those people who have been successful here in Canada are a source of pride for everyone from Ceprano."

Dino Di Palma looked back with nostalgia, " I have been at the helm of the Ceprano Social Club for many years and have seen many successful events organized by the club for our community. But today am concerned about what the future will bring for the organization. I have been president for over twenty-two years but have been involved with

sottolineato che i loro tornei annuali di golf, hanno permesso di raccogliere denaro per il Sick Children's Hospital, la Heart and Stroke Foundation e per la Chiesa di Ceprano in Italia. In passato l'associazione organizzava anche la festa dell'uva e la festa della mamma, che oggi non si tengono più.

Il club ha mantenuto uno stretto legame con Ceprano e con l'amministrazione della Città. Un rapporto che è stato importante per le tante persone che hanno dovuto lasciarla per trasferirsi in altre parti del mondo. Il successo e la crescita della comunità in Canada è ciò di cui Dino è molto orgoglioso. Mi ha fatto notare: "Qui in Canada abbiamo una scrittrice famosa che viene da Ceprano, Gianna Patriarca, nota poetessa e scrittrice italo-canadese che è cresciuta a Toronto, ma è nata a Ceprano. Il nostro club e la nostra comunità sono molto orgogliosi di lei. Tutti coloro che hanno avuto successo e sono stati conosciuti in questa nuova terra sono fonte di orgoglio per tutti i cepranesi".

Dino Di Palma guarda al passato con nostalgia, "Sono stato al timone del Ceprano Social Club per molti anni e ho visto molte attività di successo organizzate dal club per la nostra comunità. Ma oggi sono preoccupato per quello che porterà il futuro per l'associazione. Sono stato presidente per oltre ventidue anni, mi sono impegnato per la comunità per oltre cinquant'anni e del mio lavoro per lo stesso periodo di tempo. Ora sto invecchiando e non ho più la stessa energia".

Emerge chiaramente dall'intervista che Dino e molti altri si sono dedicati al Ceprano Social Club e hanno dato gratuitamente il

COMITATO DIRETTIVO
1987 - 1989

(DA DESTRA) SANTINO VONA - ARDUINO PESCHISOLIDO
LOREDANA DE SANTIS - ROCCO DE SANTIS
NADIA NALLI - FRANCO NALLI - DINO DI PALMA
ROSANNA DI PALMA - BRUNO DE LELLIS
LIDIA SPERANZA - FRANK CARLINI

Pages 148 and 149 were taken
from the commemorative booklet

COMITATO DIRETTIVO
1989 - 1991

IN ALTO OSPITE D'ONORE FR. FRANK A CIALINI IMC
PRESIDENTE DINO DI PALMA
DANNY BONI - DIRETTORE DI
NEW - IMAGE - LIVE - MUSIC
IN BASSO DA DESTRA - ALDO REA
VITTORIO PALMIERI, TONY NALLI
GIACOMO CARDUCCI, SANTINO VONA
FRANCO NALLI, ROCCO DE SANTIS
BRUNO DE LELLIS, ARDUINO PESCHISOLIDO

the community and owned my own business for over fifty years. I am getting older and don't have the same energy as before."

It was evident to me that Dino and many others have been dedicated to the Ceprano Social Club. They have given freely of their time and energy in order to keep their traditions and their community together. But succession by a younger generation is needed to sustain the 'Ceprano Club' for the future.

Dino provided suggestions about how to maintain the viability of the Italian-Canadian clubs. He said, "*In my view, one of the ways that Italian-Canadian clubs will survive for the future, is through sports, such as soccer or golf. The clubs should program activities that may be of interest to this new generation, possibly by creating sports teams. I have seen first hand, that it is very difficult to have the work of the clubs taken on by younger people. They are either not interested, or they do not have the time.*"

For many years this club has provided a meeting point and kept alive the religious and cultural traditions for many people who came to Toronto from the town of Ceprano. Without their work these traditions would not be actively present in the Canadian community where many from Ceprano have made their home.

loro tempo e le loro energie. Tutto ciò per mantenere le tradizioni e la comunità unita, ma ormai la successione di una generazione più giovane è necessaria per sostenere il Ceprano Club in futuro.

Dino ha avanzato qualche suggerimento per mantenere in vita i club italo-canadesi. "A mio parere, uno dei modi con cui i club italo-canadesi possano sopravvivere in futuro è attraverso lo sport, come il calcio o il golf. I club dovrebbero programmare delle attività che possano interessare la nuova generazione, ad esempio con la creazione di squadre sportive. Ho notato in prima persona, che è molto difficile che i giovani si facciano carico del lavoro dei club, perché non sono interessati perché non hanno abbastanza tempo".

Questo club ha rappresentato un punto d'incontro e mantenuto vive le tradizioni religiose e culturali, per molte persone che sono venute a Toronto da Ceprano. Senza il lavoro di tante persone queste tradizioni non sarebbero state altrettanto presenti nella comunità canadese, nella quale il popolo di Ceprano ha ricostruito la sua casa.

14. Italo-Canadian Cultural Club/ Laziali di Sarnia

In 1988 the Italo-Canadian Cultural Club was founded in Sarnia, Ontario. It was incorporated in 1990. I had a firsthand involvement with the founding of this organization and was actively engaged in organizing its activities. The first directors of the board were; this author, Maria Cossa, John Iannozzi, Nello Zeppa, Fr. Claudio Holzer, Antonio Domenichini and Maria Rotondi. Others who played an active role were; Joanne Cicchini, Leo Rocco, Nella D'Agostini, Onorio Cicchini, Daniela Mezzatesta, Emilia Rotondi. The Italo-Canadian Cultural Club's mandate and focus was to research, document and illustrate Italian-Canadian stories.

Background

The leadership of the club changed slightly over the years. I became the Italo-Canadian Cultural club's first president and was president from 1988 to 1999. Antonia Ambrose and Ron Longo became president in the years following. Ron Longo is the current president. All three of us still provide guidance for this club, which has

4. Italo-Canadian Cultural Club/ Laziali di Sarnia

L' Italo-Canadian Cultural Club è stato fondato a Sarnia, in Ontario, nel 1988 ed è stato registrato nel 1990. Io stessa sono stata direttamente coinvolta nel club, sia al momento della fondazione che nell'organizzazione delle attività. I primi membri del consiglio direttivo erano: la sottoscritta, Maria Cossa, John Iannozzi, Nello Zeppa, Padre Claudio Holzer, Antonio Domenichini e Maria Rotondi. Altri membri che hanno avuto a loro volta un ruolo importante in questo club sono Joanne Cicchini, Leo Rocco, Antonia Ambrose, Nella D'Agostini, Onorio Cicchini, Daniela Mezzatesta e Emilia Rotondi. Scopo sociale dell'Italo-Canadian Cultural Club era quello di cercare, documentare e illustrare le storie degli italo-canadesi.

Background

La direzione del club non è cambiata molto nel corso degli anni. Io fui eletta come primo presidente e rimasi in carica dal 1988 al 1999. I successivi presidenti sono stati Antonia Ambrose e Ron Longo. Quest'ultimo è ancora in carica. Tutti e tre facciamo parte

over three hundred families as members. The unique distinction of the membership is that it is made up of a majority of a younger demographic of second and third generation Italian-Canadians.

Other Italian-Canadian community groups, in Sarnia-Lambton, had been well established prior to the founding of the Italo-Canadian Cultural club. The majority of Italians in Sarnia-Lambton who arrived during the post-second world war era, came from 'Ciociaria'. Memberships of most of the Italian-Canadian clubs in Sarnia reflected this demographic. One of the first clubs to be formed was the Dante Club. Its origins can be traced to 1952 according to Antonio Cantalini, one of the founders. This club began with Antonio Serratore who gathered newly arrived Italian immigrants to learn English. They also held New Year's Eve celebrations for the next five years. This event generated extra money that was later utilized to form the Dante club. In 1958 a meeting was held in the basement of St. Peter's Church, with Fr. Calandra in attendance. At this meeting the name Dante Club was chosen. Fr. Calandra offered to write a set of bi-laws. In 1961 the Dante Club was incorporated and it became a point of reference for social activities for the influx of new Italian immigrants.

After its incorporation in 1961 a ten-acre parcel of land was purchased on London Road in Sarnia and later, a facility was built and opened for business by 1968. The money to build the Dante Club hall was raised by the membership.

In the 1990's, the Dante Club facilities continued to expand to include another clubhouse with bocce courts and a soccer

e assicuriamo ancora una guida al club, che oggi conta più di trecento famiglie membri. L'unico aspetto per cui la compagine sociale di questo club differisce dagli altri sta nel fatto che essa è composta per la maggior parte da italo-canadesi più giovani, di seconda e terza generazione.

prima della fondazione dell'Italo-Canadian Cultural club, alcune associazioni italo-canadesi si erano già formate a Sarnia-Lambton,. In particolare la maggior parte degli italiani di Sarnia-Lambton, arrivati durante il secondo dopoguerra, venivano dalla Ciociaria e molti dei club italo-canadesi, presenti nella città, riflettevano questa composizione demografica. Uno dei primi fra questi era il Dante Club, le cui origini risalgono al 1952 secondo quanto riferito da Antonio Cantalini, uno dei soci fondatori. Il club cominciò a lavorare con Antonio Serratore che riuniva i neo-arrivati italiani per insegnare loro l'inglese. Il club organizzò anche un Veglione di Capodanno per i successivi cinque anni. Con l'iniziativa si ottennero guadagni extra, che furono utilizzati per formare il Dante Club. Nel 1958 fu organizzata una riunione nel seminterrato della Chiesa di San Pietro, alla quale era presente anche Padre Calandra. Nel corso di quella riunione fu scelto il nome del Dante Club e padre Calandra si rese disponibile a scrivere una bozza di statuto. Il club fu registrato nel 1961 e divenne il punto di riferimento per i nuovi immigrati italiani.

Dopo la registrazione fu acquistato un terreno di 10 acri sulla London Road a Sarnia e in un secondo momento fu costruita una struttura, che venne aperta nel 1968. Il denaro necessario alla realizzazione del progetto fu raccolto fra i soci.

field. In 2010 the bocce facilities were expanded to house nine indoor professional bocce courts and one outdoor court. The club also developed strong soccer teams for many years. At the time of this writing the soccer teams no longer existed. The Dante Club of Sarnia continues to be a place for the Italian-Canadian community to gather for social and recreational purposes. There are no other facilities of its kind in Sarnia-Lambton.

The Italians who settled in Sarnia-Lambton brought with them strong religious traditions. These traditions were maintained through the development of Italian-Canadian organizations. During the early 70's the community organized the St. Rocco Festival, a long-standing popular religious tradition from 'Valle Di Comino' in 'Ciociaria'. In the early 60's the tie to this tradition was maintained by sending donations to support the 'San Rocco festa' in the town of Alvito, Italy, one of the towns from this geographic area. The San Rocco Festival recreated in Sarnia became an important event where the Italian-Canadian community participated. Relatives and friends came from other parts of Ontario and Michigan to celebrate together.

Other groups formed in Sarnia, which reflected particular religious traditions. In 1977 people originating from the town of 'Navelli' in Abruzzo came together to celebrate 'San Sebastiano' their patron saint. The annual celebration included a mass followed by a picnic. The Holy Rosary Society, founded in 1978, was another organization that became active and had a large following. This was a fraternity of benefit societies of 'Vicalvi', a small town in Frosinone. The society has a long tradition in North America. In 1932,

Negli anni '90 la struttura del Dante Club è stata ampliata fino ad avere una sede con campi di bocce e un campo di calcio. Nel 2010 i campi di bocce sono stati ampliati di nuovo e oggi ospitano nove campi coperti e uno all'aperto. Il club ha gestito anche delle squadre di calcio per molti anni, ma attualmente non esistono più. Il Dante Club di Sarnia continua ad essere un luogo per la comunità italo-canadese dove ci si incontra per iniziative sociali e ricreative. A Sarnia-Lambton questa è l'unica struttura nel suo genere.

Gli italiani che si stabilirono a Sarnia-Lambton portarono con loro forti tradizioni religiose. Tradizioni che furono mantenute attraverso lo sviluppo delle organizzazioni italo-canadesi. Nei primi anni '70, ad esempio, la comunità organizzò la Festa di San Rocco, antica tradizione religiosa molto sentita nei comuni della Valle di Comino in Ciociaria. Nei primi anni '60 il legame con questa tradizione veniva mantenuto inviando offerte per la festa di San Rocco ad Alvito, uno dei comuni della stessa area geografica. La festa di San Rocco replicata in Canada divenne un'importante occasione d'incontro al quale la comunità italo-canadese partecipavano. Parenti e amici arrivavano anche da altre parti dell'Ontario e del vicino Michigan per festeggiare insieme.

Nella città di Sarnia nacquero altri gruppi che riflettevano specifiche tradizioni religiose. Ad esempio nel 1977 gli immigrati provenienti da Navelli, in Abruzzo, organizzarono la festa di San Sebastiano, santo patrono della loro città. La festa, si svolgeva ogni anno e comprendeva la celebrazione di una messa seguita da un pic nic. Un'altra organizzazione simile era la

the first branch of the society was established in Detroit, Michigan. The Sarnia branch of the society was founded because of the close linkages and relations between the people of Sarnia and the people of Detroit Michigan, who originated from Vicalvi. These organizations continue to be active at the writing of this document.

Club's Development

From 1980-1990, prior to the official founding of the Italo-Canadian Cultural Club, Antonia Ambrose and I organized and directed folk groups which included children, youth choirs, dancers and musicians. Through this work over seventy youth were engaged

Above: 1980 - First Italian/Canadian folk choir in Sarnia, directed by Caroline Di Cocco.

for those years. Many of the members of that folk group, now adults with families of their own, fondly recall how that experience brought them closer to the heritage of their parents and grandparents.

While working with the folk group I noted the

Holy Rosary Society, fondata nel1978, che divenne molto attiva ed ebbe molto seguito. L'associazione, una confraternita composta da gruppi di beneficenza di Vicalvi, un piccolo paese in provincia di Frosinone, ha una lunga tradizione in Nord America. Nel 1932 la prima sezione della società fu creata a Detroit nel Michigan. La sezione di Sarnia, invece, fu fondata grazie al legame che univa gli italiani provenienti da Vicalvi che vivevano a Sarnia e i conterranei che vivevano a Detroit. Tuttora queste organizzazioni continuano ad essere attive.

Lo sviluppo del club

Tra il 1980 e il 1990, prima della fondazione ufficiale dell'Italo-Canadian Cultural Club, Antonia Ambrose e io organizzavamo, dirigevamo gruppi folk che comprendevano cori giovanili, ballerini e musicisti. Grazie a questo lavoro, in quegli anni furono coinvolti circa settanta ragazzi. Molti dei componenti del gruppo folk, che sono ormai adulti e hanno le loro famiglie, ricordano come questa esperienza li abbia avvicinati al patrimonio culturale dei loro genitori e dei loro nonni.

Grazie al lavoro con il gruppo folk ho notato che la prima generazione d'immigrati stava invecchiando e non c'era nessun prova che testimoniasse la storia e la presenza di questa grande comunità di italiani stabilitisi in questa zona geografica. Sentivo la necessità di documentare le loro storie prima che fosse troppo tardi. Per questo motivo fu formato l'Italo-Canadian Cultural Club con l'obiettivo principale di studiare e scrivere il cammino di questo gruppo d'italiani. Fu ingaggiato un comitato di volontari che si mise subito a lavoro, ma molti degli aspetti tecnici del progetto richiedevano un finanziamento. In

first generation of immigrants were ageing. There was no record about the history or the presence of this large group of Italians who settled in this area. I felt we needed to record

1983 - Folk dancers at the Dante Club in Sarnia.

their stories before it was too late. As a result the Italo-Canadian Cultural Club was formed. Its main objective was to research and record the journey of this group of Italians. A committee of volunteers was enlisted to begin the work. Money was needed for much of the technical aspects of the project. Nello Zeppa, played a pivotal role and assisted in raising money from the community. On my part, I contacted the Ontario Historical Society and I applied for funding under 'The History of Ontario Peoples Program'. With the assistance of Rob Leverty at the OHS and the support of Anita Hobbs of the Sarnia-Lambton Multicultural Council, $5000 was approved for the club in order to facilitate the research.

Realization of the Pictorial Exhibit

In 1987 the project to document the history of the Italian-Canadians in Sarnia-Lambton began. Not having prior experience in

questo senso, Nello Zeppa, svolse un ruolo essenziale e collaborò alla raccolta dei fondi all'interno della comunità. Dal canto mio, contattai l'Ontario Historical Society (OHS) e richiesi dei finanziamenti all'interno del programma 'The History of Ontario Peoples Program'. Con l'aiuto di Rob Leverty dell'OHS e l'appoggio di Anita Hobbs dell'Sarnia-Lambton Multicultural Council, il club ricevette un contributo di 5,000 dollari per realizzare la ricerca.

La realizzazione dell'esposizione fotografica

Nel 1987 si diede inizio al lavoro di documentazione della storia degli italo-canadesi di Sarnia. Non avendo esperienza in materia, contattai il dott. Gabriele Scardellato, ricercatore al Multicultural History Society of Ontario, che fece da guida e suggerì la metodologia da seguire per

1984 - Children and youth folk singers and dancers Sarnia-Lambton.

realizzare il lavoro. Furono raccolte foto e documenti. Le interviste fatte agli immigrati furono registrate e successivamente trascritte. Fu ingaggiato un gruppo di studenti perché visionasse i microfilm conservati nella biblioteca di Sarnia e trovassero altre

this type of work, I contacted Dr. Gabriele Scardellato, who was a researcher at the Multicultural History Society of Ontario. Dr. Scardellato provided guidance and suggested the methodology to follow for this work. The work began in earnest: Photographs and immigration documents were collected. Interviews with many of the first immigrants were recorded and transcribed. A team of students were enlisted to look through microfilms at the Sarnia Library for information. Father Holzer appealed to the Italian-Canadian parishioners to give photographs and immigration documents. As the project evolved the whole community became involved.

A pictorial historical exhibit on Italian-Canadian History in Sarnia-Lambton was realized by 1989. The exhibit was a resounding success and generated much interest. Thousands of people came to view it. The February 24, 1990 Grand Gala for the unveiling of the pictorial exhibit was so important to the community that they came out in the middle of one of the worst snowstorms. In spite of the severity and intensity of the snow quall, the Dante Club hall was full, with over four hundred people in attendance as the storm unleashed its fury outside. Dr. Gabriele Scardellato, Dr. Gianfausto Rosoli, director of the Centre of Studies for Emigration of Rome, Fr. Ezio Marchetto, researcher for the Centre of Studies for Immigration in New York and Rob Leverty all attended the unveiling of the exhibit. All of them strongly encouraged the Italo-Canadian Cultural Club executive to continue and publish a book based on this pictorial exhibit. The photos of the exhibit became a framework for the book One by

1997 - The late Johnny Lombardi and Ron Longo viewing the Pictorial Exhibit at the Canadian National Exhibition.

informazioni. Father Holzer fece appello ai parrocchiani italo-canadesi perché donassero foto e documenti sull'immigrazione e man mano che il progetto evolveva, fu coinvolta l'intera comunità.

Nel 1989 fu realizzata una mostra storico-fotografica sulla storia degli italo-canadesi di Sarnia-Lambton. La mostra ebbe un grande successo e generò molto interesse, tanto che fu visitata da migliaia di persone. Il 24 febbraio 1990 si svolse il Gran Galà per l'inaugurazione della mostra fotografica. La serata fu ritenuta talmente importante che la comunità accorse a vedere la mostra nonostante quella sera ci fosse una delle peggiori tempeste di neve mai ricordate in città. A dispetto della violenza della tempesta, la sala del Dante Club era gremita.

Above. 1991 - Antonia Ambrose and Nella D'Agostini at student workshop.

Erano presenti oltre quattrocento persone la tormenta infuriava all'esterno della struttura. All'inaugurazione erano presenti anche il dott. Gabriele Scardellato, il dott. Gianfausto Rosoli del Centro Studi Emigrazione di Roma, scomparso prematuramente, padre Ezio Marchetto, ricercatore del Centre of Studies for Immigration in New York e Rob Leverty. Tutti loro incoraggiarono fortemente l'esecutivo del Italo-Canadian Cultural Club a continuare e pubblicare un libro con il materiale della mostra. Le foto della mostra fecero da struttura per il libro One by One…Passo dopo Passo: A history of Italian-Canadians in Sarnia-Lambton 1870 - 1990 published in 1991.

Dopo quell'anno la mostra è stata esposta

Below. 1997 - Antonia Ambrose with the Pictorial Exhibit of Italian - Canadian history at the Canadian National Exhibition in Toronto.

One…Passo dopo Passo: A history of Italian-Canadians in Sarnia-Lambton 1870-1990, published in 1991.

The exhibit has been viewed again in Sarnia-Lambton for the 50th anniversary of the Dante Club, it has been reproduced for exhibit in Italy: In 2004 in Fontechiari, Frosinone on the occasion of the Fontechiaresi nel Mondo and in 2006 at the inauguration of the monument 'Punto di Partenza'. As well it has been displayed at the Canadian National Exhibition in Toronto in 1997 and has been shown at the Vaughan City Hall, and other parts of Ontario.

Realizing the Book, One by One…Passo dopo passo…

The club founders started the process of writing the book in 1989 beginning with interviews of the first generation immigrants. Antonia Ambrose, Fr. Claudio Holzer and I audio recorded more than sixty interviews of the early immigration experiences. Tina Roncone, a student at the time, transcribed into English the many tapes of those interviewed. The challenge to write transcriptions from the audiotapes was that one had to understand four languages, dialect of specific areas, Italian, English and 'Italese', a mix of Italian and English common in English speaking countries where Italian settlements exist.

This work required other levels of coordination: Antonia Ambrose and I organized the material. I wrote most of the English content for the book. Natalie Stellmacker, edited the English. Nella D'Agostini and Fr. Claudio Holzer translated the English into Italian. Dr. Scardellato wrote the introduction. The Centre of Studies for

più volte. A Sarnia-Lambton in occasione del cinquantesimo anniversario del Dante Club. In Italia la mostra è stata proposta a Fontechiari in provincia di Frosinone in due occasioni: nel 2004 durante 'Fontechiaresi nel Mondo', evento dedicato agli emigrati e nel 2006 in occasione dell'inaugurazione del monumento 'Punto di Partenza'. Infine, l'esposizione è stata presentata anche al Canadian National Exhibition di Toronto nel 1997 alla Vaughan City Hall e in altri luoghi dell'Ontario.

Realizzare il libro One by One…Passo dopo passo…

I fondatori del club iniziarono a lavorare per il libro nel 1989 cominciando ad intervistare la prima generazione di immigrati. Antonia Ambrose, padre Claudio Holzer e io registrammo più di sessanta interviste sulle prime esperienze di immigrazione. Tina Roncone, studentessa a quei tempi, trascrisse in inglese tutte le interviste. La trascrizione delle audiocassette richiedeva la conoscenza di quattro lingue: il dialetto della zona di provenienza, l'italiano, l'inglese e "l'italese", un mix di italiano e inglese molto comune nelle comunità italiane che vivono nei paesi anglofoni.

Il lavoro prevedeva diversi compiti da svolgere: Antonia Ambrose e io raccogliemmo e organizzammo il materiale. Io scrissi la maggior parte del testo in inglese. Natalie Stellmacker, che ci ha lasciati, fece l'editing ne fece l'editing, mentre Nella D'Agostini e Padre Claudio Holzer si occuparono della traduzione in italiano. Il dott. Scardellato scrisse l'introduzione e il Centro studi Emigrazione di Roma, con l'assistenza del dott. Rosoli, Gianmario Maffioletti, stampò e

Emigration in Rome, with the assistance of Dr. Rosoli and Gianmario Maffioletti, edited and printed the book. All the original material was stored in the Archives of Ontario to be preserved for future reference. The book 'One by One…Passo dopo passo' can be found in libraries in Canada and in Italy. It has been referenced in countries around the world. This book was one of the first works of its kind, one that was written by the community.

The work portrayed the struggles, the progress, the contributions and the collective journey of immigration. It is a record of a "humble" people who rebuilt their homes in Sarnia Ontario. These stories were an added thread woven into the Canadian historical fabric. It also showed the new evolved identity and growth of the Italian-Canadian community in Sarnia. An Identity made up of both Italian and Canadian influences. The communities into which the Italians settled were changed because of their presence. On the other hand the Italians were changed by the Canadian influence.

The book was launched in May of 1991 at the Dante Club. The launch was a three-day event with the pictorial exhibit on display. There was broad participation from the community at large. Nella D'Agostini and Antonia Ambrose, both educators, organized the workshop with the topic on immigration and multiculturalism. Hundreds of high school students from all backgrounds were engaged in the workshop on the Friday, May 24. Rob Leverty, Dr. Gabriele Scardellato, Dr. Gianfausto Rosoli, , and Fr. Ezio Marchetto, were speakers and presenters at the events.

This workshop was followed by a gala, on the Saturday, May 25. The Italian Ambassador to

pubblicò il libro. Tutto il materiale originale è conservato negli Archivi dell'Ontario e disponibile per consultazioni future. "One by One…Passo dopo Passo" è reperibile nelle librerie canadesi e italiane ed è spesso citato da autori di tutto il mondo. Il libro è stato uno dei primi lavori di questo tipo, scritto direttamente da una comunità.

Il lavoro ritrae la fatica, il progresso, i contributi e il cammino collettivo dell'immigrazione. Esso racconta di gente umile che ha ricostruito la propria casa a Sarnia, in Ontario. Queste storie sono fili del tessuto storico canadese; esse mostrano nuove identità evolute e la crescita della comunità italo-canadese di Sarnia. Un'identità caratterizzata dall'influenza della cultura italiana e canadese allo stesso tempo. Le comunità all'interno delle quali gli italiani si sono stabiliti sono state cambiate dalla loro presenza, dal canto loro gli italiani sono stati cambiati dall'influenza canadese.

Il libro fu presentato nel maggio del 1991 al Dante Club. La presentazione si svolse nel corso di una tre giorni della mostra, con un'ampia partecipazione della comunità. Nella D'Agostini e Antonia Di Cocco in Ambrose, entrambe insegnanti, organizzarono il workshop sull'immigrazione e il multiculturalismo. Al workshop, fissato per il venerdì 24 maggio, parteciparono centinaia di ragazzi, delle scuole superiori, di ogni estrazione culturale. I relatori intervenuti alla presentazione furono: Rob Leverty, il dott. Gabriele Scardellato, il dott. Gianfausto Rosoli e Padre Ezio Marchetto.

Al workshop seguì un galà, nella serata del sabato 25 maggio, a cui erano presenti l'Ambasciatore Italiano in Canada, un rappresentante dell'allora Primo Ministro

One by One...
Passo dopo
passo...

Canada, a representative of the Italian Prime Minister Giulio Andreotti, and Canadian dignitaries were present at this memorable occasion when the book was presented to the community. On the Sunday afternoon, May 26, a family day was organized so that younger children and parents could view and discuss the exhibit and take part in interactive activities. The Italo-Canadian Cultural Club had realized its largest and most complex projects within three years of its founding.

Other Activities

Besides the work of creating pictorial exhibit and writing the book, the Italo-Canadian

Giulio Andreotti e diverse autorità canadesi. Nel pomeriggio della domenica 26 maggio, fu organizzata una giornata per le famiglie, durante la quale figli e genitori potevano visitare la mostra, discuterne insieme e partecipare ad attività interattive. L' Italo-Canadian Cultural Club ha realizzato il suo più importante e complesso progetto in soli tre anni dalla sua fondazione.

Altre attivtà

Oltre alla realizzazione della mostra e del libro l'Italo-Canadian Cultural Club ha organizzato molti altri eventi. Nel 1989 fu organizzato l'International Wine Gala per fare onore

Wine judging contest with wine judge and author Andrew Sharp.

Cultural Club organized many other events. The art of winemaking brought by the immigrants to Canada was celebrated as The 'International Wine Gala' beginning in 1989. At this event professional wine judges judged homemade wines. This became a signature event for the Italo-Canadian Cultural Club with participation from the whole of Sarnia-Lambton, United States and others parts of Ontario.

A well-known International Wine Judge and author Andrew Sharp judged homemade wines and provided workshops in the afternoon. In the evening a wine gala was held. Prizes were awarded for the best wines and the judge would provide comments as to the overall quality. Winning the competition became a coveted prize. The International Wine Gala was sold out for most of the years that it took place. It was an event that the entire community anticipated year after year.

all'arte di fare il vino importata in Canada dagli immigrati. All'evento parteciparono giudici professionisti che selezionarono i vini fatti in casa. La manifestazione divenne un evento esclusivo a firma dell'Italo-Canadian Cultural Club i cui partecipanti arrivavano da tutta Sarnia-Lambton, dagli Stati Uniti e da altre zone dell'Ontario.

Uno dei giudici di fama internazionale, Andrew Sharp, giudicava i vini fatti in casa e teneva dei workshop pomeridiani. In serata si svolgeva un wine gala nel corso del quale venivano premiati i vini migliori con lettura dei giudizi della giuria. Vincere la competizione divenne un prestigio, tanto che l'International Wine Gala fece il tutto esaurito per molto tempo, come evento atteso ogni anno da tutta la comunità.

Il wine gala è stato organizzato per 15 anni ed ha raccolto più di 150.000 dollari per beneficenze locali. Uno dei maggiori destinatari dei fondi raccolti era la Breast

This wine gala held for over 15 years has raised over $150,000 for local charities. Breast Cancer Society of Canada was one of the main recipients of the funds. An interesting observation to note, the participation in the beginning was almost entirely Italian, but during the last few years most of the wine entries and participation was from outside the Italian community.

Name Change and Rapport With Regione Lazio

1990 - Ron Longo, Rosanna Magnotta and Luigi Rocco following the International Wine Gala organized by the Club,.

As time moved on changes took place including changing the club's name. From 1988 to 1992 the club was called Italo-Canadian Cultural Club and in 1993 Laziali di Sarnia was added. This addition came

Rosanna and Gabe Magnotta at the International Wine Gala in Sarnia

Cancer Society of Canada. Un aspetto importante da sottolineare sta nel fatto che la partecipazione agli inizi era quasi interamente italiana, ma durante gli ultimi anni molti dei partecipanti provenivano da comunità non italiane.

Il cambiamento del nome e il rapporto con la Regione Lazio

Col passare del tempo si ebbero dei cambiamenti compresa la modifica del nome del club. Dal 1988 al 1992 il club si è chiamato Italo-Canadian Cultural Club e nel 1993 fu aggiunta la dicitura Laziali di Sarnia. L'ampliamento del nome fu deciso a seguito di una serie di eventi nei quali fui coinvolta. Nel 1992, a seguito del mio lavoro per il libro, il Centro Studi Emigrazione di Roma mi nominò rappresentante delegata del Canada per una conferenza internazionale sponsorizzata dalla Regione Lazio. In quell'occasione venni a sapere dei programmi offerti dalla Regione Lazio alle organizzazioni italo-canadesi i cui soci erano originari, per la maggior parte, della stessa

about because of a chain of events in which I was involved. Because of my work on the book the Centre of Studies for Emigration in Rome nominated me to represent Canada at an international conference sponsored by Regione Lazio in 1992. Here I learned about the programs offered by 'Regione Lazio' to Italian-Canadian organizations who had membership with a majority originating from that same region. The membership of the club was already made up of a large majority who originated from Lazio. Upon my return the Italo-Canadian Cultural Club added the name 'Laziali di Sarnia'. The Club was then eligible to participate in the programs offered.

After this change the club registered with "l'albo regionale of Regione Lazio" thus qualifying to access the programs offered. These programs were facilitated in Canada through the 'Consultore' Antonio Porretta. Italian cultural performances and programs sponsored by Regione Lazio and brought to Sarnia were; 1992 a theatre group from Rieti performed a comedy held at the Sarnia Library Auditorium; 'Danzatori Scalzi', in 1994; flag throwers from Cori, 'spandieratori di Cori,' performed at the Sarnia Highland Games in August of 1997; youth trips and seniors trips to Italy yearly from 1993-2009.

In 2002/2003, the club, through Antonia Ambrose, worked closely with curator anthropologist, Dr. Mauro Peressini, from the Canadian Museum of Civilization (Canada's national museum), to identify and collect artifacts pertaining to the story of Italian immigration. The exhibit, 'Presenza' illustrated the societal impact of the Italian presence in Canada. 'Presenza' was shown from June 2003 until September 2004 at the Canadian Museum of Civilization in

regione. La compagine sociale del nostro club era già composta in maggioranza da laziali e così al mio ritorno l' Italo-Canadian Cultural Club ampliò il suo nome aggiungendo Laziali di Sarnia. Da quel momento il club poteva partecipare ai programmi offerti dalla Regione Lazio.

A seguito della modifica il club fu iscritto all'Albo regionale della Regione Lazio ottenendo il riconoscimento per accedere ai finanziamenti offerti dall'Ente regionale. I progetti venivano organizzati in Canada con la collaborazione di Antonio Porretta. Tra le iniziative finanziate dalla Regione Lazio e portate a Sarnia furono diverse. Nel 1992 la compagnia di Rieti presentò una commedia teatrale al Library Auditorium di Sarnia. Nel 1994 si esibirono i "Danzatori Scalzi". Nel 1997 furono ospitati gli sbandieratori di Cori al Sarnia Highland Games, mentre dal 1993 al 2009 si svolsero i soggiorni annuali in Italia per giovani e anziani.

Tra il 2002 e il 2003, grazie all'operato di Antonia Ambrose, il club collaborò con il Museum of Civilization's, museo nazionale canadese, nella persona del dott. Mauro Peressini. Il lavoro era volto a individuare e raccogliere documenti e oggettistica riguardanti la storia dell'immigrazione italiana. Il materiale raccolto fu esposto nel corso della mostra dal titolo "Presenza", che si tenne al National Museum of Civilization di Gatineau Quebec vicino Ottawa, dal giugno 2003 al settembre 2004. La comunità italo-canadese fu rappresentata da un buon numero di storie e oggetti esposti grazie all'interesse di Antonia Ambrose e del club.

Gatineau Quebec, near Ottawa. The Italian-Canadian community of Sarnia-Lambton had a significant number of their stories and artifacts at the exhibit because of the work of Antonia Ambrose and the club.

Involving Young People and the Whole Community

The club, over the years, has also worked with hundreds of young people of Italian heritage and their non-Italian friends, in raising awareness about the Italian immigration reality. Italian-Canadian students wrote, and performed plays and skits that described how they saw their unique day-to-day interaction with parents and grandparents. They portrayed both a humorous and wonderfully unique cultural identity described through their interpretation of Italian-Canadian duality as experienced by them. Family days were also organized with cultural events. These events filled the Dante Club Hall to the brim.

The club continues to maintain its historical and cultural focus. The programming of the Club for 2009/2010 included; readings of

Coinvolgere i giovani e l'intera communità

Il club, in passato, ha lavorato anche con centinaia di giovani di cultura italiana e con i loro amici non-italiani, nel prendere consapevolezza della realtà immigratoria italiana. Gli studenti italo-canadesi scrissero e interpretarono spettacoli teatrali e sketch, rappresentando la loro interazione quotidiana con i genitori e con i nonni. Descrissero una identità culturale unica in modo spiritoso e brillante, raccontando la loro interpretazione della dualità italo-canadese che essi stessi vivevano. Spesso venivano organizzate anche giornate con le famiglie con attività culturali, per le quali la sala del Dante Club era sempre gremita.

Il club mantiene ancora il suo scopo storico-culturale e ha ancora molte iniziative nel suo programma annuale. Ad esempio il calendario per l'anno 2009/2010 ha previsto letture di brani italo - canadesi, dimostrazioni di cucina tradizionale italiana, corsi di italiano per adulti e gite a Stratford I soci hanno potuto assistere agli spettacoli teatrali di livello professionale e visitare la famosa

1991 - Children prepare skits, poems and songs about Italian/Canadian heritage.

Italian-Canadian writers, demonstrations of traditional Italian cooking were held, Italian classes for adults, and trips to Stratford were facilitated. The professional theatre production and a visit to the famous culinary school was enjoyed by the members.

The work of the club has been progressive. It was to document the historical legacy of the Italian-Canadian community. This focus shaped the direction of the club. It continues and is at the forefront of many new initiatives. The club shares with the entire community the unique Italian-Canadian heritage, which has become an integral part of Sarnia-Lambton.

scuola di cucina della città. Il lavoro del club è cresciuto progressivamente. Il desiderio di documentare la storia della comunità italo-canadese ha sempre caratterizzato il club, che continua a lavorare in questo senso ed è tuttora impegnato per nuove iniziative. Il club condivide con tutta la comunità la peculiare eredità italo-canadese, che oggi è parte integrante di Sarnia-Lambton..

1991 - Student workshop. Gabriele Scardellato and Rob Leverty take a lunch break with Caroline Di Cocco.

Italo-Canadian Cultural Club.

1998 - Flag throwers from Gori Italy at the Highland Games in Sarnia.

2005 - Students chosen to travel to Italy from Sarnia on a program sponsored by Regione Lazio.

15. The Lazio Federation of Ontario

Background

The Greater Toronto Area (GTA) is home to almost half a million people of Italian origin. There exist numerous Italian-Canadian umbrella organizations known as federations representing many regions of Italy such as; Abruzzo Federation, Calabrese Federation, Sicilian Federation, Molise, Campania, Puglia, Veneto and others. Under these federations are numerous clubs and associations whose memberships originate from their particular region in Italy. The Lazio Federation of Ontario is the one presented for this work. Its members have ties to the Lazio Region of Italy.

Besides uniting the many individual clubs and associations the federations also maintain linkage to the regional government in Italy and facilitate programs from Italy to Canada. These programs promote cultural, commercial and educational activities. Contacts to the regional governments in Italy are also maintained through individual representatives called 'consultori' (advisors). Consultori are official appointments made by the regional governments. They represent immigrants from their particular region of Italy living in Canada and other countries.

15. The Lazio Federation of Ontario

Background

L'area della Greater Toronto (GTA) accoglie circa mezzo milione di persone d'origine italiana. Esistono numerose organizzazioni ad ombrello italo-canadesi conosciute come Federazioni e che portano il nome di gran parte delle regioni italiane come, ad esempio, la Federazione Abruzzese, la Federazione Calabrese, la Federazione Siciliana e quelle del Molise, della Campania, della Puglia, del Veneto ed altre. In questo capitolo mi occuperò della Lazio Federation of Ontario i cui membri arrivano proprio dalla Regione italiana del Lazio.

Oltre a riunire le tante associazioni e i club, le Federazioni mantengono i rapporti con il governo regionale in Italia e organizzano programmi fra i due paesi che prevedono attività culturali, commerciali e formative. I rapporti con la Regione sono gestiti anche attraverso alcuni rappresentanti denominati 'consultori', incaricati ufficialmente dal governo regionale in Italia, che rappresentano gli immigrati delle varie regioni italiane stabilitisi all'estero. I consultori spesso lavorano con la federazione e in alcuni casi ricoprono il ruolo di presidente di

The consultori often work alongside the federations and in some cases they have a dual role as president of the federation and as consultore.

The 'consultore' also sits on the advisory body, 'consulta', for emigration to the regional government in Italy. The consultori meet in Italy to discuss matters of mutual interest. What appears to be the case is that the role of the consultore is complex and varies from region to region.

These introductory paragraphs provide a general framework for this chapter. Material for the rest of this unit was taken from interviews with Felix Rocca, Vittorio Scala and pieced together from recorded minutes and other documentation.

Felix Rocca has been legal counsel for the organization since its founding in early 1988. He saw the name change three times. In 1989 it was incorporated as 'The Canadian Federation of Lazio Centres', in 1995 it was renamed the 'Confederation of Lazio Centres', and in 2005 it was changed to 'The Lazio Federation of Ontario'.

Vittorio Scala also shared his views about his experiences with the federation. He was president of the federation from 2002 to the summer of 2008. Vittorio brought experience to the federation from his work as president of the 'Castelliri' Club. He provided information and context about the later years of the organization. From the interviews and material provided by both Felix and Vittorio a more complete picture was possible in the reconstruction of the work and the history of the Lazio Federation of Ontario.

The Founding and Early Years

The Lazio Federation was founded in 1988

quest'ultima.

Allo stesso tempo, il 'consultore' fa parte della consulta per l'emigrazione del governo regionale in Italia. I consultori, il cui ruolo è piuttosto complesso e varia da regione a regione, s'incontrano per discutere questioni di reciproco interesse.

Questo il quadro generale per introdurre l'intero capitolo. Il resto del lavoro è stato documentato attraverso le interviste fatte a Felix Rocca e Vittorio Scala, nonché dai verbali e da altri documenti della Federazione stessa ricostruendone pezzo per pezzo la storia.

Felix Rocca è stato consulente legale del l'organizzazione sin dai tempi della sua fondazione. Felix mi ha detto che, nel tempo, il nome della Federazione è stato cambiato tre volte. Nel 1989 l'organizzazione fu costituita sotto il nome di 'The Canadian Federation of Lazio Centres', nel 1995 fu rinominata 'Confederation of Lazio Centres', e nel 2005 diventò 'The Lazio Federation of Ontario'.

Anche Vittorio Scala ha raccontato la sua esperienza nella federazione. Quale presidente Vittorio rimasto in carica dal 2002 all'estate del 2008, mi ha riferito informazioni utili riguardo agli ultimi anni della federazione. Attraverso le interviste e il materiale fornitomi da Felix e Vittorio è stato possibile ricostruire un quadro piuttosto completo del lavoro e della storia della Lazio Federation of Ontario.

La fondazione e i primi anni

La Federazione Laziale fu fondata nel 1988 per costruire un velodromo/centro sociale.

with the motive to build a velodrome/community centre. On the other hand, individual Italian-Canadian/Laziali clubs and associations were founded to gather people together to celebrate social, cultural, religious and other customs from the place of origin. The clubs assisted in making Canada feel more like home for those early immigrants.

According to the 1988-1993 records of the Federation, the focus of the organization was to build a large facility in collaboration with the Town of Vaughan. On March 8, 1988 Ron Zeppieri, representing the Ciociaro Social Club and on behalf of the new organization presented the idea of the velodrome project. One of the first letters to the town dated April 28, 1988, explained the intent of this new group. It stated "…*a group of persons who wish to create an organization, which is to apply for use of certain lands in the Town of Vaughan and develop thereon a sports complex as well as a social-cultural centre…*"

This founding group with their project initiative for the federation began to come together in early 1988. The priorities of this organization during the early years were; develop a site plan, fundraising for the project, apply for approvals from Town of Vaughan, apply for funding from provincial and federal governments, and garner collective support from the community. This enormous task required that meetings be held on a bi-weekly basis or more frequently as needed.

Founding members for this new organization as recorded on August 9, 1988, were: Rinaldo Zeppieri, Giuseppe Antonio Bottoni, Connie Bottoni, Leonardo Cianfarani, Armando Mauti, Anthony De Luca, Domenico Cianfarani, Dr. Aldo Boccia,

Al contrario le singole associazioni italo-canadesi furono fondate per far incontrare le persone e mantenere le tradizioni sociali, culturali, religiose ed altri costumi del paese d'origine. Esse aiutavano i nuovi immigranti a sentirsi a casa loro anche in Canada.

Stando ai verbali del periodo 1988-1993, lo scopo della Federazione era quello di costruire una grande struttura in collaborazione con il Comune di Vaughan. L'8 marzo 1988 Ron Zeppieri, in qualità di rappresentante del Ciociaro Social Club, e a nome della nascente Federazione, presentò il progetto del velodromo. In una delle prime lettere inviate al comune, datata 28 aprile 1988, fu spiegato l'intento di questo nuovo gruppo. Nella lettera si diceva "... un gruppo di persone che desidera creare un'organizzazione per chiedere l'utilizzo di alcune terre nella Città di Vaughan per sviluppare un complesso sportivo e un centro socio-culturale ..".

Il gruppo fondatore del progetto e promotore della federazione cominciò a riunirsi e organizzarsi nei primi mesi del 1988. Le priorità dell'organizzazione nei primi anni furono: fare il progetto per il centro, raccogliere i fondi fra la comunità, presentare le richieste di autorizzazione al Comune di Vaughan, richiedere fondi al governo provinciale e federale ed ottenere il sostegno della comunità. Questi importanti compiti richiedevano riunioni bi-settimanali o più spesso, a seconda delle necessità.

I membri fondatori di questa nuova organizzazione, come risulta dagli atti del 9 agosto 1988, furono: Rinaldo Zeppieri, Giuseppe Antonio Bottoni, Connie Bottoni, Leonardo Cianfarani, Armando Mauti, Antonio De Luca, Domenico Cianfarani, il dottor Aldo Boccia, Americo Mazzoli,

Notarial Certificate of True Copy - Short Form

DYE & DURHAM CO. LIMITED
FORM NO. 164

CANADA

Province of Ontario

To Wit

To all whom these Presents

may come, be seen or known

I, FELIX ROCCA

a Notary Public, in and for the Province of Ontario, by Royal Authority duly appointed, residing

at the   Town of Vaughan, in the Regional Municipality of York,

in said Province,

Do Certify and Attest that the paper-writing hereto annexed is a true copy of a document produced

and shown to me by   Rinaldo Zeppieri, President of CANADIAN FEDERATION OF
LAZIO CENTRES

and purporting to be   LETTERS PATENT of the said Corporation

dated the   6ᴿ   day of   JANUARY   19 89,

the said copy having been compared by me with the said original document, an act whereof being

requested I have granted under my Notarial Form and Seal of Office to serve and avail as occasion

shall or may require.

In Testimony Whereof I have hereto subscribed my name and affixed my Notarial Seal of Office at
the Town of Vaughan, in the Regional Municipality of York, and Province
of Ontario,

this   18   day of   MAY   19 89.

FELIX ROCCA

A Notary Public in and for the Province of Ontario.

1989.01.06 Incorporation papers Pagina 1.

Americo Mazzoli, Antonio Porretta, Ezio Vincenzi, Gabriel Grossi and Felix Rocca. The Canadian Federation of Lazio Centres was incorporated in January of 1989. At the February 1989 meeting, Manlio D'Ambrosio, Emilio Carinci, Angela Baldassarra, Italo Venafro were added to the board and Rinaldo Zeppieri was selected as president.

Velodrome/Community-Centre Project

Before incorporation the newly organized group had begun the paperwork and sponsored the development proposal of the velodrome/community centre with design and details. They drafted an agreement to lease land from the Town of Vaughan in 1988 and made presentations to town council that year. In the documents called the 'Vaughan Recreational Complex Proposal', presented to the Town of Vaughan in 1988, the organization provided specifics for an expansive velodrome, which included; "… *indoor and outdoor gross floor area of 400,000 sq. ft., a community centre with an area of 65,000 square feet incorporating a hall to accommodate 750 people, meeting rooms, day care facilities, senior citizen's drop-in centre, administration offices, office facilities for community organization, as well as outdoor recreational facilities. The developable site area was of 31.4 acres, with another 23.5 acres for storm water detention pond and a woodlot area of 9.6 acres…"[1]* The newly incorporated entity named 'The Canadian Federation of Lazio Centres' in 1989 signed a Memorandum of Agreement with the Town of Vaughan to lease the land

---

1. Vaughan Recreational Complex Proposal', presented to the Town of Vaughan in 1988.

Antonio Porretta, Ezio Vincenzi, Gabriel Grossi e Felix Rocca. Dopo la costituzione della Federazione canadese dei Centri Laziali, nel gennaio del 1989, Manlio D'Ambrosio, Emilio Carinci, Angela Baldassarra, Italo Venafro furono aggiunti al direttivo e Rinaldo Zeppieri fu scelto come presidente.

Il progetto del Velodromo/Centro Sociale

Il gruppo neo-costituito, dopo aver iniziato le pratiche burocratiche, promuoveva lo sviluppo della proposta del velodromo con un progetto dettagliato. Nel 1988 i fondatori predisposero una bozza di contratto di locazione per il terreno di proprietà del Comune di Vaughan e incontrarono più volte il consiglio comunale. Nel documento, denominato "Vaughan Recreational Complex Proposal", presentato al Comune di Vaughan nel 1988, l'organizzazione proponeva la costruzione di un velodromo che comprendeva, "… superfici al coperto e all'aperto per 400.000 piedi quadrati, un centro sociale con una superficie di circa 65.000 piedi quadrati che incorporava un padiglione per ospitare 750 persone, sale riunioni, un servizio di assistenza, un centro per anziani, uffici amministrativi, uffici per l'organizzazione della comunità e strutture ricreative all'aperto. L'area del sito era all'incirca di 31,4 acri, con altri 23,5 acri di bacino di raccolta per le acque piovane e una zona boschiva di circa 9,6 acri..". Nel 1989 la neo-organizzazione registrata sotto il nome di Canadian Federation of Lazio Centres firmò un accordo con il Comune di Vaughan per affittare il terreno al prezzo simbolico di un dollaro all'anno.

Nell'intervista Felix Rocca, mi ha raccontato che: "*Da parte dei club e delle associazioni c'era molto entusiasmo e grandi aspettative*

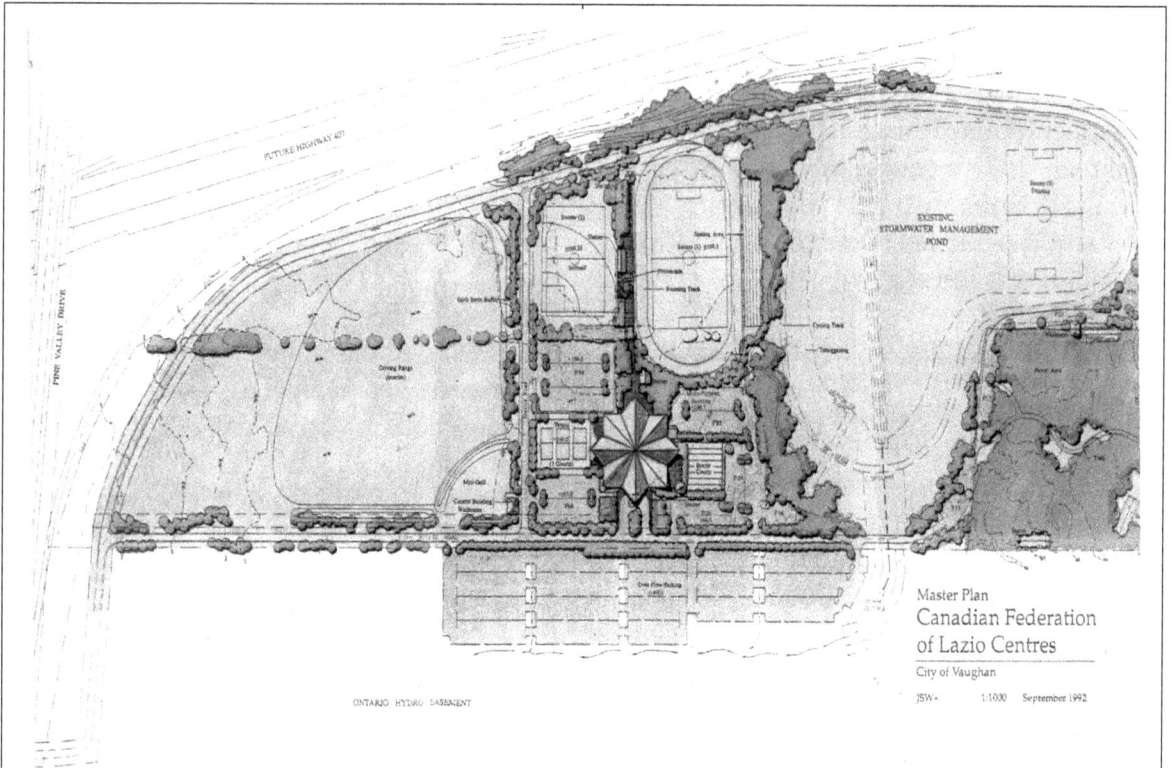

Master Plan
Canadian Federation
of Lazio Centres
City of Vaughan

JSW+   1:1000   September 1992

for $1.00 per year.

According to the interview with Felix Rocca, *"There was excitement and high expectations from the clubs and associations that a velodrome/community centre would be built. Later the provincial government of the day was allocating funds for senior centres which created another possibility."* Felix continued to explain, *"The opportunity to build an Olympic stadium (velodrome), community centre and seniors' centre all converged."* The organization was hoping to tap into these opportunities to realize its project.

The founders proceeded to various phases of project planning and design.   In 1991 trailers, to be used as temporary offices for the federation, were purchased from the CNE (Canadian National Exhibition) and moved

1992 Velodrome project design and plan of the Canadian Federation of Lazio Centres.

per il velodromo e per il centro comunitario che sarebbero stati costruiti. Il governo provinciale di allora aveva anche stanziato fondi per la costruzione di centri per anziani e questo aumentava le possibilità di riuscita. Le possibilità di costruire uno stadio Olimpico (Velodromo), i centri anziani e il centro comunitario convergevano". L'organizzazione sperava di avvalersi di queste possibilità per realizzare il suo progetto.

Successivamente i fondatori misero in atto varie fasi per mettere a punto l'idea. Nel 1991 alcuni box prefabbricati, da utilizzare come uffici temporanei per la federazione, furono acquistati presso il CNE e portati sul sito

to the proposed construction site on a parcel of land off of Pine Valley south of the 407. This entire facility was projected and timed in anticipation for the 1996 Olympic bid being won by Toronto. As a result the federation incurred significant expenses during this process of development.

Building Relationships with Clubs and Associations

The realization of this complex would require the active support of Laziali clubs and associations and the broader community. Discussions regarding developing relationships with the various clubs were in the federation's minutes in early August 1988. The organization proceeded to contact the clubs. Twenty letters of support were received from them for the presentation to be made in September to town council for the project. Other recorded minutes of the organization indicated that fundraising initiatives were needed and the topic of raising funds was constantly on the agenda.

A first general meeting with all the Laziali clubs and associations took place at the Ciociaro Club on November 13, 1988. Another general meeting was held on April 14, 1989 at Le Parc in Vaughan. More general meetings were held in 1990 and 1991 at the Columbus Centre. Among other topics, the velodrome project proposal was a main item on the agenda at these general meetings.

Felix recalled that the property required clearing and clean up. To do this, the federation asked the various Laziale clubs and associations to participate in this work. Anticipation of what this would mean for the community reached fever pitch with hopes

interessato per la costruzione a Pine Valley situato a sud della 407. L'intera struttura fu progettata in previsione dei giochi olimpici del 1996 che dovevano essere assegnati a Toronto, ne risultò un ingente costo per la federazione durante il processo di sviluppo.

Costruire i rapporti con i club e le associazioni

La realizzazione del complesso richiedeva il supporto attivo delle associazioni di Laziali e dell'intera comunità. Nei verbali dei primi di agosto del 1988, furono riportate le discussioni sullo sviluppo dei rapporti con le varie associazioni. L'organizzazione contattò i clubs e ricevette da questi venti lettere di sostegno per la presentazione del progetto al consiglio comunale prevista per il mese di settembre. Altri verbali riportano la necessità di raccogliere fondi, argomento questo sempre all'ordine del giorno dell'organizzazione.

I primi incontri con i clubs e le associazioni si svolsero il 13 novembre del 1988 al Ciociaro Club e il 14 aprile 1989 a Le Parc a Vaughan. Altri incontri furono organizzati nel 1990 e nel 1991 al Columbus Centre. Tra i vari argomenti discussi, la proposta del progetto del velodromo era sempre il tema principale all'ordine del giorno delle riunioni.

Felix ricorda che la proprietà del centro aveva bisogno di essere pulita e per farlo, la federazione chiese la collaborazione dei club e delle associazioni laziali. La previsione di ciò che l'intero progetto avrebbe significato per la comunità, creò un certo entusiasmo tra le associazioni che cominciarono a nutrire grandi speranze a riguardo.

high from the numerous participating clubs and associations.

Incorporation and Constitution

Prior to the incorporation a sub-committee of the board began drafting by-laws for the federation. By October 26, 1988 papers had been filed with the Ministry of Consumer and Commercial Relations in Ontario. At the January meeting of 1989 Felix reported that the name "Canadian Federation of Lazio Centres" had been approved and was officially incorporated January 6, 1989.

It was evident from the minutes and documents of 1988 and 1989 that there were some growing pains for the fledgling organization. Questions were raised as to procedural protocols and electoral processes for the new entity by some of the members. This ambitious project produced both significant financial risk and complexities for decision-making. A sub-committee was formed to review the constitution in an attempt to clarify some of the decision-making procedures. Changes were made to the by-laws in 1990/1991 to address the concerns raised.

Raising Funds and Other Activities

The founding members showed a strong commitment to the federation. It was recorded in the August 16, 1988 minutes that every board member, except for one, contributed $1,000 to the organization. This money was to help cover incidental expenses, such as stationary, and to pay consultant fees and other costs for the project, which had

Costituzione e registrazione

Già prima della costituzione un sottocomitato aveva iniziato a redigere uno statuto per la costituzione ufficiale della federazione. Il 26 ottobre 1988 i documenti per la registrazione furono depositati presso il Ministry of Consumer and Commercial Relations in Ontario. Durante la riunione del gennaio 1989 Felix riferì che il nome " Canadian Federation of Lazio Centres " era stato approvato e l'organizzazione era stata registrata il 6 di quello stesso mese.

Dai verbali e dai documenti degli anni 1988-1989 emergono alcune difficoltà a proposito dello sviluppo della neonata federazione come le domande poste da alcuni dei membri riguardo alla rappresentatività interna all'associazione. Inoltre un progetto tanto ambizioso comportava un importante rischio finanziario e una certa complessità nelle decisioni da prendere. A tal fine fu formata una sotto-commissione per rivedere lo statuto e chiarire alcune delle procedure decisionali, che nel 1990/1991 apportò le modifiche necessarie.

La raccolta di fondi ed altre attività

Dal verbale del 16 agosto 1988, si evince che i soci fondatori mostrarono un forte impegno per la federazione, infatti, tutti i soci eccetto uno, versarono un contributo di 1.000 dollari all'organizzazione. I fondi erano destinati a coprire costi come le spese fisse, i costi di consulenza e quelli di progettazione.

La raccolta dei fondi per coprire le spese era un tema costante nell'agenda del consiglio. I verbali riportano di una serata danzante

begun to mount up.

Fundraising to cover the expenses was a constant theme on the agenda of the board. The records show that there had been a dinner dance held as early as June 18th, 1988 to raise money. The newly minted federation raised $2,789 at this event. Another fundraiser was a stag night, titled 'Serata Laziale' held Oct. 27, 1988 at which $10,563.52 was raised. This was the largest amount raised, on record during those early years.

Development and Programs through Regione Lazio

Over time it appeared that most of the fundraising and activities of the federation became closely tied to the programs funded by Regione Lazio. The records of August 1988 showed that the late Leonardo Cianfarani and Antonio Porretta, both founding members, facilitated contact with Regione Lazio, Italy. Leonardo Cianfarani informed the new group about possibilities of events sponsored by Regione Lazio, to be facilitated by the federation. He proposed Moda Musica theatre and an opera. The music presentation of 'La Serva Padrona' and La Dirindina" with singers and musicians from Italy took place on September 10, 1988 at Father Bressani Catholic High School. The minutes of September 20, 1988 stated that the opera netted the federation $1,485.00. Another sponsored event called "Italy in Canada" netted the organization $3,500. Beginning from 1988 a regular agenda item is found *"Ongoing Business with Italy (Region of Lazio)"* reported by Antonio Porretta.

The consultore for Regione Lazio, Antonio Porretta, has been the liaison and contact

tenuta i primi di giugno 1988, nel corso della quale la neo-federazione raccolse 2.789 dollari. Un'altra iniziativa per raccogliere fondi, denominata "Serata Laziale", fu organizzata il 27 ottobre 1988 e permise di raccogliere 10.563,52 dollari. Stando a quanto riportato dai documenti, quest'ultima fu la più alta somma ottenuta in quei primi anni.

Lo sviluppo e le attività con la Regione Lazio

Col passare del tempo la maggior parte delle attività e delle raccolte di fondi sembravano essere sempre più legate ai rapporti con la Regione Lazio. I verbali dell'agosto 1988 riportano, ad esempio, che Leonardo Cianfarani, purtroppo scomparso e Antonio Porretta, entrambi soci-fondatori, tenevano i contatti con la Regione Lazio in Italia. Leonardo Cianfarani, che informava i colleghi circa la possibilità di organizzare alcuni eventi finanziati dalla Regione Lazio, propose lo spettacolo Moda Musica e un'opera teatrale. Il 10 settembre 1988 si tennero le opere "La serva padrona" e "La Dirindina" con cantanti e musicisti italiani presso la scuola Father Bressani Catholic High School. Dai verbali del 20 settembre dello stesso anno risulta che l'opera fruttò alla federazione 1.485.00 dollari. Un altro evento finanziato dalla Regione e denominato "Italy in Canada" fruttò 3.500,00 dollari. A partire dal 1988 all'ordine del giorno veniva inserito regolarmente il seguente punto: "Rapporti in corso con l'Italia (Regione Lazio)" relazionato da Antonio Porretta.

Quest'ultimo, consultore della Regione Lazio, è stato il contatto con l'ente regionale sin dal 1988 e l'unico consultore incaricato

with the 'regione' since 1988. He has been the only consultore appointed for Regione Lazio over the last twenty-three years. His role was one intrinsically connected to the Lazio Federation of Ontario for that period of time.

On Feb. 21, 1989 in the minutes a report from Antonio Porretta was recorded. It stated that the theatre production, Sorelle Materassi, was being offered through Regione Lazio and available to the federation. In the same minutes there was also reference made to a performance by Vittorio Gassman. A public announcement of this performance was found on a spreadsheet of events of the Columbus Centre. This event was also sponsored by Regione Lazio and organized by the federation. The revenues from these events were not in the records reviewed.

As the organization moved forward the role and function of the Canadian Federation of Lazio Centres was clarified at a meeting of the board on the March 7, 1989. The minutes stated: "… *Ron Zeppieri, president, clarified for those in attendance that the Federation had two objectives 1) The Federation is a body unifying all the clubs and associations 2) The Velodrome project and its availability to the Laziale community and the community at large…*" Ron Zeppieri pegged cost for the velodrome project at $65 million in the minutes of this meeting.

At the same time the rapport and link between Regione Lazio and the federation, through the consultore, moved forward. The April 11, 1989 minutes indicated that … "*president R. Zeppieri had met with Roberto Carignano at Regione Lazio in March of 1989…*" and Ron Zeppieri's report stated, *"Italy does*

dalla stessa negli ultimi ventitre anni. Il suo ruolo è stato intrinsecamente connesso con la Lazio Federation of Ontario per tutto il periodo.

Nel verbale del 21 febbraio 1989 è riportato un intervento di Antonio Porretta, nel quale egli afferma che lo spettacolo teatrale "Le sorelle Materassi" era stato offerto dalla Regione Lazio e messo a disposizione della federazione. Nello stesso verbale si fa riferimento ad uno show di Vittorio Gassman pubblicizzato anche nel programma di eventi del Columbus Centre. Anche questo evento era finanziato dalla Regione Lazio e organizzato dalla federazione. Le entrate di entrambi gli eventi, però, non sono state riportate nei verbali.

Col procedere dell'organizzazione furono chiariti il ruolo e la funzione della Canadian Federation of Lazio Centres nel corso della riunione consiliare del 7 Marzo '89. Il verbale riporta che "... il presidente Ron Zeppieri ha chiarito ai presenti che la Federazione aveva due obiettivi 1) La Federazione è un organo unificante per tutti i club e le associazioni 2) Il progetto del Velodromo e la sua disponibilità per la comunità Laziale e la comunità in generale ..." Ron Zeppieri riportò nello stesso verbale anche il costo di 65 milioni di dollari preventivato per il progetto del Velodromo.

Allo stesso tempo i rapporti tra la Regione Lazio e la federazione andavano avanti attraverso il consultore. Dal verbale dell'11 aprile '89... si evince che "...il presidente R. Zeppieri si era incontrato con Roberto Carignano presso la Regione Lazio nel marzo dell'89..". e lo stesso presidente dichiarava, "L'Italia ci riconosce come federazione, e tutti gli altri club e associazioni devono

recognize us as a federation, and all other clubs and/or associations are to go through our federation as per the Region of Lazio." More programs were also forthcoming from the 'regione'. In the same records it stated: "*The theatre company 'la Tamorra' will be in Toronto on May 23, 1989, to perform 'Sorelle Materassi' at Roy Thompson Hall. Tony Porretta is presently in Italy finalizing details... The organizations involved for this event are: Congresso Italiano, Istituto di Cultura, Centro Scuola, and the Canadian Federation of Lazio Centres. Assisting Tony Porretta with this project is Melina Zeppieri...*" It appears from verbal accounts that this was a great success with a large audience at Roy Thompson Hall. There were no financial accounts for this event in the

passare attraverso la nostra federazione, come stabilito dalla Regione Lazio...". Nello stesso periodo si svolsero altre attività culturali offerte dalla Regione Lazio. Difatti nello stesso verbale si riportava che: "la compagnia teatrale 'La tammorra' sarà a Toronto il 23 maggio 1989, per eseguire 'Sorelle Materassi' alla Roy Thompson Hall. Tony Porretta è attualmente in Italia per la messa a punto dei dettagli ... Le organizzazioni coinvolte per questo evento sono: il Congresso Italiano, l'Istituto di Cultura, il Centro Scuola e la Canadian Federation of Lazio Centres. Assistente di Tony Porretta, per questo progetto è Melina Zeppieri ..". Mi è stato riferito verbalmente che l'evento ebbe un grande successo di pubblico e una grande audience alla Roy Thompson Hall, benché dai documenti consultati non sia riportato il piano finanziario dell'evento.

Altri progetti sovvenzionati e offerti dalla Regione Lazio furono sottoposti al consiglio di amministrazione della federazione. Questi progetti nascevano in gran parte dal ruolo cardine del signor Porretta come 'consultore' e dai suoi rapporti con la Regione Lazio. Il verbale del 29 agosto 1989 riporta: "...il Sig. Porretta ha segnalato alla Federazione che tutti i club erano stati informati circa il viaggio per gli anziani in Italia, promosso dalla Regione Lazio...". Si tratta del primo documento riguardante i viaggi per anziani e giovani sovvenzionati dalla Regione Lazio. Nel verbale si continua attestando che "...Il sig. Cianfarani ha informato il consiglio della Federazione circa il fatto che la Regione Lazio è disposta a sostenere finanziariamente tre eventi e che le richieste vanno effettuate per iscritto...".

1989 Sorelle Materassi event sponsored by Regione Lazio, Italy.

documents reviewed.

Other programs offered by Regione Lazio were presented to the board of the federation. These programs were facilitated by Mr. Porretta as "consultore" and his contacts at Regione Lazio. The minutes of August 29, 1989 state: "...*Mr. Porretta reported to the Federation that all clubs had been informed about the trip for seniors to Italy sponsored by Regione Lazio...*" This is the first record of the senior trip being provided by Regione Lazio. The minutes continued to show other programs available from Italy: "...*Mr. Cianfarani informed the board of the Federation that Regione Lazio was prepared to financially support three events and that the requests be made in writing...*"

The federation did not accept every program offered by Regione Lazio. Recorded on January 23, 1989 the new board of the federation decided there would be no commitment to engage in the event called "Italy on Stage" until there were more specific details and cost projections ensured. Although there were many benefits regarding the programs from Regione Lazio, often the details from Italy for financing them were not given till the very last minute. Many times the 'regione' asked for the initiative to be paid up front by the receiving community, and then, the funding would be forthcoming. This became a logistical nightmare for anyone who was organizing the event in Canada.

The federation also hosted numerous dignitaries from Italy. The May 2, 1989 minutes recorded the hosting of Italian government officials, the Hon. Volpone as well Hon. Troija. May 27, 1989 minutes show that the hosting of these dignitaries

La federazione non ha accettato tutti i programmi offerti dalla Regione Lazio. Nel verbale del 23 gennaio 1989 il nuovo consiglio della federazione decise che non si sarebbe impegnato con l'evento denominato "Italy on stage" finché non sarebbero stati forniti maggiori dettagli sui costi. Infatti, benché dagli eventi derivassero molti vantaggi, spesso le specifiche sui finanziamenti non venivano date se non all'ultimo minuto. Molte volte la regione chiedeva che l'iniziativa fosse finanziata anticipatamente dall'associazione ricevente che sarebbe stata, poi, rimborsata in un secondo momento. Tutto ciò comportava problemi logistici per chi organizzava l'evento in Canada.

La federazione ha ospitato anche molte autorità italiane. I verbali del 2 maggio 1989 riportano che i rappresentanti del governo italiano, l'On. Volpone e l'On. Troija, erano stati ospiti della Federazione. Nel verbale del 27 maggio 1989, invece, è registrato che ospitare queste autorità aveva avuto per la federazione un impatto finanziario negativo di 540,00 dollari.

Nel dicembre 1989 una lettera inviata dal Consultore Antonio Porretta alle associazioni le informava che il primo viaggio studio per giovani si sarebbe svolto nell'estate del '90. Nella lettera si proponeva alla federazione il ritorno di Moda Musica a Toronto e di organizzare una settimana italo-laziale con un'esposizione di prodotti tipici, artigianato e moda italiani.

La nascita della federazione ha segnato l'inizio degli eventi culturali e dei programmi finanziati dalla Regione Lazio. Benché non

had a financial impact to the federation of a $540.00 loss.

On December of 1989, a letter from Consultore Antonio Porretta to the associations informed them of the first student trips for youth which were to begin in the summer of 1990. In that letter it was proposed to the federation to have Moda Musica return to Toronto and to organize a week of Italian/Laziale culinary products and showcase art and fashion from Italy.

The birth of the federation marked a beginning of the cultural events and programs sponsored by Regione Lazio. The Federation of Lazio Centres with the active involvement of the consultore saw these programs facilitated. However not all these initiatives were organized by the federation. At times the federation worked closely with the consultore to organize these events and at times the consultore organized the events with other collaborators. It becomes less important to differentiate who organized the activities and more important to highlight that these events took place. This created a positive image of the Lazio Federation as an active, vibrant organization.

The Laziali Clubs and Associations benefited from the programs sponsored by Regione Lazio. These events provided cultural enrichment to those who attended and participated. The more popular programs were the trips to Italy for seniors and youth. These programs provided for the seniors another opportunity to revisit their place of origin. For the youth, these trips provided the possibility to study Italian and discover the heritage of their parents and grandparents. The trips lasted from 1990 to 2009.

tutte le iniziative fossero organizzate dalla Federation of Lazio Centres, essa insieme con il coinvolgimento attivo del consultore, agevolava molti di questi programmi. A volte la federazione lavorava con il consultore, altre volte era il consultore stesso ad organizzare gli eventi insieme con altri collaboratori. Quello che è importante ricordare non è tanto chi organizzava le attività, quanto il fatto che esse siano state svolte e che la Federazione Laziale ne abbia tratto la positiva immagine di organizzazione dinamica.

Le associazioni e i clubs beneficiavano dei programmi sponsorizzati dalla Regione Lazio, mentre le attività a loro volta apportavano un arricchimento culturale per coloro che vi prendevano parte. I soggiorni in Italia per anziani e giovani, svolti dal 1990 al 2009, erano tra le iniziative più note. Essi avevano una doppia utilità: gli anziani avevano l'occasione di rivisitare il loro luogo di origine, mentre i giovani potevano studiare l'italiano e scoprire il patrimonio culturale dei genitori e dei nonni.

La federazione continuava, intanto, ad aggiungere nuovi membri al consiglio e ad avere nuove adesioni. Nel gennaio del 1990, nel corso dell'assemblea annuale, furono aggiunti al consiglio i seguenti membri: Vittorio Zanella, Joe Capogna, Anna Maria Bravo, Amato Fiacco, Rocco Catenacci e Tony Baldassarra. A settembre del 1991 la Federazione aveva raggiunto le trentatré associazioni membri.

Il lavoro della federazione e del consultore continuava. Una lettera del consultore del 24 giugno 1991 ricordava alla federazione e alle associazioni la Laziale Week che avrebbe promosso prodotti tipici del Lazio

> **CANADIAN FEDERATION OF LAZIO CENTRES**
> e
> **L'ISTITUZIONE MUSICALE SUBLACENSE**
> DEL CENTRO PERMANENTE INIZIATIVE POPOLARI
> PRESENTANO
> Direttamente dall'Italia
> # LA SERVA PADRONA
> di GIOVANNI BATTISTA PERGOLESI
> — OPERA BUFFA IN DUE PARTI —
> E
> # LA DIRINDINA
> musica di DOMENICO SCARLATTI
> — COMIC OPERA IN DUE PARTI —
> *PICCOLO TEATRO MUSICALE DA CAMERA ITALIANO*
> *E L'ORCHESTRA DA CAMERA ESTRO ARMONICO*
> Conduttore: Fernando Stefanucci
> Sabato, 10 settembre, 1988 ore 7:00 p.m.
> **FATHER BRESSANI CATHOLIC HIGH SCHOOL**
> 250 Ansley Grove Road Woodbridge, (Toronto), Canada
> Ingresso: $10.00
>
> **Artisti**
> *Elisabetta Gutierrez*
> SOPRANO
> *Gianni Socci*
> BASSO
> *Gian Franco Mari*
> UOMO E SOPRANISTA
> *Maria Antonietta Fontana*
> CLAVICEMBALO
> *Cristina Mecci*
> REGIA
> *Antonio Grieco*
> SCENOGRAFIA
> *Sartoria Casa d'Arte Vjolanda*
>
> **Patrocinatori**
> Regione Lazio
> Assessorato Lavoro e Emigrazione
> Comune di Subiaco
> Provincia di Roma
> Assessorato alla Cultura
> "Laziali nel Mondo"

1988.09.10 Cultural Events sponsored by Regione Lazio.

The federation continued to add members to the board and to gain new club memberships. In January 1990, at the annual general meeting, new people were added to the board: Vittorio Zanella, Joe Capogna, Anna Maria Bravo, Amato Fiacco, Rocco Catenacci and Tony Baldassarra. By September of 1991 the membership of the Federation had swelled to thirty-three Laziali organizations.

The work of the federation and of the consultore continued. A letter from the consultore on June 24, 1991 reminded the federation, clubs and associations of the Laziale Week which would promote a variety of food products from that region in Italy as well as exhibits and music. The folk group from Prossedi was scheduled to entertain. Laziale week was scheduled for the 3rd and 4th of August 1991, all sponsored by Regione Lazio. This event was imbedded into the Woodbridge Italian Festival. Mr. Porretta called it "... *a grand week....where the image of our Regione and of Laziali can*

con esposizioni e musica. L'intrattenimento musicale sarebbe stato tenuto dal gruppo folk di Prossedi. L'iniziativa, inserita nel Festival Italiano di Woodbridge, era fissata per il 3 e 4 agosto 1991 ed era promossa dalla Regione Lazio. Il Sig. Porretta ha definito l'evento "...una grande settimana, quindi... sì che l'immagine della nostra Regione e dei laziali si rafforzi e si affermi sempre di più ...". Sembra che la federazione non fosse stata coinvolta nell'organizzazione dell'evento. Poco dopo la manifestazione, il dottor Boccia, allora presidente, inviò una lettera per chiarire ai soci che per il Festival Italiano di Woodbridge e per la Settimana Laziale del mese di agosto, la federazione non era stata coinvolta, ma vi avrebbe preso parte solo in qualità di ospite.

Nello stesso anno il Consultore Antonio Porretta riferiva alla federazione di altre attività offerte dalla Regione Lazio. Un'altra lettera del consultore del 5 ottobre 1991 annunciava che il corpo di ballo de "I

be showcased with the typical environment which distinguishes us from others... "(translated from the Italian). It appears the federation was not involved in facilitating this event. Shortly after this event Dr. Boccia, the president, sent out a letter to clarify to the membership that the federation was not involved in organizing 'Laziale Week' at the Woodbridge Italian Festival and was only in attendance.

Later that year Consultore Antonio Porretta communicated to the federation more cultural activities offered by Regione Lazio. The consultore's letter of October 5, 1991 announced a dance troupe of 'I Danzatori Scalzi' directed by Patrizia Cerroni would be in Toronto. In the same communiqué the federation and the clubs and associations were also requested to participate in pre-conferences in Ontario. These would be followed by a national conference to select individuals who would attend the worldwide conference on emigration in Rome in 1992.

Change and Failure to Realize Building Project

The ongoing work and discussion regarding the velodrome also continued in 1992. By 1993 there was an attempt to look at the possibility of building a senior's residence called Lazio Place. The work for the project was a constant discussion for the federation board. At the same time the programs from Regione Lazio became another focus for the organization. There was significant participation from the community in the activities offered by Regione Lazio.

By 1994 it started to become clear that the realization of the velodrome/community

Danzatori Scalzi", diretto da Patrizia Cerroni, si sarebbe esibito a Toronto. Nella stessa comunicazione si invitavano la federazione, i club e le associazioni a partecipare alle pre-conferenze previste in Ontario. A queste sarebbe seguita una conferenza nazionale, nel corso della quale sarebbero stati scelti i rappresentanti da inviare alla conferenza mondiale sull'emigrazione prevista a Roma per il 1992.

Cambiamenti e il fallimento del progetto

Nel contempo anche i lavori e i dibattiti riguardo al Velodromo andavano avanti e nel 1993 fu avanzata la proposta di costruire una residenza per anziani con il nome di Lazio Place. Il lavoro per il progetto era costantemente discusso dal consiglio della federazione, ma allo stesso tempo, le iniziative con la Regione Lazio diventavano un settore importante, con una significativa partecipazione da parte della comunità a gran parte degli eventi.

Nel 1994 cominciò ad essere sempre più evidente che il progetto del Velodromo e del centro non sarebbe stato realizzato. Secondo Felix, un fattore importante per il fallimento del progetto fu la mancanza di fondi e di assistenza finanziaria non solo da parte del governo del momento, ma della comunità laziale in generale. Ciò causò una certa perdita di credibilità e disillusione verso la federazione.

Le associazioni e i club membri si sentirono sconfortati dall'intero processo. Da quanto appreso da molti di coloro che sono stati intervistati per questo lavoro, i rappresentanti delle associazioni e dei club hanno parlato di questa fase iniziale della federazione con un

centre project would not happen. According to Felix, an important factor in the failure to realize this project was the lack of funding and financial assistance, not only from the government of the day, but the Laziale community in general. This caused a loss of credibility and disenchantment with the federation.

The member clubs and associations felt let down by the whole process. From the perspective of many interviewed for this work, the representatives of the clubs and associations spoke of this initial phase of the federation's history with disappointment.

Felix Rocca summarized that in the early days of the federation, the velodrome/community centre project was the main impetus to create the organization. In turn this was the catalyst for the federation to bring together Laziali clubs and associations. At the same instance, the programs from Regione Lazio, facilitated through the consultore, also became an important facet in the development of the federation.

Since its founding the presidents of the federation have been: Ron Zeppieri, Aldo Boccia, Enio Zeppieri, Antonio Porretta, Felix Rocca, Vittorio Coco, Amerigo Mazzoli, Vittorio Scala, Liliana Guadagnoli, Caroline Di Cocco. In 2011 Vittorio Coco was returned as president.

More Recent Developments

On February 25, 2011, I met with Vittorio Scala who served as president from 2002 to late summer of 2008. He described the activities of his tenure as president: *"We sponsored Italian classes for adults. Through*

certo disappunto.

Felix Rocca ha riassunto dicendo che nei primi giorni della federazione, il progetto del velodromo era stato il motivo principale per la sua creazione. e lo spunto per riunire le associazioni laziali, ma contestualmente i programmi della Regione Lazio, organizzati attraverso il consultore, diventarono un aspetto preponderante nella vita della federazione.

A partire dalla sua fondazione i presidenti della federazione sono stati: Ron Zeppieri, Aldo Boccia, Enio Zeppieri, Antonio Porretta, Felix Rocca, Vittorio Coco, Amerigo Mazzoli, Vittorio Scala, Liliana Guadagnoli, Caroline Di Cocco. Nel 2011 Vittorio Coco è stato rieletto.

Gli sviluppi più recenti

Vittorio Scala che è stato presidente della Federazione dal 2002 al 2008, mi ha descritto le attività con la padronanza di un presidente: "Abbiamo finanziato corsi di italiano per adulti. Grazie all'assistenza finanziaria della Regione Lazio, i viaggi per gli anziani e per i giovani sono stati organizzati ogni anno nel corso del mio mandato". Con la collaborazione di Chiara Conetta Sgroi è stato coinvolto, in maniera attiva, un alto numero di giovani. Chiara, infatti, ha sviluppato criteri obiettivi per la partecipazione ai viaggi giovanili. Secondo Vittorio: "Molti anziani e giovani hanno beneficiato di questa esperienza"

Sotto la guida di Vittorio, la Lazio Federation of Ontario ha organizzato conferenze con vari temi sull'immigrazione, per le quali anche il consultore era coinvolto. Una di queste

the financial assistance of Regione Lazio, senior and youth trips continued each year of my term." With the assistance of Chiara Conetta (Sgroi) youth were actively engaged on a larger scale. She developed objective criteria for participation in the youth trips. According to Vittorio, *"Many seniors and youth have benefited from the experience."*

During Vittorio's leadership, The Lazio Federation of Ontario organized conferences with various themes on immigration. The consultore was also actively involved in facilitating them. One was held October 2, 2004 titled "Laziali Nel Mondo". At the initial conference a delegation from Regione Lazio was present, led by Assessore Formisano. There was significant feed back from youth who participated. The main message was to strengthen communication and information coming from Regione Lazio. In 2006 the federation held a conference on youth. Vittorio recalls that there were eighty to ninety youth who participated in a workshop. A document resulted with a number of proposals and recommendations. Representatives from some of these conferences were invited to attend discussions on emigration in Rome. These forums provided, to the participants, an opportunity to discuss communication, cultural matters, and ties between the Italian and Canadian realities.

The federation facilitated other events that brought Laziale clubs and associations together. Since its founding it has sponsored at least three workshop/conferences on the topic of Fr. Bressani. The first was on October 6, 7, 8, 1989, called the 'International Symposium on the Cultural Identity of Italian Canadians', organized by Fondazione Migrantes, U.C.E.I. Canadian Federation

fu organizzata il 2 ottobre 2004 e intitolata "Laziali nel mondo". Alla conferenza iniziale era presente una delegazione della Regione Lazio guidata dall'Assessore Formisano. Ci furono interessanti feed back da parte dei giovani presenti, la cui richiesta più importante riguardò il rafforzamento della comunicazione con la Regione Lazio. Nel 2006 la federazione tenne una conferenza sui giovani. Vittorio ricorda che ad uno dei workshops erano presenti dagli ottanta ai novanta giovani. In quell'occasione fu elaborato un documento contenente una serie di proposte e raccomandazioni. Alcuni rappresentanti di questi convegni furono, poi, invitati a partecipare alla Conferenza sull'emigrazione a Roma. Una serie di incontri che offrì ai partecipanti l'opportunità di discutere la comunicazione, i problemi culturali e i legami tra la realtà italiana e quella canadese.

La federazione ha sostenuto anche altre manifestazioni fra le associazioni e i clubs. Ad esempio essa ha sponsorizzato almeno tre workshop o conferenze su Padre Bressani. Il primo, 'Simposio internazionale sull'identità culturale degli italo-canadesi', si tenne dal 6 all'8 ottobre 1989 e fu organizzato dalla Fondazione Migrantes, dall'UCEI e dalla Canadian Federation of Lazio Centres. Membri del comitato coordinatore erano: Rev. Eugenio Filice, prof. Franco Sturino, Tony Nigro, Leonardo Cianfarani. Un'altra conferenza su Bressani si tenne il 7 ottobre 2007 con i relatori Pietro Vitelli, Frank Spezzano e Bruno Magliocchetti. L'ultima si è tenuta nel 2010 insieme con l'UCEMI di Toronto. Tutte conferenze che hanno contribuito a diffondere l'eredità storica di Padre Bressani.

of Lazio Centres. The members of the coordinating committee were; Rev. Eugenio Filice, Prof. Franco Sturino, Tony Nigro, Leonardo Cianfarani. Another conference on Bressani was held on October 7, 2007 with guest speakers Pietro Vitelli, Frank Spezzano and Bruno Magliocchetti. The last one was held in 2010 in conjunction with the UCEMI organization of Toronto. These conferences facilitated by the federation, promoted to the community, the historical legacy of Fr. Bressani.

In 2006, activities sponsored by Regione Lazio continued. A polyphonic choir from Ceccano, performed in Vaughan. The federation organized Lazio Week exhibiting produce, from that Italian region

Nel 2006 le attività sponsorizzate dalla Regione Lazio andavano avanti. Il coro polifonico di Ceccano si esibì a Vaughan. La federazione organizzò la Lazio Week, nel corso della quale espose i prodotti della regione italiana e ne promosse il turismo culturale. La manifestazione culminò con un grande Gala finale. Tutte le attività culturali finora descritte sono state organizzate a beneficio della comunità laziale qui in Canada e molte di esse sono state iniziate o proposte dal Consultore Antonio Porretta. Dal 1988, insomma, la federazione agisce come tramite per organizzare, per e con il consultore, i programmi e gli eventi sponsorizzati dalla Regione Lazio.

Come è stato vissuto dai molti che hanno

2010 Father Bressani High School students given awards by Federation president for best essay on history of Jesuit Father Bressani.

and promoted its cultural tourism. This culminated with a large Gala event. These cultural initiatives were done for the benefit of the Laziale community here in Canada. Many of these activities were initiated or proposed by Consultore Antonio Porretta. Since 1988 the federation acted as a conduit to organize for and with the consultore the programs and events sponsored by Regione Lazio.

As has been experienced by so many who have led the federation, numerous volunteer hours, commitment and an active board have been crucial in realizing the events and programs of the organization. Vittorio Scala also highlighted that the board met once a month. He conveyed his appreciation and gratitude to board members who worked cohesively and constructively for the federation while he was president.

The Lazio Federation of Ontario rented a clubhouse facility called "Lazio Place", on Dufferin Street in Vaughan, Ontario. This location was made possible through the assistance of regional councillor of Vaughan, Mario Ferri and President Vittorio Coco in 2001/2002. Meetings of the federation continue to be held at Lazio Place. Other clubs and groups also use the facilities. The grounds provide a space for picnics and other gatherings. From time to time there had been a reawakening of the possibility to build a Laziale community centre. For now, this notion has been put to rest with the realization that the opportunity has long passed.

Over the history of the federation many events and activities provided the forum to bring together the collective Laziale community, in Ontario. Because of the

guidato la federazione, tante ore di lavoro volontario, impegno e un consiglio attivo sono stati cruciali per realizzare gli eventi e i programmi dell'organizzazione. Vittorio Scala ha sottolineato che il consiglio si incontrava una volta al mese. Lo stesso Vittorio ha espresso il suo apprezzamento e la sua gratitudine ai membri del consiglio che hanno lavorato in maniera coesa e costruttiva per la federazione durante la sua presidenza.

La Lazio Federation of Ontario ha in affitto una struttura chiamata Lazio Place, sulla Dufferin Street a Vaughan in Ontario. Questa sistemazione è stata possibile grazie all'assistenza del consigliere regionale di Vaughan Mario Ferri e del Presidente Vittorio Coco tra il 2001-2002. Al Lazio Place continuano a tenersi le riunioni della federazione e altri club e gruppi utilizzano la struttura, che offre ampi spazi verdi per pic nics e incontri all'aperto. Più volte è stata riconsiderata la possibilità di costruire un centro sociale per i laziali. Per ora, questa idea è stata messa da parte con la consapevolezza che questa possibilità è passata da tempo.

Nel corso della storia della federazione le tante manifestazioni hanno offerto uno spazio alla comunità laziale dell'Ontario per incontrarsi. Grazie al lavoro dell'organizzazione molti hanno potuto apprezzare e sperimentare il loro patrimonio culturale e prendere parte ai dibattiti sull'immigrazione.

Rivalutazione del mandato e della funzione della federazione

Negli anni 2009-2010 sono stata eletta presidente della Lazio Federation of Ontario e abbiamo iniziato un processo di revisione della sua funzione. La guida dell'organizzazione

work of the federation many have enjoyed and experienced their cultural heritage and participated in discussions of immigration.

Review of the Manadate and Function of the Federation

During the years 2009 and 2010 I was elected president of the Lazio Federation of Ontario. During this period the federation underwent a review of its mandate.   The leadership of the organization felt there was a need to re-evaluate the role and clarify the objectives of the federation. More general meetings were held to discuss renewal of the organization and to address the need to garner stronger support from its member clubs and associations.

In March of 2009 the newly elected board called a special meeting of all the Laziali clubs and associations to discuss how the federation could better meet their needs. This brainstorming session was helpful in bringing to light that this organization needed to transform itself in order to stay relevant in this new era of the 21st century.

On a similar topic on November of 2009, as president of the Lazio Federation of Ontario, I invited representatives of the other regional federations to a meeting. We discussed issues of mutual interest such as; renewal, change and relevance as umbrella organizations. There was a consensus regarding the fact that the work of the federations must be approached in the context of the changed Italian–Canadian society in Canada. The outcome of these meetings was, that collective strategies were needed for renewal among the organizations. Without renewal and transformation Italian-Canadian federations, clubs and associations were becoming less and less relevant for the

sentiva il bisogno di rivalutare il suo ruolo e chiarire i suoi obiettivi. Furono organizzati alcuni incontri per discutere del rinnovo dell'organizzazione e affrontare la necessità di raccogliere un maggiore sostegno da parte delle associazioni membri.

Nel marzo del 2009 il nuovo consiglio fu chiamato ad un incontro straordinario di tutte le associazioni Laziali per discutere della modalità con cui la federazione potesse andare incontro alle loro esigenze. In quell'assemblea fu messa in evidenza la necessità di rinnovamento per adeguarsi al XXI secolo.

Nel novembre del 2009, in qualità di presidente della Lazio Federation of Ontario invitai i rappresentanti di varie federazioni regionali per un incontro, nel corso del quale si discusse del rinnovo, del cambiamento e della rilevanza di queste organizzazioni ad ombrello. Tutti furono d'accordo sul fatto che il lavoro delle federazioni doveva essere analizzato in un contesto sociale, italo-canadese, profondamente modificato. Gli incontri si conclusero con la decisione comune che per il rinnovo delle organizzazioni era necessario porre in atto delle strategie condivise, perché senza adeguamenti le federazioni, i clubs e le associazioni, rischiavano di diventare sempre meno rilevanti per le generazioni del XXI secolo.

A dispetto di questa situazione apparentemente incerta, le associazioni e i clubs membri, per la maggior parte, appoggiarono l'idea di una federazione con uno scopo rinnovato. Dopo molti incontri essi furono d'accordo nel voler vedere la Federazione andare avanti. La realtà metteva il consiglio e i soci dinanzi

generation in the 21st century.

In spite of the uncertain situation, the member clubs and associations, for the most part, supported the concept of a federation with a renewed focus. After numerous meetings they agreed that they would like to see it continue into the future. These realities challenged both the board and membership to look at how the organization could better serve the needs of the clubs and associations in the 21st century in Canada. These discussions, though difficult, were a constructive process.

The Present and the Future

Regarding the future of the Lazio Federation of Ontario, Vittorio Scala pointed out: *"The first generation of Italian immigrants who began the work of the Italian-Canadian organizations are ageing and there is no succession with a younger generation."* Italian-Canadian youth may not relate to the initiatives of the federation. It is a well-known reality that beyond the first generation of immigrants, the successive ones have integrated more completely into Canadian society. *"It is difficult,"* in Vittorio's view, *"for this second and third generation to relate to the Italianità, which the federation promotes and stands for."*

Vittorio Scala reinforced the reason for the founding of Italian-Canadian social clubs was a way to stay connected with one another and recreate familiar customs from back home. He reiterated, *"The reality of integration in Canada has changed our children and us. Integration and how we have evolved in Canada is not what the activities of many Italian-Canadian/Laziali organizations tend to represent. They retain a*

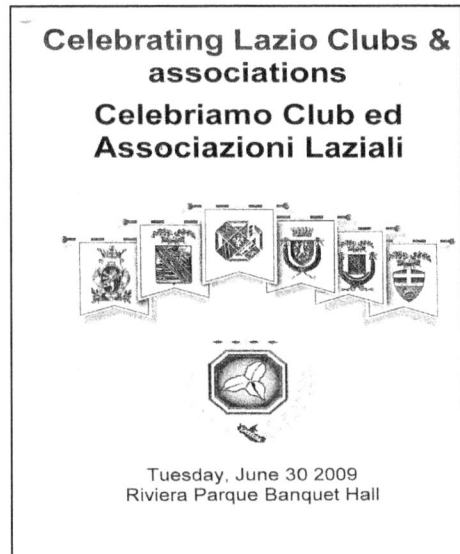

Celebrating Lazio Clubs & associations

Celebriamo Club ed Associazioni Laziali

Tuesday, June 30 2009
Riviera Parque Banquet Hall

alla sfida di capire come l'organizzazione potesse rispondere meglio alle esigenze delle associazioni del XXI secolo. L'intero dibattito appariva difficile, ma costruttivo.

Il presente e il futuro

Per quando riguarda il futuro della Lazio Federation of Ontario Vittorio Scala ha puntualizzato: "La prima generazione di immigrati italiani che hanno fondato le organizzazioni italo-canadesi è anziana e non c'è successione con una generazione più giovane". La gioventù italo-canadese non si identifica con le iniziative della federazione. E' ben noto che, al contrario della prima generazione, quelle successive sono completamente integrate nella società canadese. "E' difficile", secondo Vittorio Scala, "per la seconda e terza generazione identificarsi con l'italianità promossa e rappresentata dalla federazione".

Vittorio Scala ha ribadito che la ragione della creazione dei clubs italo-canadesi era quella di stare in contatto l'uno con l'altro

past depicting the time of immigration, which no longer exists." He expressed his view that the Lazio Federation of Ontario needs to adapt and change to meet the new reality of Italian-Canadian society in order to survive. Having said that, Vittorio admits that he does not know what that change might look like.

Since 2010 Regione Lazio no longer sponsors youth and seniors trips to Italy. Sponsored cultural events from the 'Regione' have diminished. This is evidence that the ties to Italy have changed. The emigration legacy of Italian-Canadians is an important aspect in the annals of history, but no longer represents the current condition of Italian-Canadians.

The federation has played a valuable role in promoting and showcasing cultural activities from Regione Lazio since 1988. Because of the many changed circumstances, the future of the federation poses many questions. Will the federation be able to transform itself to meet the challenges and changes for the future? Will it garner the much needed support, from the clubs and associations to sustain itself?

e ricreare i costumi del luogo d'origine. Ha ripetuto che: "Il processo d'integrazione e l'evoluzione che ci ha interessati in Canada non è ciò che le attività delle tante organizzazioni italo-canadesi cercano di rappresentare. Esse conservano l'immagine dei tempi dell'immigrazione che non esiste più". Vittorio Scala ha espresso il suo punto di vista sulla necessità della Lazio Federation of Ontario di adattarsi e modificarsi, per andare incontro alla nuova realtà della società italo-canadese, per poter sopravvivere, ammettendo anche la sua perplessità sulle modalità di realizzazione di un eventuale cambiamento.

Dal 2010 la Regione Lazio gli eventi culturali promossi dall'ente regionale italiano sono diminuiti e i soggiorni in Italia non vengono più proposti. Ciò mostra che i rapporti con l'Italia sono cambiati. Pur essendo l'eredità dell'emigrazione un aspetto importante negli annali della storia, essa non rappresenta una priorità per gli italo-canadesi di oggi.

La federazione ha svolto un importante ruolo nel promuovere per anni attività culturali con la Regione Lazio, ma col modificarsi delle circostanze, il futuro della federazione pone molti quesiti. La federazione sarà in grado di trasformare se stessa per andare incontro alle sfide e ai cambiamenti del futuro? Riuscirà ad ottenere, dai club e dalle associazioni, l'appoggio necessario per sostenersi?

2010 Presidents and Executives of various members of Laziali Clubs and Associations at Federation meeting.

2006 - Dignitaries from Italy.
Mario Ferri (Chair of Lazio Week),
Vittorio Scala (President of Federation).
Michale Di Biasi (Mayor of Vaughan).
Cesidio Casinelli (Mayor of Sora).
Danilo Campanari (Assessore alla Cultura della Provincia di Frosninone).

CANADIAN CONFEDERATION OF CLUBS & ASSOCIATIONS LAZIALI · LA SETTIMANA

2006 - Youth and organizing committee for Laziali.

Canadian Federation of Lazio Centres

In Collaboration with

REGIONE LAZIO
MINISTERO AFFARI ESTERI - ROMA
MINISTERO DEL TURISMO E SPETTACOLO - ROMA
ISTITUTO ITALIANO DI CULTURA - TORONTO
CENTRO CANADESE SCUOLA E CULTURA ITALIANA

Presents

PATRIZIA CERRONI
&
I DANZATORI SCALZI

In

BABY DOLL
by Tennessee Williams

TICKET PRICES: $15, $10, $7

Saturday, October 5, 1991 at 8:00 p.m.
MacMillan Theatre, University of Toronto

* * * * * * * * * * * *

For more information, please contact:
Connie Botton - 736-6500
or
Anna Maria Bravo 926-6072

1991 Event sponsored by Regione Lazio.

Iª Conferenza dei Giovani Lazial nel Mondo
Pre-Conferenza Nord America

PROGRAMMA LAVORI

Sabato 2 Ottobre 2004

Ore 9:30 - apertura dei lavori della Conferenza presso il Ramada Plaza Hotel (1677 Wilson Ave.), Toronto 416-240-6851

Tony Porretta, Consultore Regione Lazio
saluto e presentazione dell'Assessore On. Anna Teresa Formisano.

Assessore Anna Teresa Formisano
presiederà la conferenza, presenterà la delegazione Regionale.

La delegazione regionale e' composta da:
Carella Enzo - Vice Presidente del Consiglio regionale
De Angelis Francesco - Pres. Commissione Riforme Istituzionali
Rea Romolo - Consigliere regionale
Troja Giacomo - Consigliere regionale
Pallone Alfredo - Consigliere Regionale
Bonelli Angelo - Consigliere Regionale
Fiorito Mario - Dir. Direzione Reg. Famiglia e servizi alla persona
Antonietta Bellisari - Dirigente Area Emigrazione ed Immigrazione
Lacava Paolo - Capo Segreteria Assessore Anna Teresa Formisano
Ottaviani Maurizio - Segreteria particolare dell'Assessore
Cacciani Rita - Segreteria assessor

Saluto Governo dell'Ontario - **On.Caroline Di Cocco**

Saluto Governo di Ottawa - **On. Joe Volpe**

Saluto del Consolato - **Dr.ssa Giuseppina Spedicato**

Saluto dal rappresentante del CGIE. - **Dr. Alberto Di Giovanni**

Saluto del Presidente Comites - **Dr.Franco Gaspari**

Saluto Vice-Sindaco di Vaughan - **Mario Ferri**
(Chair Person del Comiato Giovani della Conferenza)

Saluto Presidente Confederazione deiClub Laziali - **Vittorio Scala**

Ore 10:00 - Interventi dei giovani delegati.

Ore 12:00 - Intervallo caffe'

Ore 12:15 - Tavola rotonda - discussione aperta

Ore 13:15 - Riunione per la scelta delegati che parteciperanno alla Conferenza di Roma - Preparazione documento finale

Ore 14:00 - Sosta pranzo

Ore 19:00 - Cena

Ore 20:30 - Concerto del Coro "Concentus Musicus Frabaternus JOSQUIN DES PRES" di Frosinone, presso una sala del Ramada Plaza Hotel con la partecipazione della Comunita' Laziale di Toronto

---

DOMENICA 3 OTTOBRE

Ore 11:00 - S.Messa cantata del Coro "Concentus Musicus Frabaternus JOSQUIN DES PRES" presso la Chiesa della Immacolata Conception - 300 Ansley Grove Rd, Woodbridge, Ontario

Per informazioni:
Tony Porretta, *Consultore Regione Lazio*
Vittorio Scala, *Presidente Confederazione dei Club e delle Associazioni Laziali*

16. Minturno Social Club

On March 18, 2010 I interviewed Vincenzo D'Onofrio regarding the history of the Minturno Social Club. Civita D'Onorfio was also present during the discussion. The interview took place at the Minturno clubhouse at 250 Regina Rd. in Vaughan Ontario. Vincenzo was one of the founders and the president of the club at the time of the interview. Both Vincenzo and Civita had been actively involved since the club's founding in 1990.

On the walls and exhibited in the clubhouse were photos, banners and other memorabilia that spoke to the legacy of this organization. The surroundings reflected the cultural roots and the activities of the club in Canada. Vincenzo and Civita were visibly proud of their clubhouse and committed to the work of the organization. Over the years this club has maintained the religious, rural folkways and cultural traditions of Minturno, Italy in Canada.

On July 12, 2011 I met with Marisa Pimpinella in Vegliante, president of the Minturno Social Club. She was the only woman president interviewed for this book. Both Marisa and

16. Minturno Social Club

Il 18 marzo 2010 ho intervistato Vincenzo D'Onofrio a proposito della storia del Minturno Social Club. All'incontro era presente anche la moglie di Vincenzo, Civita D'Onofrio,. L'intervista ha avuto luogo nella sede sociale del club al 250 di Regina Rd. a Vaughan in Ontario. Vincenzo è stato tra i fondatori e presidente del club e insieme con Civita lavora attivamente nel club dal 1990.

Sulle pareti della sede sono esposti foto, striscioni, altri ricordi che descrivono l'operato dell'organizzazione. L'ambiente riflette le radici e le attività del club. Vincenzo e Civita sono orgogliosi della loro sede sociale e legati al loro lavoro nell'organizzazione, che negli anni ha conservato le tradizioni religiose, culturale e popolari di Minturno in Canada.

Il 12 luglio 2011 ho incontrato Marisa Pimpinella in Vegliante, presidente del Minturno Social Club. Marisa è l'unica donna presidente intervistata per questo libro. Sia lei che Vincenzo hanno dato un valido contributo al lavoro del club. Considerando il ristretto numero di donne che hanno avuto incarichi direzionali all'interno di queste organizzazioni, è stato importante includere

2010 - Vincenzo D'Onofrio and Civita D'Onofrio at the Minturno Club House.

Vincenzo provided insight with regards to the work of the club.

Considering a very small number of women have had leadership roles in these organizations, I felt that Marisa's perspective was important to include in this work. In response to how she became involved, Marisa said that at first she did not really have any interest in participating in the club. Over time her brother Antonio persisted in encouraging Marisa to become active in the organization. It was at a meeting she attended in 1998 or 1999 where she expressed her views regarding the good work of then president Vincenzo D'Onofrio. At this meeting she agreed to take on the role

in questo lavoro il contributo di Marisa. Alla domanda sul come è stata coinvolta nel club, Marisa ha risposto che inizialmente non era molto interessata alla collaborazione con l'associazione. Fu suo fratello Antonio ad incoraggiarla perché si impegnasse nel club. Partecipò ad un incontro organizzato alla fine degli anni '90 nel corso del quale espresse la sua approvazione per l'operato dell'allora presidente Vincenzo D'Onofrio e nella stessa occasione accettò l'incarico di segretaria. Tre anni dopo divenne presidente del club.

La fondazione del club è legata al gruppo folk di Minturno. Vincenzo ha spiegato: "A Minturno, in Italia abbiamo un gruppo folk che ci è molto caro. Nell'agosto del

of secretary for the board. Three years later she became president of the club.

The founding of the club was connected to the folk group in Minturno. Vincenzo explained: *"In Minturno, Italy, we had a folk group that was well known to us. In August of 1990 there was a tragic accident involving the folk group in Italy where eight people died. We were in shock. As is our tradition, we celebrated a mass in their memory. That tragic event brought us together in Toronto."*

The news of this accident rippled through the community in Toronto and this tragic incident was the protagonist for the founding of the club.

The cultural folk ways and traditions of Minturno replicated in Canada were that of the folk group and their costume called "La

1990 il gruppo ebbe un tragico incidente in Italia nel quale morirono otto persone. Fummo scioccati dalla notizia e come è nostra tradizione facemmo celebrare una messa in loro memoria. La tragedia rese più unita la comunità di Toronto". La notizia dell'incidente si diffuse tra la comunità di Toronto e lo stesso incidente divenne il punto centrale per la fondazione del club.

I costumi popolari e le tradizioni di Minturno riproposti in Canada furono un secondo gruppo folk e il costume tipico della Pacchiana. Minturno è rinomata per i suoi gruppi folk conosciuti con il nome di Giullari, che si esibiscono non solo a Minturno, ma in Italia e in Europa. La comunità di Minturno emigrata in Canada è molto legata alla tradizione dell'abito della Pacchiana e del gruppo folk.

Vincenzo e Marisa hanno stimato che nel secondo dopoguerra arrivarono a Toronto circa 3000 emigrati di Minturno. Il Minturno Social Club di Toronto diventò punto di riferimento e luogo d'incontro per chi proveniva dalla città italiana. Tant'è che nell'opuscolo del 20° anniversario del club si legge: "Lo scopo del club è quello di riunire gli ex-residenti di Minturno e i loro discendenti…Il nostro obiettivo è mantenere le nostre vecchie tradizioni, iniziarne di nuove e rinnovare le vecchie amicizie".

L'atto costitutivo del Minturno Social Club nominò i fondatori e stabilì i criteri per i soci. L'art. 1 dell'atto al comma 2 recita " Questo club è stato fondato il 26 settembre 1990 dai seguenti membri: Lorenzo Abbaglivo, Erasmo Ciufo, Fernando Ciufo, Fernando Ciufo, Tony Colabufalo, Ireneo Corrente, Vincenzo D'Onofrio, Mario Fellone,

Pacchiana". Minturno is renowned for its folk groups, known as the "Giullari". These folk groups compete and perform not only in the town of Minturno, but also in Italy and Europe. The traditions of the costume and the folk group were closely tied to the people who immigrated to Canada.

Vincenzo and Marisa both estimated that there were around 3,000 families from Minturno who emigrated from Italy to Canada in the post World War II era. The Minturno Social Club in Toronto became a point of reference and social gathering point for the people who originated from the town. In the twentieth anniversary commemorative booklet it stated the purpose of the club: " *The aim of our club is to reunite all former residents, along with their descendents of Minturno...Our goal is to maintain our old traditions, start new traditions, and renew old friendships.* " [1]

The Minturno Social Club's constitution named the founders and set out criteria for memberships. It was recorded in the constitution of the Minturno Social Club, article I, sect. 2. *"This club was founded September 26, 1990 by the following members: Lorenzo Abbaglivo, Erasmo Ciufo, Fernando Ciufo, Tony Colabufalo, Ireneo Corrente, Vincenzo D'Onofrio, Mario Fellone, Romolo Mazzucco, Antonio Pimpinella, Crescenzo Romano, John Romano, Tony Romano, Giacomo Rizzi, Franco Stendardo, Bruno Tucciarone, Vincenzo Zenobio."* The membership of the club included not

Il costume "La Pacchiana" a Roma l'8 Gennaio 1930, alle nozze di Umberto II con Maria Jose di Belgio, fu premiato – tra cinquecento vestiti folkloristici – come il piu bel costume d'Italia e nel 1981, a bogota, in Colombia, fu gratificato dal primo premio Mondiale al Festival Internazionale del Folklore.

The beautiful Minturno costume called 'La Pacchiana'.

Romolo Mazzucco, Antonio Pimpinella, Crescenzo Romano, John Romano, Tony Romano, Giacomo Rizzi, Franco Stendardo, Bruno Tucciarone, Vincenzo Zenobio". La compagine sociale oltre ai soci provenienti da Minturno, ne includeva alcuni provenienti dalle zone circostanti.

All'articolo 3 dello statuto comma 2 si legge " In virtù di quanto previsto dall'atto costitutivo, Minturno potrà includere anche le città di Tufo, Santa Maria Infante, Tremensuoli, Pulcherini, Marina di Minturno e Scauri e qualunque persona ivi residente i discendenti e i coniugi, che possono a loro volta essere considerati minturnesi".

1, Minturno Social Club Twentieth Anniversary Coomemorative Booklet, 20 Anni Insieme 1990-2010, Toronto, Ontario

Minturno Social Club hosted in Toronto the Minturno Folk Group from the town of origin.

only those from Minturno proper, but also communities from the surrounding area. In the bylaws of the organization it is recorded in Article III, sect. 2: *"For the purpose of this Constitution, 'Minturno' shall include the town of Tufo, Santa Maria Infante, Tremensuoli, Pulcherini, Marina di Minturno and Scauri and any person resident of, married to or descended from a resident at the aforementioned towns or places shall be deemed to be 'Minturnesi'."*

Soon after the club was established, the Minturno Folk Group was formed in 1991. Marisa recalled, *"The folk group we had in Canada became well known among the Italian communities in many parts of Ontario. The group was made up of both a choir and dancers. The founders were the Tony Colabufalo family and Claudio Romano family."* This folk group was a

Subito dopo, 1991, il club neo-costituito formò il Minturno Folk Group. Marisa ha ricordato: "Il gruppo folk che avevamo in Canada divenne subito noto alle comunità italiane in molte zone dell'Ontario. I suoi fondatori furono le famiglie di Tony Colabufalo e di Claudio Romano e si componeva di un coro e di un gruppo di ballerini.".

Il gruppo folk fu subito motivo di orgoglio e soddisfazione per i soci del club, il cui impegno per mantenerlo attivo fu generale. Nei suoi primi sette anni, il gruppo si esibì in diverse città dell'Ontario dove risiedevano ampie comunità di italiani. Il Minturno Folk Group era ammirato per le sue esibizioni ed accolto con entusiasmo in tutte le comunità italiane. Esso divenne talmente noto da andare ad esibirsi anche in Italia nel 1998, viaggio che è ancora ricordato come esperienza importante di quel periodo.

Poco dopo il loro ritorno dall'Italia il gruppo si sciolse. A questo proposito Marisa ha

Above and Below:
1991 First Folk Group.

great source of pride and satisfaction to the membership of the club. There was a strong commitment to maintain this group. In its first seven years, it performed in various cities and towns around Ontario where large Italian-Canadian communities resided. The Minturno Folk Group was admired and their performances were welcomed with much enthusiasm in those Italian communities. The Minturno folk group became so well known that they then travelled to perform in Italy in 1998. The trip to Italy is still remembered today as a highlight from that period.

Shortly after their return from Italy the group dissolved. Marisa spoke of the challenges to maintain an active and well-prepared folk group. *"Even to try to practice once a week became next to impossible because families in Canada are involved in so many other activities. There is also the fact that folk dancing and singing does not carry the same significance to the young Canadian born performers. On the other hand the folk group in Italy travels throughout Europe and is involved in national and European competitions. This type of involvement requires that they practice every night. In Italy there is a different commitment and dedication to the art of folk groups."*

During her term as president, Marisa tried to revive a folk group. She explained, *"Around 2003, during my second year as president of the club we had not had a folk group for about four years or so. I wanted to surprise the membership at the annual dinner dance by reviving the folk group. I called Tina Di Cerbo to put one together and we did. Although there was a shortage*

parlato delle difficoltà per mantenere attivo e ben preparato un gruppo folk. "Anche una prova settimanale divenne quasi impossibile perché le famiglie erano impegnate in molte altre attività. Occorre sottolineare anche che la danza e la musica popolare non avevano la stessa importanza per i giovani componenti del gruppo nati in Canada. Al contrario il gruppo folk italiano si esibisce in tutta Europa e partecipa a competizioni italiane ed europee. Un impegno che richiede un allenamento quotidiano. In Italia, infatti, ci si dedica di più all'arte dei gruppi folk".

Durante il suo mandato di presidente, Marisa ha cercato di far rivivere il gruppo folk. La presidente mi ha spiegato "Nel 2003, il mio secondo anno di presidenza del club, erano già passati quattro anni dallo scioglimento del gruppo folk. Volli sorprendere i soci durante la nostra cena annuale facendo rivivere loro l'esperienza. Per farlo chiamai Tina Di Cerbo e le chiesi di formarne uno. Nonostante ci fossero pochi ragazzi maschi nel gruppo, tutti furono contenti di vedere i ballerini folk esibirsi ancora. Sfortunatamente, però, anche questo secondo gruppo si sciolse". In un secondo tempo Maria Grazia Bevilacqua costituì un terzo gruppo formato da bambini, che oggi è diretto da Tina Di Cerbo e continua ad esibirsi durante le cene del club.

I canti e le danze interpretate dal gruppo descrivono due aspetti della città di Minturno: storie e leggende di mare e di terra. Armando Mazzucco fu uno dei primi fisarmonicisti in Italia nel 1959. Successivamente emigrò in Canada ed entrò a far parte del Minturno Folk Group di Toronto, che continua tuttora ad accompagnare.

Il stesso club ha organizzato molte attività

of boys for the group, everyone in the club was happy to see the folk dancers performing at the event again. Even this second group that we restarted dwindled away." Maria Grazia Bevilacqua started a third group made up of children. This children's folk group, now directed by Tina Di Cerbo, continues to perform at the Minturno dinner dances.

The folk songs and dances performed by the group depict two aspects of the town of Minturno, Italy; stories and tales of the sea and the land. Armando Mazzucco was one of the first accordionists in Italy in 1959. He then came to Canada and became involved with the Minturno Folk Group in Toronto. He continues to be an active accordionist with the group to this day.

As well, the club organized many social and sporting activities over the years: They organized Italian classes for the members' children. Soccer teams that were developed won a number of tournaments. The club established the Damiano Mazzucco memorial cup and according to Vincenzo, *"We ran the soccer team for three or four years from around 1992-1995."*

Besides these past events the Minturno Social Club continues to hold a number of annual activities. Its signature event is a dinner dance titled 'Il ballo della Pacchiana'. This tradition was introduced to Canada, in 1991 by the club. 'La Pacchiana' is the famous and beautiful costume worn in the past by the women of Minturno. It was so renowned for its beauty that in 1930 it won the award as the best costume in Italy from among five hundred entries. In 1981 'La Pacchiana' dress won first prize at the 'Festival Internazionale

sociali e sportive nel corso degli anni, come i corsi di italiano per i bambini soci e le squadre di calcio che vinsero diversi tornei. Il club istituì, poi, anche il memorial Damiano Mazzucco, a proposito del quale Vincenzo ha detto: "Nei primi anni '90 abbiamo avuto squadre di calcio per tre o quattro anni".

Oltre a questi eventi ormai passati, oggi il Minturno Social Club continua ad organizzare un certo numero di attività annuali. Tra questi l'evento di prestigio è il Ballo della Pacchiana, una tradizione che fu introdotta in Canada, dal club, nel 1991. La Pacchiana è un bellissimo abito tipico cucito dalle donne di Minturno. In passato era molto rinomato per la sua bellezza tant'è che nel 1930 vinse il premio per il miglior costume in Italia

Nel 1992 fu istituita la coppa in memoria del nostro compaesano Damiano Mazzucco. Il Minturno Social Club partecipò com una squadra allenata da Tony Romano e Nando Sorgente che vinsero prima e seconda edizione.

1992 the Damiano Mazzucco Memorial Cup for soccer was initiated by the Minturno Social Club

del Folklore' in Bogota Colombia.[2]

The first 'Ballo della Pacchiana' was held at the Verdi Hall in Toronto. Over 550 people were in attendance and it was a great success. Marisa stated, *"This was a novelty for us in Canada and a reason to come together as a Minturno community."* This event was held in the month of February. February in Canada can be a time of nasty snowstorms. In 2010 the organization changed the date of this celebration to October to avoid inclement weather. However, according to Marisa the novelty for the 'Festa' has worn off. The number of people in attendance has declined. None the less 'festa della Pacchiana' continues to attract around 300 people.

The Minturno Social Club holds many other annual events: A dinner dance is held in the spring. In the early years 700-800 people took part, whereas today that number is about 300 attendees. Every summer a picnic is held

First Dinner Dance
February 2nd, 1991

2. Minturno Social Club Twentieth Anniversary Commemorative Booklet, 20 Anni Insieme 1990-2010, Toronto, Ontario

fra cinquecento abiti partecipanti. Nel 1981 l'abito della Pacchiana vinse il primo premio al Festival Internazionale del Folklore a Bogotà in Colombia.

Il primo Ballo della Pacchiana si tenne nella Verdi Hall di Toronto ed ebbe un enorme successo con 550 persone presenti. Marisa ha detto: "Era una novità per noi che eravamo in Canada e una ragione per participare tutti come comunità di Minturno". Il ballo si svolgeva nel mese di febbraio un mese in cui sia hanno violente tempeste di neve. Per questa ragione nel 2010 l'evento è stato spostato a ottobre onde evitare il tempo inclemente. Ad ogni modo, Marisa mi ha riferito che la novità della festa non è più sentita come prima e il numero dei partecipanti è sceso a circa trecento persone.

Il Minturno Social Club organizza molti altri eventi annuali. In primavera si tiene una cena con ballo, alla quale, nei primi anni partecipavano circa 800 persone, mentre oggi le presenze sono ridotte a circa 300. Ogni estate nel mese di luglio viene organizzato un picnic, mentre nel primo venerdì di novembre si celebra una messa per tutti i Minturnesi scomparsi. Marisa ha aggiunto: "Oggi partecipano in pochi a questa messa al contrario di quanto vorrei". Il club organizza, poi, una festa di Natale alla quale intervengono circa 60 ragazzi con le rispettive famiglie. Inoltre sono stati organizzati anche viaggi per i soci ai Santi Cosma e Damiano ad Utica, a Fatima in Buffalo, Mille Isole e Midland in Ontario. Il club organizza, poi, una festa di Natale alla quale partecipano circa 60 ragazzi con le rispettive famiglie. Per di più sono stati organizzati per i soci anche viaggi a Santi Cosma e Damiano ad Utica, a Fatima in Buffalo, Mille Isole e Midland in Ontario.

in July. On the first Friday of November, a mass is celebrated for the 'Minturnesi' who have died. Marisa added, *"There are few in attendance at the mass these days and not as much participation as I would have liked."* The club holds a Christmas party where 60 children and their families participate. Trips were also organized for the club membership to Saints Cosma e Damiano in Utica, to Fatima in Buffalo, 1000 Islands, and Midland, Ontario.

The club not only maintains ties with 'Minturnesi' in Toronto but also with paesani in Stamford Conneticut. During Marisa's six years as president, from 2003-2009, there were reciprocated visits from the members of the Minturno club in Stamford Connecticut and those from Toronto. The Connecticut group visited Toronto in 2004, later the group from Toronto attended the 'Festa delle Regne' in Connecticut. This feast is celebrated only in Minturno, Italy and in Stamford Connecticut. It has not been replicated in Toronto, Canada. According to Marisa, *"These were wonderful reunions where people who had not seen one another for years were reunited."*

The ties have also been maintained with the hometown in Italy. The Minturno Social Club of Toronto hosted a folk group from Minturno. These young people were billeted in the homes and friendships were created. A basketball team from Scauri also came to Canada and were hosted by the club. In 2004 the Lieutenant Governor of Connecticut, Michael Fedele, who was born in Minturno, the Mayor of Minturno, Pino Sardelli and the priest Don Elio Persichini, from the hometown, were guests of the club for the

Il club, oltre a curare i rapporti tra i Minturnesi di Toronto, si relaziona con i conterranei che vivono a Stamford in Connecticut. Nei sei anni di mandato di Marisa, dal 2003 al 2009, i due gruppi si sono scambiati visite nelle

Children's Christmas Party
Every Year Santa Claus comes to visit our younger members.

rispettive città.

Nel 2004 il gruppo del Connecticut ha fatto visita a quello di Toronto, mentre quest'ultimo ha poi partecipato alla Festa delle Regne a Stamford. La festa viene svolta solo a Minturno in Italia e a Stamford, mentre non è stata mai organizzata a Toronto. A proposito della festa Marisa ha aggiunto "Questi sono stati incontri molto belli, dove le persone che non si vedevano da tempo hanno potuto ritrovarsi".

Gli stessi rapporti sono stati mantenuti anche con la città natale italiana. Il Minturno Social Club di Toronto ha ospitato il gruppo folk

February, 'Festa della Pacchiana'.

Representatives of the club, in turn, have been hosted in Italy and taken part in activities there. For example in 1998 the folk group of the club, which included about thirty-five people, travelled to Minturno and again in 2005 a smaller delegation of fifteen people went to Minturno. Maintaining ties with one another whether in North America, or in Italy is important to the club.

The membership of the club bought a clubhouse with a grand opening held on September 27, 1997. The centre became the members meeting place and a venue for the folk group to practice. Bingos are held there every Friday, but they break for the

italiano. I giovani componenti del gruppo furono ospitati dalle famiglie e grazie a ciò nacquero molte amicizie. Anche la squadra di basket di Scauri venne in Canada e fu ospitata dal club. Nel febbraio del 2004 furono ospiti della Festa della Pacchiana, il Lieutenant Governor del Connecticut, Michael Fedele nativo di Minturno, il sindaco di Minturno, Pino Sardelli e il parroco della città Don Elio Persichini.

A loro volta, i rappresentanti del club sono stati ospitati in Italia e hanno assistito a varie iniziative. Ad esempio, nel 1998 il gruppo folk del club, che comprendeva circa trentacinque persone, si recò a Minturno, mentre nel 2005 fu ospite della città una ristretta delegazione del club. Mantenere i rapporti tanto in Nord America quanto in Italia è di fondamentale

Club Grand Opening

On September 27, 1997 we celebrated the opening of our "club" on Regina Road in Vaughan. In attendance that day was the late Lorna Jackson, Joyce Frustaglio, Mike DiBiasi, and Bernie DiVona

September 1997 - The grand opening of the new clubhouse of the Minturno Social Club.

summer. Ladies night is hosted in March at the clubhouse and the members hold a homemade winemaking contest as well. Having a place of their own established a sense of belonging and helped to bring the community together.

The work of the organization required and still demands many volunteer hours. Over time it is becoming more and more difficult to recruit participation to maintain the club. The discussion turned to the future of the club. Vincenzo said, "*Today the average age of membership is over 60 years of age. It is difficult to see what the future will bring. We hope that there will be a few younger people to carry on, but the reality is that our numbers are in decline.*"

Marisa added that the club's future is uncertain. She said, "*Our children are Canadian born and do not really relate any more to these cultural traditions like we did.*" The club is maintained by an older generation with the hope that when the younger members reach around forty years of age, they will become more interested in being involved. The founders and leadership of the club say that they will continue to work for the organization as long as they are able.

The Minturno Social Club has recreated in Toronto the rich traditions of "la Pacchiana" and folk groups. Their ongoing efforts to maintain ties with one another in Toronto, their town of origin and the larger community in Stamford Connecticut enriches all those involved. These are valuable social functions that the club continues to provide.

importanza per il club.

Il 27 settembre 1997 fu inaugurata la sede sociale comprata dai soci. Il centro divenne al contempo luogo di incontro per i membri e sede per far esercitare il gruppo folk. Nella stessa sede ogni venerdì, tranne nel periodo estivo, si tiene ancora il gioco del Bingo. Nel mese di marzo la sede ospita una serata dedicata alle donne, mentre annualmente i soci organizzano una gara di vini fatti in casa. Avere una propria sede rafforza il senso di appartenenza e permette alla comunità di restare unita.

Il lavoro dell'organizzazione richiede tuttora molto lavoro volontario, ma col tempo è diventato sempre più difficile trovare la collaborazione necessaria per mantenere il club. A questo punto della chiacchierata il discorso si concentra sul futuro del club. Vincenzo ha sostenuto: "Oggi l'età dei membri va oltre i 60 anni. E' difficile prevedere cosa riserva il futuro. Speriamo di avere un sufficiente numero di giovani disponibile a portare avanti il club, ma oggi il nostro numero continua a diminuire".

Marisa ha aggiunto che il futuro del club è piuttosto precario. "*I nostri figli sono nati in Canada e non concepiscono queste tradizioni culturali nel nostro stesso modo*". Il club è ancora gestito dalla generazione più anziana, con la speranza che i membri più giovani, una volta giunti ad un'età più matura, decideranno di impegnarsi nell'associazione. E' per questa ragione che i fondatori e gli esponenti del club continueranno a lavorare fino a quando saranno in grado di farlo.

Il Minturno Social Club ha ricreato a Toronto la prestigiosa tradizione della 'Pacchiana'

ADDENDUM: On September 29, 2011 I met with Franco Stendardo and Romolo Mazzucco. Both Franco and Romolo had been founding members of the Minturno Social Club. Franco was the first president from 1990-1995 and Romolo became

e dei gruppi folk. I continui sforzi per mantenere i rapporti reciproci tra Toronto, Minturno e Stamford hanno arricchito tutti i partecipanti alle attività. Questi sono gli importanti impegni sociali che il club continua a svolgere.

COMITATO DIRETTIVO
1990-1995

Giacomo Rizzi - Missing from phot[o]

Minturno Social Club
Eletto il direttivo

TORONTO _ Con una folta partecipazione di soci, circa 220, il Minturno Social Club ha eletto il comitato direttivo per un mandato di due anni che e' cosi' composto: Franco Stendardo, presidente; Vince D'Onofrio, vicepresidente; Romolo Mazzucco, segretario; Mario Fellone, tesoriere, Erasmo Ciufo, direttore sociale; Giovanni

Romano, direttore arbitrario; Antonio Romano, direttore sportivo; Bruno Tucciarone, relazioni pubbliche; Ireneo Corrente, direttore soci; Tony Colabufalo, Tony Pimpinella, Lorenzo Abbaglivo, Fernando Ciufo, Fernando Sorgente, Raffaele Romano, Crescenzo Romano ed Annette Ciufo, assistenti direttori.

Il Minturno Social Club fu fondato a settembre del 1990 da un gruppo di sedici minturnesi i quali formarono un comitato direttivo temporaneo.

Questo stesso direttivo e' stato eletto dall'assemblea per acclamazione con l'aggiunta di tre assistenti direttori.

2003 Basketball group from Minturno hosted by the Minturno Club in Toronto and members in front of the Clubhouse.

secretary as part of the executive for that period.

Franco and Romolo provided added insight to the founding and development of the organization. It was because of Franco's initiative to bring people together that the club was formed. Franco explained: "*After the tragic accident of the Minturno Folk group in Italy we had a mass celebrated in their memory. I was standing at the back of the church and observed that the church was packed. It was somehow inopportune that it took this tragedy to bring us together. This fact propelled me, to call close friends, to meet and begin the process of formalizing an organization from Minturno.*"

He went on to explain why the community

APPENDICE: Il 29 settembre 2011 ho incontrato Franco Stendardo e Romolo Mazzucco, membri fondatori del Minturno Social Club. Franco é stato il primo presidente del club dal 1990 al 1995, mentre Romolo ne é stato segretario e membro dell'esecutivo nello stesso periodo.

Anche Franco e Romolo mi hanno parlato della fondazione e dello sviluppo dell'organizzazione. Fu grazie all'iniziativa di Franco di riunire i minturnesi che nacque il club. Franco stesso ha spiegato: "*Dopo il tragico incidente del gruppo folk di Minturno in Italia fu celebrata una messa in suffragio delle vittime. Ero in piedi in fondo alla chiesa e osservavo come questa fosse gremita. Qualcosa aveva fatto sì che una tale tragedia fosse l'occasione per stare insieme. Questo fatto mi spinse a chiamare alcuni amici intimi per incontrarci e dare inizio al processo di fondazione di un'associazione di Minturno.*" Franco mi ha spiegato anche perché la comunità non si era ancora organizzata fino a quel momento. "*La comunità si era stabilita in due diverse parti di Toronto ed era divisa fra il gruppo che risiedeva a North York e quello residente nell'area di Queensway. Ciò aveva tenuto la comunità geograficamente separata sin dai tempi dell'immigrazione, ma quell'incontro commemorativo ci aveva mostrato che*

had not organized before this time: *"The community had settled in two different parts of Toronto. One group resided in North York and the other in the Queensway area. This had kept the community geographically apart from the time of immigration. But that Memorial Mass showed us we could and should do something to form a club."* Franco made the calls and the first meeting was held at the home of Vincenzo D'Onofrio and the second meeting was at the home of Romolo Mazzucco.

In those early days of formalizing the organization a letterhead and logo was needed. Romolo had in his possession a letter from 1919, received by his maternal grandmother written by his grandfather who had immigrated to Pennsylvania. The letter was written on letterhead of an Italian association called 'Sons of Italy', in which the grandfather, Alessandro D'Agostino, was an active member. From the logo on the 1919 letter, Romolo modified the design and created the one that in use by the Minturno Social Club. The inscription TRADIZIONI, MINTURNESE, CULTURA was added to the logo.

Both Franco and Romolo were actively involved along with the other founding members in organizing many initiatives and programs for the organization. One of the earlier memorable occasions was the visit to Canada of the folk group from Minturno in 1992. Romolo provided the context and background as to the circumstances of how this came about. In 1989 Romolo had been visiting Minturno with his family. During that visit he spoke with Franco Tucciarone of the Minturno folk group 'Gruppo Folklorisitico: Le Tradizioni '. The discussion was about the possibility of bringing the group to Canada.

potevamo e dovevamo fare qulacosa per formare un club". Franco si occupò delle telefonate e fu organizzato un primo incontro a casa di Domenico D'Onofrio, mentre una seconda riunione fu tenuta a casa di Romolo Mazzucco.

Ai tempi della fondazione del club serviva un'intestazione e un logo. Romolo possedeva una lettera del 1919, ricevuta dalla nonna materna e scritta da suo nonno emigrato in Pennsylvania. La lettera era scritta su carta intestata di un'associazione italiana chiamata "Sons of Italy", della quale il nonno Alessandro D'Agostino era membro. Romolo, dal logo riportato su quella lettera modificandone il disegno, creò il simbolo che ancora oggi viene utilizzato dal Minturno Social Club. Insieme al logo si legge l'iscrizione TRADIZIONI, MINTURNESE, CULTURA.

Sia Franco che Romolo si sono impegnati attivamente, insieme agli altri membri fondatori, nell'organizzare le iniziative dell'organizzazione. Una delle prime e più importanti manifestazioni fu la visita in Canada del gruppo folk di Minturno nel 1992. Romolo mi ha riferito delle circostanze che avevano portato a tale iniziativa. Nel 1989 Romolo era stato a Minturno con la famiglia. In quell'occasione aveva parlato con Franco Tucciarone, del Gruppo Folklorisitico: Le Tradizioni, della possibilità di portare il gruppo in Canada. Lo stesso Romolo si impegnò a fare tutto il necessario perché ciò si realizzasse.

Subito dopo il suo ritorno in Canada Romolo iniziò a lavorare. *"Feci alcune indagini e contattai Antonio Porretta, allora Consultore*

Romolo committed to do what he could to make it happen.

Upon his return to Canada Romolo began the process. He said, *"I made inquiries and contacted Antonio Porretta who was 'Consultore della Regione Lazio' and at that time working at Cianfarani Travel. Through Antonio's contacts with Region Lazio he was able to get funding, which paid for all the expenses for travel and accommodations for the folk group."* According to Romolo this process was begun under the "Tufo" organization at the time, because the Minturno Social Club had not yet been incorporated. By the time the folk group from Italy actually came to Canada the Minturno Social Club had been founded and were involved in hosting the group.

Forming a folk group in Canada was important to both Franco and Romolo and was significant to the activities of the organization. So much so that at the funeral of Romolo's parents the folk group was present. The passing down of traditions was important to the founders. It is gratifying to Romolo that his Canadian born granddaughter is also involved in the current folk group as was his daughter. He states with pride, *"My granddaughter wears the same traditional folk dress her mother, my daughter, had worn when she was the same age."*

During the conversation it was evident that Franco and Romolo remembered the traditions from their place of origin, Minturno, with affection. They recounted the celebration of 'La Sagra Delle Regne'. (Regne being sheaves of wheat.) The first 'Sagra delle Regne' was held in Minturno since 1954. They recalled the competition of decorating the carts. Each 'frazioni' (suburb) entered

della Regione Lazio che a quei tempi lavorava per Cianfarani Travel. Grazie ai suoi contatti con la Regione Lazio egli riuscì a procurare i fondi necessari per finanziare le spese di viaggio e di alloggio per il gruppo folk". Sulla base di quanto mi ha riferito Romolo tutto ebbe inizio con l'organizzazione Tufo. Nel lasso di tempo che intercorse fino all'arrivo effettivo del gruppo folk in Canada, il Minturno Social Club si era costituito e si era impegnato nell'accoglienza del gruppo.

Franco e Romolo ritengono che formare un gruppo folk in Canada sia stato importante e significativo anche per le attività dell'associazione. Tanto importante da vederlo presente anche ai funerali dei genitori di Romolo. Per i fondatori tramandarsi le tradizioni è molto importante. E' gratificante per Romolo, ad esempio, che sua nipote, nata in Canada, faccia parte del gruppo folk come lo era stata sua madre. Egli ha affermato con orgoglio: *"Mia nipote indossa lo stesso abito che indossava sua madre alla sua età".*

Nel corso della conversazione Romolo e Franco hanno ricordato con affetto le tradizioni del luogo natale e mi hanno raccontato della Sagra delle Regne. La prima edizione della sagra fu organizzata a Minturno nel 1954. Entrambi gli intervistati ricordano la competizione fra i carri decorati. Ogni frazione del paese presentava un carro e al più bello veniva assegnato un premio. Franco mi ha detto: "Ricordo che la frazione di Tufo vinse il premio per i Carri Allegorici". Occorre sottolineare che la Sagra delle Regne non è stata ricreata a Toronto, ma viene organizzata a Stamford, nel Connecticut, dove risiede la più ampia e più vecchia

a cart and these were judged. Prizes were awarded for the best decorated cart. Franco stated, *"I remember that Tufo won first prize for the carts known as 'Carri Allegorici'."* It is of note that the event 'Sagra delle Regne' has not been recreated in Toronto, but it is celebrated in Stamford, Connecticut, where the larger and older Minturno community settled.

In context of the early immigration period Franco and Romolo felt it important to mention that in 1960 two brothers, Guido and Alessandro Mantella, originating from Minturno died in the tragic accident of Hogg's Hollow in Toronto. From this construction tragedy Ontario labour laws were changed and more stringent safety regulations were put into place. Those early days in Toronto were not easy for the new Italian immigrants and significant sacrifices were part and parcel of the settlement process.

The reason for founding of the Minturno Social Club according to both men, *"…was to bring together our community, keep the Minturnesi united and to maintain our traditions for our children and grandchildren."* Today much has changed and there is less involvement in the organization. In the beginning the club had four hundred and forty members, today they number around ninety or so. The Minturno Social Club still remains that beacon which reflects their identity and place of origin. Its future is uncertain, but the club has a valued cultural legacy and remains an important part of the community.

comunità di Minturno.

Riguardo al periodo dell'immigrazione Franco e Romolo ritengono importante ricordare che nel 1960 due fratelli, Guido e Alessandro Mantella, originari di Minturno morirono nel tragico incidente di Hogg's Hollow a Toronto. A seguito della tragedia le leggi sul lavoro furono modificate e furono adottate regole più ferree in materia di sicurezza. Quei giorni a Toronto non furono facili per i nuovi immigrati italiani che dovettero affrontare sacrifici importanti per stabilirsi in Canada.

La ragione della fondazione del Minturno Social Club, a detta di entrambi gli intervistati, "…era di tenere insieme la nostra comunità, tenere uniti i Minturnesi e mantenere le nostre tradizioni per i nostri figli e i nostri nipoti". Ora le cose sono cambiate e nell'associazione c'è meno coinvolgimento, tant'è che all'inizio il club aveva 440 membri, mentre oggi il loro numero si aggira attorno ai 90. Ciò nonostante il Minturno Social Club resta ancora il faro che rispecchia l'identità e il luogo d'origine dei suoi membri. Il suo futuro è incerto, ma il club ha un apprezzato patrimonio culturale e resta una parte importante della comunità.

Italy 1998

Above: Artistic scene of the 'Sagra della Regne' from Minturno, Italy depicting of a way of life.

Above: The Folk Group of Toronto travels to Italy. Armando Mazzucco accordianist.
Right: The Toronto Minturno Scial Club travels to Stamford, Connecticut to celebrate cultural traditions from Minturno.
Below: Board of Directors of the Minturno Social Club.

Grandiosa sagra mariana a Stamford

di Antonino Clappina

Il "Minturnese Social Club" di Stamford (Connecticut) ha tenuto regolarmente la tradizionale festa annuale in onore della Madonna delle Grazie, artefici le componenti della sezione femminile (Women's Auxiliary), guidate da Antoinette Mallozzi, presidentessa. A dar manforte alla Mallozzi è stata Marisa Veglianti, presidentessa del "Minturno Social Club" di Toronto (Canadà).

Una Messa speciale in omaggio alla Madonna è stata celebrata dal rev. Alfred Pecaric nella Chiesa del Sacro Cuore (Sacred Heart Church), 37 Schuyler Avenue, che è praticamente la chiesa degli italiani di Stamford.

Al rito hanno assistito oltre quattrocento persone. La folla di devoti è stata accresciuta da devoti della Madonna delle Grazie, Patrona di Minturno, giunti da Toronto e dal Massachusetts.

Dopo il rito in chiesa, s'è svolta la processione, che si è snodata per le vie vicinori, con al seguito devoti per l'occasione nei costumi tradizionali del paese d'origine. Sono stati cantati inni con l'accompagnamento di una banda musicale. La Madonna è stata portata in processione. Le offerte dei fedeli e il ricavato della festa sono stati devoluti a favore dei Frati Francescani per le loro iniziative caritatevoli.

La festa, fa rilevare Antoinette Mallozzi, risale al 1801 ed ovviamente i minturnesi sono orgogliosi di essere riusciti a trapiantarla negli Stati Uniti. Così non sono rimasti soli per le vie del mondo, ma hanno con loro la Madonna. Questo sarebbe il secondo anno che la festa viene fatta a totale iniziativa femminile.

Dopo la festa religiosa, rende noto la Mallozzi, s'è tenuta la festa all'aperto, e vi hanno partecipato trecento persone circa, inclusi gli ospiti di Toronto. Molto festeggiati Marisa Veglianti, presidentessa del Minturno Social Club di Toronto e il gruppo folcloristico da lei portato dal Canadà.

Certificate of Award

THIS CERTIFIES THAT

The Following People Are The Founders Of The
"MINTURNO SOCIAL CLUB"

Abbaglivo Lorenzo	Pimpinella Antonio
Ciufo Erasmo	Rizzi Giacomo
Ciufo Fernando	Romano Antonio
Colabufolo Antonio	Romano Crescenzo
Corrente Ireneo	Romano Giovanni
D'Onofrio Vincenzo	Stendardo Franco
Fellone Mario	Tucciarone Bruno
Mazzucco Romolo	Zenobio Vincenzo

TORONTO, 1990

The above 16 men found themselves sitting around a kitchen table as a result of a bus accident that took place on August 20, 1990 at 2am along a highway somewhere between Benevento and Avellino, Italy. Le Tradizioni were on their way home from a dance performance when tragedy struck. As a result of this highway accident 8 individuals lost their lives. It is with them in mind that Minturno Social club came to exist.

The aim of our club is to reunite all former residents, along with their descendents of Minturno, Tufo, Santa Maria Infante, Tremensuoli, Pulcherini, Marina di Minturno and Scauri. Our goal is to maintain our old traditions, start new traditions and renew old friendships.

This is a collection of the past 20 years showcasing our past, present and the future.
ENJOY

17. Association of Santa Francesca Romana

I met up with Vito Renzi, Franco Fiorini and Aldo Rossi on January 14, 2010 at a restaurant in Vaughan, Ontario. They were founders and long time volunteers for this organization. Antonio Porretta joined the discussion as an observer during lunch.

Franco began the discussion by explaining, *"Santa Francesca is a suburb of Veroli, Italy. This club, the association of Santa Francesca Romana, was founded about eighteen years ago when a group of us decided to organize and celebrate the 'Festa delle Crespelle' replicating the event from Veroli."* This group came out of the larger Veroli Association. The new organization's focus was to celebrate the feast day of 'Santa Francesca Romana' with the 'Festa delle Crespelle.'

The original founders in November of 1992 were Franco Fiorini, Bruno De-Gasperis, Aldo Rossi, Maria Pia Mauti, Vittorio Mauti, Vito Renzi, Giovanni Quattrociocchi, Virginia Quattrociocchi, Lucia Quattrociocchi, Severino Carinci, Anita Carinci, Battista Carinci, Americo Pagliaroli, Bruno Pagliaroli, Marilena Fiorini, Marilena Pasqualitto, Paula

17. Associazione Santa Francesca Romana

Ho incontrato Vito Renzi, Franco Fiorini e Aldo Rossi, fondatori e volontari di vecchia data per l'associazione, il 14 gennaio 2010 in un Ristorante a Vaughan in Ontario. Durante il pranzo, Antonio Porretta si è aggiunto al gruppo.

Franco ha iniziato la discussione spiegando che, "Santa Francesca è una contrada di Veroli in Italia. Questo club è stato fondato circa diciotto anni fa, quando alcuni di noi decisero di organizzare la Festa delle Crespelle, replicando l'evento di Veroli". Il nuovo gruppo che fuoriusciva dalla allora più numerosa Associazione Veroli, aveva come scopo quello di organizzare la festa di Santa Francesca Romana e la Festa delle Crespelle.

Nel novembre del 1992 i soci fondatori furono Franco Fiorini, Bruno De Gasperis, Aldo Rossi, Maria Pia Mauti, Vittorio Mauti, Vito Renzi, Giovanni Quattrociocchi, Virginia Quattrociocchi, Lucia Quattrociocchi, Severino Carinci, Anita Carinci, Battista Carinci, Americo Pagliaroli, Bruno Pagliaroli, Marilena Fiorini, Marilena Pasqualitto, Paolo Carinci,

1992 - The original founders of the Association of Santa Francesca Romana

Carinci, Luigi Carinci, Lucia Virgioni, Pietro Virgioni, Lidia Marocco, Umberto Marocco, Romano Marocco, Enrico Virgioni, Marisa De Gasperis, Gasperino De Gasperis, Pietro and Lina Rossi and Padre Gino Carinci who wrote the song for Santa Francesca Romana.

This new club, since 1992, organized the event 'Santa Francesca Romana' with the 'Festa delle Crespelle' every year on the Sunday closest to March 9, at San Filippo Neri Church, located at Jane and Wilson in Toronto. This celebration begins with a Mass. The religious service includes the veneration of the statue of Santa Francesa Romana. Following the service, people look forward to the music and dancing in the church hall. It is here that everyone enjoys savouring the traditional 'Crespelle', prepared by the

Luigi Carinci, Lucia Virgioni, Pietro Virgioni, Marocco Lidia, Umberto Marocco, Romano Marocco, Enrico Virgioni, Marisa De Gasperis, Gasperino De Gasperis, Pietro e Lina Rossi e Padre Gino Carinci, autore del canto in onore di Santa Francesca Romana.

Questo nuovo club, dal 1992, nella domenica più vicina al 9 marzo, organizza ogni anno la Festa di Santa Francesca Romana e la Festa delle Crespelle nella chiesa di San Filippo Neri a Jane e Wilson. La celebrazione ha inizio con una Messa, nel corso della quale coloro che partecipano venerano la statua di Santa Francesca Romana. Dopo la funzione, la gente aspetta impaziente la musica e le danze nella sala della chiesa. E' qui che a tutti piace gustare le tradizionali Crespelle, preparate dal comitato delle donne dell'Associazione Santa Francesca Romana.

Grazie all'impegno di Franco Fiorini e di altri la tradizione è stata replicata a Vaughan

1993 - Committee and sub-committee of 'Sagra della Crespella'.

committee of women of the Association of Santa Francesca Romana.

Through the efforts of Franco Fiorini and others, this celebration is replicated in Vaughan. According to Franco, *"Sagra Delle Crespelle began in Veroli Italy in 1965. Both in Veroli and in Canada this tradition was a way to bring the community together"*. A number of people, originating from this suburb of Veroli, Santa Francesca, were recruited to help organize and work on the event. Local costumes including the 'ciocie', the leather strapped shoes made for this occassion, were worn at the celebration to provide the cultural ambiance of Santa Francesca and this area of Italy called Ciociaria.

Vito explained how his young nephew enjoyed

in Ontario. Franco ha detto che: "La Sagra Delle Crespelle ebbe inizio a Veroli nel 1965 e tanto in Italia quanto in Canada era un'occasione d'incontro per la comunità". Un certo numero di persone, provenienti da questa contrada di Veroli, Santa Francesca, è stato reclutato per aiutare ad organizzare e lavorare nella manifestazione. Durante la celebrazione viene indossato il costume tipico ciociaro, realizzate appositamente per l'evento, per ricreare l'ambiente tradizionale tipico di Santa Francesca di Veroli e di tutta l'area circostante, conosciuta come Ciociaria.

Vito mi ha spiegato come suo nipote partecipi volentieri alla festa, condividendo con me questo aneddoto: "A mio nipote quando aveva 7 anni piacque molto la 'ballarella', (tarantella) la danza popolare che aveva ballato durante la festa. Anche se sua nonna era meno interessata a partecipare, mio nipote era entusiasta di poter andare

the festivities by sharing this anecdote, *"My nephew who was seven years old loved the folk dance the 'ballarella' (a popular Italian folk dance known as tarantella) that he had experienced previously. Although his nonna (grandmother) was less interested in attending, my nephew was excited to go to dance this 'ballarella'."* Here is a case where the younger generation was fascinated by the traditional folk music and the older generation was less so.

"As organizers we do our utmost to involve youth in this annual celebration," added Franco. Many representatives of other Italian-Canadian clubs and associations attend this event as well.

It was evident from this interview that Franco Fiorini was the catalyst that brought everyone together. Vito and Aldo were inspired by Franco's commitment to maintaining these traditions from the hometown in Italy. For this reason they became involved. They stated, *"The work involved to organize the event is worthwhile when year after year you see that around 1000 people participate."*

The board of directors in 2010 was Franco Fiorini-President, Bruno De Gasperis-Vice-President, Aldo Rossi-Treasurer, Mike Baglioni-Social events, Bruno Pagliaroli-Cultural Events, Americo Pagliaroli-Membership, Mike Fiorini-Sports Director, Vito Renzi-Folk Programing, Gasperino De Gasperis-Religious programming.

The sub-committee for special events include Anita Carinci, Severino Carinci, Paola Carinci, Quirino Carinci, Vittorio Mauti, Battista Carinci, Anna Carinci, Luigi

a danzare questo ballo". Questo è uno dei casi in cui le generazioni più giovani sono affascinate dalla musica folk, mentre la vecchia generazione lo è meno.

"Come organizzatori noi facciamo del nostro meglio per coinvolgere i giovani in questa celebrazione annuale", ha detto Franco. Anche molti rappresentanti di altre associazioni italo - canadesi partecipano a questo evento.

Dall'intervista emerge in maniera evidente che Franco Fiorini è stato il promotore che ha esortato tutti perché questa tradizione

Vito e Aldo, erano affascinati dall'impegno di Franco nel mantenere le tradizioni della

March 1993 - Founders, Vittorio and Maria Pia and Amelia Mauti.

Carinci, Gina Fiorini, Romano and Lidia Marocco, Filomena Del Rosso, Teresa Fiorini, Domenico Pagliaroli.

1993 - Founders Giovanni and Verginia Quattrociocchi.

The association of Santa Francesca Romana also organized other events. Golf tournaments were held to raise money for charitable causes in Canada and in Italy.

The club continues to maintain connections with the hometown in Italy. Reciprocally the place of origin, Veroli, has dedicated a monument to all those from Veroli who emigrated to other parts of the world. Representatives from Canada attended the unveiling of this monument in Italy.

città natale; per questa ragione essi si sono coinvolti nell'associazione. A loro avviso, "Il lavoro necessario per organizzare l'evento è utile quando, anno dopo anno circa 1000 persone vi partecipano".

Il consiglio di amministrazione nel 2010 è composto da Franco Fiorini-Presidente, Bruno De Gasperis-Vice-Presidente, Aldo Rossi-Tesoriere, Mike Baglioni delegato agli eventi sociali, Bruno Pagliaroli-delegato agli eventi culturali, Americo Pagliaroli membership, Mike Fiorini-direttore sportivo, Vito Renzi- programmazione folk, Gasperino De Gasperis, alla programmazione religiosa.

La sotto-commissione per gli eventi speciali comprende Anita Carinci, Severino Carinci, Paola Carinci, Quirino Carinci, Vittorio Mauti, Battista Carinci, Anna Carinci, Luigi Carinci, Gina Fiorini, Romano e Lidia Marocco, Filomena Del Rosso, Teresa Fiorini, Domenico Pagliaroli.

L'Associazione Santa Francesca Romana ha anche organizzato altri eventi come tornei di golf per raccogliere fondi da dare in beneficenza, sia in Canada che in Italia.

Il club continua a mantenere una forte relazione con la città natale in Italia. Quest'ultima ha dedicato un monumento a tutti i cittadini emigrati in altre parti del mondo alla cui inaugurazione erano presenti alcuni rappresentanti dell'associazione. Oltre a ciò, nell'autunno del 2009, Franco Fiorini e altri rappresentanti del Veroli club hanno partecipato all'anniversario degli 800 anni della Chiesa di 'Santa Maria Salome'. Franco ricorda, "E 'stata una cerimonia incredibilmente commovente per me e per tutti i rappresentanti dei club che hanno

Above: March 1993 - Children's Folk Group called Zigarole-Dance 'La ballarella".
Left: 2008 - Trip to Italy for La Sagra Della Crespella, Franco Fiorini, Carlo Viola, Enzo Quattrociocchi and others unknown.

In addition, in the fall of 2009, Franco Fiorini and other representatives from the Veroli club attended the 800 year commemoration of the Church of 'Santa Maria Salome'. According to Franco, "*It was an incredibly moving ceremony for me and all the representatives of the clubs who participated in Italy on this momentous occasion.*"

The organizing of 'Festa delle Crespelle Santa Francesca Romana', as well as the golf tournaments require dedicated volunteers. Those interviewed felt that the dedication to continue exists. Although the organization is strong and vibrant there were questions as to the long-term viability. Franco, Vito and Aldo all commented, "*It is the reality that change is taking place. We face the challenge of an aging committee with few younger people actively helping to organize the events. This can pose a problem for the future.*"

Through the efforts of many volunteers from Santa Francesca, this tradition has been kept alive in Toronto for the community. It is because of their work that the 'Festa di Santa Francesca Romana' and 'Festa delle Crespelle' can be experienced in Canada. During the discussion all were optimistic about the future of the organization. There was no hesitation in their commitment to continue to organize the popular 'festa'.

partecipato in Italia a quest'importante occasione".

Organizzare la Festa delle Crespelle e il torneo di golf richiede l'impegno di molti volontari. Gli intervistati ritengono che l'impegno continui ancora, ma pur essendo l'organizzazione ancora forte, cominciano a sorgere dubbi sulla sua continuità. Franco, Vito e Aldo hanno commentato dicendo: "La realtà del cambiamento è in atto e ci troviamo di fronte ad un comitato anziano e a pochi giovani che contribuiscono attivamente all'organizzazione. Tutto ciò potrà generare dei problemi per il futuro".

Grazie agli sforzi dei molti volontari dell'Associazione Santa Francesca, questa tradizione è stata preservata per la comunità presente a Toronto. E' grazie al loro lavoro che la "Festa delle Crespelle" può essere vissuta in Canada. Nel corso dell'intervista sono stati tutti ottimisti riguardo al futuro dell'organizzazione, nessuno ha esitato nell'impegnarsi a continuare ad organizzare la popolare festa.

18. Monte San Giovanni Campano Cultural Association e Frazioni

On July 26, 2011 I met with Elio Zoffranieri at the Jewel Banquet Hall in Vaughan Ontario.

Elio has been a member of the club since 1998 and has held three terms in the office of president since 2001. He estimated that there are about 1,000 families from the town of Monte San Giovanni Campano, living in Toronto. The name, 'Monte San Giovanni Campano Cultural Association e Frazioni' denotes, that the membership of the club is made up of people who come from the town San Giovanni Campano and the 'frazioni', its suburbs and/or small villages close by namely; Colli, Lucca, Porrino, Anitrella and Chiaiamari.

The founders of the club were Italo Cellupica, Tom Cellupica, Talo Mastroianni, and Vittorio Coratti. This association was incorporated on February 3, 1994. According to Elio, *"This organization splintered away from the Associazione Cattolica Porrinese di Monte San Giovanni Campano. The Associazione Cattolica Porrinese had been founded about twenty-five years earlier in 1979. Prior to 1979 most of the members belonged to the*

18. Monte San Giovanni Campano Cultural Association e Frazioni

Il 26 luglio 2011 ho incontrato Elio Zoffranieri al Jewel Banquet Hall a Vaughan in Ontario.

Elio è membro del club sin dal 1998 e ne è presidente dal 2001. Egli stesso ritiene che a Toronto vivano almeno 1000 famiglie provenienti da Monte San Giovanni Campano. Il nome del club, Monte San Giovanni Campano Cultural Association e Frazioni sottolinea che i membri del club provengono anche dalle frazioni dello stesso paese come Colli, Lucca, Porrino, Anitrella e Chiaiamari.

Il club fu fondato da Italo Cellupica, Tom Cellupica, Talo Mastroianni e Vittorio Coratti e fu registrato il 3 febbraio 1994. Elio ha raccontato che: "Questo club nacque dalla Associazione Cattolica Porrinese di Monte San Giovanni Campano. Quest'ultima, a sua volta, era stata creata, venticinque anni prima nel 1979. Prima del 1979 la maggior parte dei membri facevano parte del Ciociaro Club di Toronto". L'Associazione Cattolica Porrinese fu fondata per festeggiare la Madonna del

The Board of Directors and members of the organization.

Ciociaro Club of Toronto." The reason for the founding of the Associazione Cattolica Porrinese was to venerate and honour the 'Madonna del Buon Aiuto' the patron of Porrino. In 1994 a number of members left the former association and formed Monte San Giovanni Campano Cultural Association e Frazioni.

The reason for the founding of this association was to celebrate and honour "La Madonna del Suffragio", the venerated Madonna from the city of origin, Monte San Giovanni Campano in Italy. In order to replicate this 'festa' in Canada, one of the first objectives of the organization was to obtain a statue of the Madonna. In 1994 the club initiated the

Buon Aiuto, patrona di Porrino, ma nel 1994 alcuni soci lasciarono Giovanni Campano Cultural Association e Frazioni.

Il club in questione, invece, fu fondato per celebrare e onorare "La Madonna del Suffragio", venerata nella città d'origine. Per realizzare la festa, uno dei primi obiettivi del club fu quello di avere una statua della Madonna. Nel 1994 il club iniziò una raccolta di fondi per commissionare la scultura. L'immagine della Madonna fu scolpita in Italia e portata in Canada, dove oggi è conservata nella chiesa di St. David a Woodbridge. Ogni anno, nella prima settimana di maggio, la statua veniva portata in processione durante la festa della Madonna del Suffragio. Recentemente il club ha deciso di spostare la data della festa a giugno, perché nel mese di maggio si erano concentrate

Preparations for the procession for 'La Madonna del Suffragio' organized by Monte San Giovanni Campano Cultural Association e Frazioni.

campaign to raise money to commission the sculpture. The figure was sculpted in Italy and brought to Canada. This statue of the Madonna is kept at St. David's Church in Woodbridge. It has been used in procession during the celebration of 'La Madonna del Suffragio' traditionally held in the first week in May. The club decided to change the date recently from May to first week in June because the May calendar was full of other activities that conflicted with the original date for the 'festa'.

Elio described the celebration they hold for the 'Madonna del Suffragio': *"We hold the mass at St. David's Church and then have our procession in the park that is directly behind the church. The scenery reminds me of Italy. We cross a creek in procession to the music of a marching band and fireworks are lit off*

troppe attività.

Elio ha descritto la festa: "Organizziamo una messa nella chiesa di St. David alla quale segue una processione nel parco situato dietro la chiesa. Lo scenario mi ricorda l'Italia. Durante la processione attraversiamo un piccolo corso d'acqua accompagnati dalla banda musicale e vengono fatti i fuochi d'artificio proprio come quando eravamo a casa in Italia". Dopo la celebrazione religiosa si svolge una cena con ballo alla Jewel Banquet Hall. In passato il club ha utilizzato anche alti luoghi come il Royalton, Le Parc e Bellvue Manor. Elio ha constatato una diminuzione dei partecipanti alla messa e alla

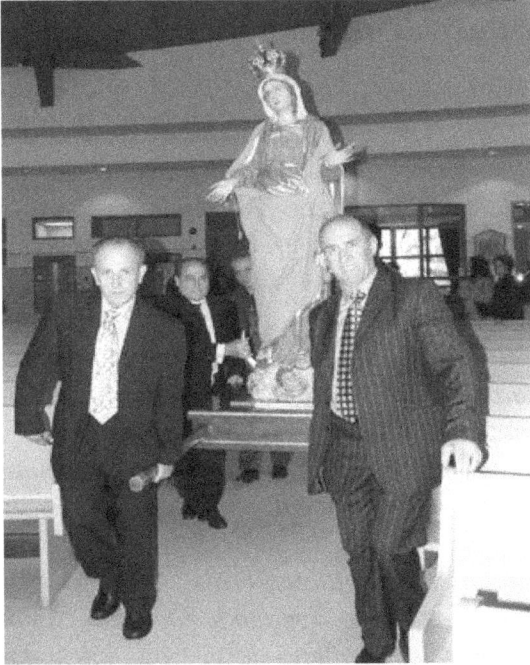

The Madonna del Suffragio being carried to the alter of the church by committee members of Monte San Giovanni Campano Association.

The Madonna del Suffragio at the alter of the church.

Dinner organized by the Monte San Giovanni Campano Cultural Association for the Festa 'La Madonna del Suffragio'.

just like when we were back home." After this religious celebration there is a dinner and dance held at the Jewel Banquet Hall. In the past the club has also utilized the Royalton, Le Parc, and Bellvue Manor for their events. Elio has seen a decline in interest, which has caused participation to decrease substantially at the mass and procession, yet for the dinner dance in the evening over three hundred people are in attendance.

Besides organizing the 'festa', Elio recounted the numerous activities held by the association. *"We have put on a fashion show to raise funds for charities such as Princess Margaret Hospital. Our club's name is on a plaque at Princess Margaret. We also raise money for those in need in our community. Funds have been donated for handicapped children. In 2002 we held a fundraiser for a girl with Ret Syndrome to buy a wheel chair and to build a ramp. Last year, in November of 2010 we raised money to assist a boy who had a brain haemorrhage and was confined to a wheelchair. In March of 2011 we raised money for a boy with 'Muscular Dystrophy'. As well we try to assist and support other families who care for children with special needs."*

The club has held activities with other organizations to increase participation and defray costs. For the last two years 'Monte San Giovanni Campano Cultural Association e Frazioni' and the 'Castelliri Club' have collaborated to have a picnic. This outdoor event was held on the property of the Ciociaro Club on Kipling. That cooperation between the two clubs has garnered the participation of over three hundred people at the picnic.

processione, mentre alla cena partecipano ancora oltre trecento persone.

Elio ha continuato a descrivere le numerose attività che l'associazione organizza oltre alla festa. "Ci siamo impegnati in una sfilata di moda per raccogliere fondi da dare in beneficenza, ad esempio a favore del Princess Margaret Hospital, dove è stata affissa una targa con il nome del nostro club. Nel 2002 ci siamo attivati per una ragazza colpita dalla sindrome di Rett. Con il denaro raccolto abbiamo acquistato una sedia a rotelle e costruito una rampa. A novembre 2010 abbiamo raccolto fondi per un ragazzo che era rimasto in sedia a rotelle a causa di un'emorragia cerebrale. A marzo 2011, invece, abbiamo ripetuto la raccolta a favore di un ragazzo affetto da distrofia muscolare Abbiamo, inoltre, aiutato altre famiglie di ragazzi con bisogni particolari."

Il club ha collaborato spesso anche con altre associazioni per incrementare la partecipazione e ridurre i costi. Ad esempio negli ultimi due anni la Monte San Giovanni Campano Association e il Castelliri Club hanno collaborato per fare un picnic, che è stato organizzato sulla proprietà del Ciociaro Club di Kipling. La cooperazione fra i due club ha ottenuto la partecipazione di oltre trecento persone. Allo stesso modo nel 2002 e nel 2003 la Monte San Giovanni Association e l'Associazione Cattolica Porrinese si sono unite per un picnic nel parco pubblico di Dufferin e Bathurst. Questo tipo di cooperazione accresce l'adesione e rafforza i rapporti all'interno della comunità.

Per tenere unita la comunità sono stati organizzati anche altri eventi. Ad esempio il club ha promosso alcuni viaggi. Pellegrinaggi

Children's games at the picnic organized by Monte San Giovanni Campano and Castelliri.

In 2002 and 2003 the Monte San Giovanni Campano Cultural Association e Frazione and Associazione Cattolica Porrinese held a joint picnic at a public park on Dufferin and Bathurst. This co-operation not only increases participation but also strengthens ties within the community.

Other events are organized to keep people from the hometown, living in Toronto, connected. The club promoted bus trips. They visited the Martyrs' shrine in Midland, Ontario, made pilgrimages to Fatima at Buffalo New York and Sainte-Anne-de-Beaupré in Montreal. The club provided activities that maintain and share cultural traditions. As Elio stated, *"We recreated our social community from our place of birth."*

The association has maintained ties with the town of origin over the span of the organization. The club has also organized trips to Italy for its members and families. It has given support for the church in "Monte San Giovanni Campano". Elio explained, *"Don Gianni, the priest from our home town, has visited the community in Canada*

a Fatima a Buffalo e a Montreal in visita al Santuario di Sainte-Anne-de-Beaupré e hanno fatti visita al Martyrs' Shrine a Midland, Ontario. L'associazione predispone attività per il mantenimento e la condivisione delle proprie tradizioni culturali. "Ricreiamo quello che era l'ambiente sociale del nostro luogo si nascita"

L'associazione ha sempre mantenuto i legami con la città d'origine ed ha organizzato alcuni viaggi in Italia per i soci e le loro famiglie. Ha dato, altresì, un contributo per la chiesa di Monte San Giovanni Campano, come ha detto anche Elio. "Don Gianni, il parroco della città d'origine, fece visita alla comunità in Canada almeno tre o quattro volte durante la mia presidenza. L'associazione contribuì a raccogliere il denaro per la chiesa della

The logo for the Association.

at least three or four times during my term as president. The association has helped to raise money for the church in the town."

In June of 2011 the club hosted the bishop for the diocese of Frosinone-Veroli-Ferentino. According to Elio, in Toronto there are fourteen clubs and associations formed by people originating from this diocese. The bishop came to Toronto looking for support to create a museum in the former bishop's residence in Veroli. It was observed that the ties seemed to have weakened between the people of Toronto and the hometowns. Elio stated, *"Although most of the clubs came to the organizational meeting, only seven out of the fourteen participated for the reception. This reception held for the bishop to raise money attracted around three hundred people."* Had the bishop visited ten or fifteen years ago eight hundred people could be expected for the reception. However the organization continues to support the museum project being promoted by the bishop. It is planning to hold another event to raise more money.

Support for the club 'Monte San Giovanni Campano Cultural Association e Frazioni' is also changing. In 1994 there were four hundred members in the association. This number has declined. Currently the membership of the club is around one hundred and twenty members. Elio recalled that there was never any desire or intent to own a clubhouse. The board and the membership felt it did not make any sense for the club to purchase and own a facility. It would become a financial hardship for the club to own and maintain property. Elio expressed his views: *"The Ciociaro Club in Toronto has a clubhouse and grounds to accommodate our needs. All*

città".

Nel giugno del 2011 il club ha ospitato il vescovo della diocesi di Frosinone, Veroli e Ferentino. A detta di Elio a Toronto ci sono ben quattordici associazioni i cui membri sono originari di questa diocesi. Il vescovo è venuto a Toronto a cercare supporto per creare un museo nella vecchia sede della curia vescovile a Veroli. L'occasione ha dimostrato che i legami tra i residenti a Toronto e le città di origine sembrano essersi affievoliti. Elio ha commentato dicendo: "Anche se all'incontro sono state presenti quasi tutte le associazioni, solo sette di queste con circa trecento presenze, hanno partecipato alla cena di benvenuto organizzata per ricevere il vescovo e raccogliere i fondi". Al contrario dieci o quindici anni fa, ad un evento del genere, sarebbero state presenti almeno ottocento persone. Ad ogni modo l'organizzazione continua a sostenere il progetto del museo promosso dal vescovo ed ha in programma un altro evento per ripetere la raccolta fondi.

Negli ultimi anni anche l'appoggio al club Monte San Giovanni Campano Cultural Association e Frazioni sta cambiando. Nel 1994, infatti, i soci erano intorno ai quattrocento, ma oggi sono scesi a circa centoventi. Per quanto riguarda la sede, Elio ha ricordato che il club non ha mai avuto intenzione di acquistarne una. Il consiglio e i soci hanno sempre pensato che non ci fosse la necessità di acquistare una struttura propria. In più la manutenzione di una sede avrebbero comportato per il club un impegno finanziario importante. Lo stesso Elio ha continuato esprimendo il suo punto di vista. "Il Ciociaro Club di Toronto ha una sede con spazi all'aperto che risponde

the organizations that do not have their own place should support the Ciociaro Club. It would be helpful for the future sustainability of all the clubs and associations to collaborate more and work together."

The discussion turned to the future of the organization. Elio began, "*The average age in the club is seventy years old. It is difficult to get the young interested in the club. The younger generation is not likely to step in to replace those who are getting too old to do the organizing and the work. The*

alle nostre necessità. Tutte le organizzazioni che non hanno una propria sede sociale dovrebbe usufruire dei locali del Ciociaro Club. Sarebbe utile per la continuità delle associazioni che esse collaborassero e lavorassero insieme".

La conversazione si è concentrata, poi, sul futuro dell'organizzazione. A questo proposito Elio ha detto: "L'età media del club è di settanta anni ed è difficile trovare giovani interessati al club. Non è certo che i giovani subentrino e prendano il posto di chi comincia ad essere troppo vecchio per

future is uncertain." Elio observed that most Italian-Canadian clubs are facing the same challenges. He sees most clubs eventually disappearing unless there is a dramatic transformation.

The Monte San Giovanni Campano Cultural Association e Frazioni provided valuable services to the community living in Canada, because of its religious and charitable activities. The community from Monte San Giovanni Campano continues to provide activities that gather and celebrate together these long standing cultural traditions that were brought to Canada from Italy. A strong sense of community is the legacy of this group of people from Monte San Giovanni Campano and its 'Frazioni'.

organizzare e lavorare nel club. Il futuro è una nota dolente, incerta". Elio ha osservato che la maggior parte dei clubs italo - canadesi si trovano ad affrontare le stesse difficoltà. Secondo lui molti club scompariranno se non si trasformeranno.

La Monte San Giovanni Campano Cultural Association e Frazioni, ha reso un valido servizio alla comunità che vive in Canada, grazie alle sue attività religiose e caritative. La comunità proveniente da Monte San Giovanni Campano continua ancora a garantire occasioni di incontro per ricordare le antiche tradizioni culturali portate in Canada dall'Italia. Quello che questo insieme di persone, proveniente da Monte San Giovanni Campano e dalle sue Frazioni, ha tramandato è un forte senso di comunità.

19. Associazione Culturale di Castelliri a Toronto

This interview of the 'Associazione Culturale di 'Castelliri' took place with Vittorio Scala and Sante Caringi, January 21, 2010, at the home of Vittorio Scala.

Although this association was officially incorporated in 1995, activities were already taking place before that date. The reason for the founding of the organization was to maintain the religious tradition of honouring the patron saint of 'Castelliri'. Vittorio pointed out, *"In 'Castelliri' the 'festa di Santa Maria Salome', was one of the most important religious celebrations."*

The people who emigrated maintained a connection with this tradition by sending donations back to their hometown to help pay for the cost of the event. Sante Caringi recalled, *"Since 1960, I had been involved in collecting donations for the 'festa' of 'Santa Maria Salome' for my hometown of 'Castelliri', Italy. In Toronto I would go house to house of all those who had emigrated from 'Castelliri' and would ask for a donation to send back home. At the event in Italy, all the names of those who had donated were read*

19. Associazione Culturale di Castelliri a Toronto

L'intervista sull'Associazione Culturale di Castelliri si è svolta con Vittorio Scala e Sante Caringi il 21 gennaio 2010 a casa di Vittorio.

Nonostante l'associazione sia stata costituita ufficialmente nel 1995, alcune attività venivano effettuate già prima di quella data. Mantenere la tradizione religiosa in onore del santo patrono di Castelliri fu la ragione della creazione del club. Vittorio ha sottolineato, "A Castelliri la Festa di Santa Maria Salome era una delle più importanti celebrazioni religiose".

Gli emigrati mantenevano il legame con questa tradizione inviando donazioni nella città natale per contribuire a pagare il costo della manifestazione. Sante Caringi ha ricordato, "Dal 1960, sono stato coinvolto nella raccolta di donazioni per la festa di Santa Maria Salome nella mia città natale di Castelliri. A Toronto, andavo di casa in casa fra tutti quelli che erano emigrati da Castelliri per chiedere una donazione da inviare in Italia. Durante la festa, in Italia, venivano letti tutti i nomi di coloro che avevano contribuito e le famiglie della

227

First Board of Directors, Lidio Massaroni, Silvio Tomaselli, Marisa Abbatista, Santino Caringi, Marie Bell, Vittorio Scala.
Front Row: Enrico Abballe, Joe Reale.

out. The families in our hometown would listen for the names of their loved ones in Canada. I have maintained the ties with both the people originating from 'Castelliri', living in Toronto, as well as my hometown of 'Castelliri' itself for over fifty years". This tradition linking the hometown religious celebrations with the immigrants abroad was replicated in many communities outside of Italy.

Sante continued to explain, "*At the 'festa' held in Italy the statue of 'Santa Maria Salome' was carried in procession on the shoulders of men. This statue was extremely heavy and had to be transported up and down steps*

nostra città sentivano pronunciare i nomi dei loro cari. Io ho mantenuto i contatti sia con le persone provenienti da Castelliri, che vivono a Toronto, sia con la mia stessa città d'origine per oltre cinquant'anni". La pratica di ripetere le tradizioni religiose della città natale tra gli immigrati all'estero è stata replicata in molte comunità fuori dall'Italia..

Sante ha continuato a spiegare: " Nel corso della festa in Italia la statua di Santa Maria Salome veniva portata in processione a spalla dagli uomini. La statua era estremamente pesante e doveva essere trasportata su per le scale della chiesa. Nel 1973 ho coinvolto trentuno persone per raccogliere i fondi

Top and Bottom: Procession for Santa Maria
Salome in Toronto.

Toronto - Exchanging commemorative gifts between the President of the Castelliri Club and the Mayor of Castelliri.

of the church. In 1973 I brought thirty-one people together, in Toronto, to raise money in order to build a special cart on which to place the statue. The cart, built in Italy, became a useful device onto which the weight of the statue was borne. The community in 'Castelliri' was extremely appreciative of this piece of equipment, donated by the community in Toronto".

With the passing of time those living in Canada looked to organizing their own celebration. In 1995 the group, originating from 'Castelliri' came together in Toronto, to see about commissioning a statue for their community in Canada. Vittorio recounted, *"Sante and I called a meeting in order to commission our own statue and for this reason we formed an association. All the people who attended the meeting were in agreement regarding this initiative. Sante then contacted an artistic company in Italy. I took a photo of the saint and from this picture*

necessari per costruire un carrello su cui collocare la statua. Il carrello, costruito in Italia, è diventato un utile strumento per sostenere il peso della statua e la comunità di Castelliri apprezzò molto il dono ricevuto dalla comunità di Toronto. Con il passare del tempo coloro che vivevano in Canada cercarono di organizzare una propria festa. Nel 1995 un gruppo di emigrati di Castelliri si riunì a Toronto, per commissionare una statua per la comunità in Canada. Vittorio ha raccontato, *"Sante e io organizzammo un incontro per commissionare una statua tutta nostra e in questo modo formammo l'associazione. Tutte le persone che parteciparono alla riunione furono d'accordo riguardo all'iniziativa. Successivamente, Sante contattò un laboratorio artistico in Italia. Io scattai una foto della santa e da quell'immagine l'artista scolpì una statua in legno".*

Vittorio ha continuato a raccontarmi la cronologia degli eventi. *"Quando arrivò in Canada, la statua fu inaugurata e*

Labour Day parade in Toronto with band from Castelliri, Italy.

the artist sculpted a statue in wood".

Vittorio continued to explain the chain of events, *"When the statue arrived in Canada an inauguration and the blessing of the statue took place at San Filippo Neri Church at Jane and Wilson. More than six hundred people were in attendance including the mayor from 'Castelliri', Santino Pagnanelli. Our association was born".*

The annual celebration for the 'Festa of Santa Maria Salome' is held on the last Sunday in August. This religious event is celebrated with a mass in St. Augustine's Church, at Steeles and Jane, followed by a procession. This church is also the place where the statue is kept all year round. The saint has a special significance in the Catholic tradition. Santa Maria Salome was one of the women present at the crucifixion of Jesus Christ. Because of this religious significance the 'Castelliri' association take their beloved statue in procession to the Good Friday reenactment

benedetta nella Chiesa di San Filippo Neri a Jane e Wilson. Erano presenti più di 600 persone, tra cui il sindaco di Castelliri, Santino Pagnanelli. Così nacque la nostra associazione".

L'annuale celebrazione per la Festa di Santa Maria Salome si tiene l'ultima Domenica di Agosto. Questo evento religioso si svolge con una messa nella chiesa di S. Agostino, a Steeles e Jane, dove è conservata la statua, seguita da una processione. Questa santa ha un significato particolare per la tradizione cristiana. Santa Maria Salome era una delle donne presenti alla crocifissione di Gesù. Per questa ragione la Castelliri Association, il Venerdì Santo porta in processione la statua di Santa Maria Salome nel quartiere di College Street a Toronto.

Il legame con la città di Castelliri continuava. Nel 1997 il Sindaco di Castelliri tornò a

down College Street in Toronto.

The ties with the town of Castelliri continued. In 1997 the Mayor of 'Castelliri' returned to Toronto and brought the concert band from the hometown. This delegation consisted of thirty-five people. They participated in the Labour Day parade in downtown Toronto. *"An experience, which has become legend in our hometown in Italy,"* stated Vittorio with pride.

This visit was reciprocated. In 2005 about forty people, from Toronto, traveled to 'Castelliri' and participated in the local festa. *"It was an emotional and fabulous occasion"*, according to Vittorio, *"A once in a life-time experience which is remembered fondly by all of us."*

In the post Second World War immigration period about eighty-five families from 'Castelliri' came to Toronto. Vittorio explained, *"They had suffered great poverty in their place of origin and 'Santa Maria Salome' was a symbol of hope. The people of 'Castelliri' are a group devoted to their religious values and it continues to be part of our heritage. Religious celebrations and our faith provided nourishment for the strength and courage needed to deal with our daily struggle both in Italy and in Canada."*

Two other events are organized by the organization. The 'Tastes of Ciociaria' held in April or May. This event was organized in 2009 with three other associations, 'Monte San Giovanni Campano', the 'Ciociaro Social Club', and the 'Associazione Porrinese'. Another event held by the Castelliri Club is

Toronto e portò la banda della città natale. La delegazione era formata da trentacinque persone, che parteciparono alla parata della festa del lavoro nel centro di Toronto. "Un'esperienza che diventò leggenda nella nostra città in Italia", mi ha raccontato Vittorio con orgoglio.

La visita fu ricambiata. Nel 2005, circa quarantacinque persone tornarono a Castelliri e parteciparono alla festa locale. "E' stata un'occasione emozionante, fantastica", mi dice Vittorio, "Per una volta nella vita quest'esperienza sarà ricordata con affetto da tutti noi".

Durante l'immigrazione del secondo dopo guerra, circa ottanta-cinque famiglie di Castelliri venero a Toronto. Vittorio mi ha spiegato: "tutti loro avevano sofferto una grande povertà nel loro luogo di origine e Santa Maria Salome era un simbolo di speranza. La gente di Castelliri è stata sempre legata ai propri valori religiosi, che continuano ancora ad essere parte del nostro patrimonio. Le celebrazioni religiose e la nostra fede hanno alimentato la forza e il coraggio necessari per affrontare la lotta quotidiana in Italia e in Canada".

Altre due manifestazioni vengono organizzate dall'associazione. La prima è Tastes of Ciociaria che si svolge nel periodo aprile-maggio. L'evento è stato organizzato nel 2009 con altre tre associazioni: Monte San Giovanni Campano, Ciociaro Social Club e l'Associazione Porrinese. La seconda è la riunione generale annuale, con cena sociale, durante la quale si rinnovano le iscrizioni e sono presenti circa duecento persone.

conclusione, la discussione si concentra sul

the annual general meeting with dinner. At this meeting two hundred people are usually in attendance and memberships are renewed.

As our interview came to a conclusion the discussion turned to the future. Vittorio articulated clearly, *"The religious traditions and the folk heritage of our rural roots that brought everyone together have significance for my generation and older. But for those born in Canada like my sons or Sante's children there is not the same emotional connection to these traditions. As a matter of fact there appears to be less and less relevance in these activities for the younger generation."*

Both Sante and Vittorio stated, *" A future for the club in its present format is both uncertain and unlikely."* Out of this interview they conveyed their understanding of the current reality. It was acknowledged that life and settlement in a new country is also about change and integration. Although a common heritage is what has shaped values and the activities of the 'Associazione Castelliri', so does the Canadian heritage influence and shape the values and activities of the next generations.

The 'Associazione Castelliri' has played a vital role in maintaining religious and cultural traditions for many years. The work of the association has provided a valuable service. Through its activities it has maintained a unique cultural identity for the community in Canada.

futuro. Vittorio ha detto chiaramente: "Le tradizioni religiose e il patrimonio delle nostre radici rurali, hanno un significato importante per la mia generazione e per i più vecchi. Ma per coloro che sono nati in Canada, come i miei figli o i figli di Sante, non c'è lo stesso legame emotivo con queste tradizioni. È un dato di fatto, sembra che queste attività siano sempre meno rilevanti per le giovani generazioni".

Sante e Vittorio hanno affermato entrambi che, "Un futuro per l'associazione nella sua forma attuale è improbabile". Dalla discussione emerge una riflessione sulla realtà attuale. E' importante riconoscere che la vita e l'insediamento in un nuovo paese significano anche cambiamento e integrazione. Sebbene il nostro patrimonio abbia plasmato i nostri valori e le attività dell'associazione, allo stesso modo il patrimonio canadese ha influenzato e modellato i valori e le attività della nuova generazione.

L'associazione Castelliri ha svolto un ruolo essenziale nel mantenere per molti anni una tradizione religiosa e culturale. Il lavoro dell'Associazione Castelliri ha fornito un valido servizio per la comunità in Canada e attraverso le sue attività è stata conservata un'identità culturale unica.

20. Amaseno Social Club

Giulio Iaboni and Domenico De Carolis met with me in Domenic's home on January 22, 2010 for this interview.

The Amaseno Social Club was founded in 1998, a more recently formed organization relative to the other clubs in this book. Before 1998 some members of the Amaseno Club were part of the Ciociaro Club of Toronto. From the interview, it became apparent that the Ciociaro Club was one of the earliest reference points as a club for people who had immigrated to the Toronto area from all over Ciociaria. *"Many who now belong to different clubs, used to all belong to the Ciociaro Club before,"* according to Giulio.

"It all began at a Valentine's dance at the Ciociaro Club in Toronto," recalled Domenico. At this gathering a few people who originated from Amaseno had a conversation about forming a club of their own. *"We looked around and saw that other groups had formed their own club and wondered why not have an organization of our own,"* Domenico explained.

Domenico De Carolis, Dino Filippi, Dionisio Barba, Franco Pisterzi and Antonio

20. Amaseno Social Club

Il 22 Gennaio 2010 ho incontrato Giulio Iaboni e Domenico De Carolis per raccogliere questa intervista.

L'Amaseno Social Club è stato fondato nel 1998, un'organizzazione molto più giovane rispetto ad altre descritte in questo libro. Prima del 1998 alcuni membri del club facevano parte del Ciociaro Club di Toronto. Nel corso dell'intervista è emerso che il Ciociaro Club è stato uno dei primi punti di riferimento, come associazione, per le persone immigrate nella zona di Toronto e provenienti da tutta la Ciociaria. "Tanti dei membri che oggi appartengono ai diversi Clubs, hanno fatto parte in passato del Ciociaro Club di Toronto", mi ha detto Giulio.

Domenico ha ricordato "Tutto iniziò al ballo di San Valentino al Ciociaro Club di Toronto". Al ballo erano presenti alcune persone di Amaseno che ebbero una conversazione sulla possibilità di formare un proprio club. "Ci guardavamo intorno e vedevamo gli altri gruppi e ci chiedevamo perché non avere anche noi un club tutto nostro", ha commentato Domenico, Dino

Board of Directors.

*Contact with rep-
resentatives from
Amaseno.*

This space is for
Ministry Use Only
Espace réservé à
l'usage exclusif
du ministère

Ontario Corporation Number
Numéro de la personne morale en Ontario

1.

1284761

Ministry of
Consumer and
Ontario Commercial Relations

Ministère de
la Consommation
et du Commerce

LETTERS PATENT
This application constitutes the charter
of the corporation which is issued by
these Letters Patent dated this

LETTRES PATENTES
La présente requête forme la charte de la
compagnie constituée en personne morale
par lettres patentes datées du

MAY   2 2   MAI,   1998

Minister of Consumer
and Commercial Relations

Le Ministre de la
Consommation et du Commerce

per/par _____

Director / Directeur

APPLICATION FOR INCORPORATION OF A CORPORATION WITHOUT SHARE CAPITAL
REQUÊTE EN CONSTITUTION D'UNE PERSONNE MORALE SANS CAPITAL ACTIONS

Form 2
Corporations
Act

Formule 2
Loi sur les
personnes
morales

1. The name of the corporation is/Dénomination sociale de la personne morale :

A M A S E N O   C U L T U R A L   A S S O C I A T I O N
I N C .

2. The address of the head office of the corporation is/Adresse du siège social:

164 CABERNET CIRCLE,

(Street & No., or R.R. No., or Lot & Concession No., or Lot & Plan No.,Post Office Box No. not acceptable; if Multi-Office Building give Room No.)
(Rue et numéro, ou R.R. et numéro, ou numéro de lot et de concession, ou numéro de lot et de plan; numéro de boîte postale inacceptable; s'il s'agit d'un édifice à bureaux, numéro du bureau)

REXDALE, ONTARIO, CANADA

(Name of Municipality)
(Nom de la municipalité)

M 9 V   5 B 8

(Postal Code/Code postal)

3. The applicants who are to be the first directors of the corporation are:
Requérants appelés à devenir les premiers administrateurs de la personne morale :

Name in full, including all first, middle names Nom et prénoms au complet	Residence address, giving Street & No., or R.R., No. or Lot & Concession No., or Lot & Plan No., and Postal Code (Post Office Box No. not acceptable) Adresse personnelle y compris la rue et le numéro ou la R.R. et le numéro, ou le numéro de lot et de concession, ou le numéro de lot et de plan, ainsi que le code postal (Numéro de boîte postale inacceptable)
DE CAROLIS DOMENICO	177 FIRGROVE CRESCENT, DOWNSVIEW ONT. M3N 1K7
BARBA DIONISIO	164 CABERNET CIRCLE, REXDALE ONT. M9V 5B8
IABONI GIULIO	111 BEMBIGH CRESCENT, DOWNSVIEW ONT. M3M 2T4
FILIPPI DINO	5 BUSHEY AVENUE, TORONTO ONT. M6N 2R4
PISTERZI FRANCESCO	10 MULHOLLAND DRIVE, THORNHILL ONT. L4J 7T7
ZOMPARELLI ANTONIO	39 BENJAMIN BOAKE TRAIL, DOWNSVIEW ONT M3J 3C2
GIANNETTA OTTORINO	47 COMPTON CRESCENT, DOWNSVIEW ONT. M3M 2C3
FILIPPI GIUSEPPE	5 FLEMING CRESCENT, TORONTO ONT. M4G 2A9

07109 (10/96)

Letters Patent - 1998.

1999 - Celebrating in Toronto San Lorenzo,
Patron Saint of Amaseno.

Zomparelli organized and were the driving force for the forming of this club. It was incorporated on May 22, 1998. Today the club has 300-340 active members.

In the early days of immigration, those originating from Amaseno gathered frequently for weddings, family celebrations, picnics and other festivities. As the community grew and a second generation was born the founders saw the club as a way to maintain ties with one another. The activities of the club would also create an environment where the young adults, born in Canada, could meet one another to experience and share their traditions. Three major events were chosen to gather the "Amasenesi": the feast of the Patron Saint of Amaseno 'San Lorenzo', a Christmas party and a Mother's Day celebration.

The focus behind the activities of this club

Filippi, Dionisio

Barba, Franco Pisterzi e Antonio Zomparelli organizzarono il club e ne furono la forza trainante. L'associazione fu registrata il 22 maggio 1998. Oggi essa conta dai 300 ai 340 membri attivi.

Durante i primi tempi dell'immigrazione, gli originari di Amaseno si riunivano in occasione di matrimoni, feste di famiglia, picnics e altre ricorrenze. Quando nacque la seconda generazione e la comunità crebbe, i fondatori videro nella creazione di quest'associazione un modo per mantenere i legami l'uno con l'altro. Le attività del club crearono anche un ambiente in cui i più giovani, nati in Canada potevano incontrarsi e condividere le loro tradizioni. Furono scelte tre ricorrenze come

was to socialize and maintain the religious/cultural traditions from the place of origin, and to maintain ties and relationships with one another. The values of family, community, faith, and a very long tradition were integral to the lives of those who came to Canada to find a better life. As the process of integration moved along, these unique aspects of culture and tradition were maintained in Canada as a link to Italy. Domenico explained, *"We want our children to know about our culture and where we came from. It is important to us that they are proud of their heritage."* These traditions and values were part of the cultural baggage brought to Canada and needed to be

occasione di incontro far gli Amasenesi: la festa di San Lorenzo, patrono della città, un Christmas Party e la Festa della Mamma.

Lo scopo alla base delle attività del club erano il desiderio di stare insieme e l'esigenza di mantenere le tradizioni religiose e culturali del luogo di origine, oltre che mantenere i legami e conoscersi l'un l'altro. I valori della famiglia, della comunità, la fede religiosa e una lunghissima tradizione, erano parte integrante della vita di chi era venuto in Canada per cercare una vita migliore. Mentre il processo d'integrazione è andato avanti, questi aspetti unici della cultura e della tradizione sono stati mantenuti in

1960 - Halifax, Nova Scotia. Some immigrants from Amaseno.

Amaseno Club picnic and games.

passed on.

San Lorenzo, the patron saint of Amaseno, is celebrated in a significant way in the Town of Amaseno in Italy. "*This was the most important celebration we had and still have in Amaseno,*" stated Domenico. The Amaseno club recreated this religious tradition in Toronto, which then became the common thread for their activities. On August 1998 and the subsequent years, the Amaseno Social Club in Toronto organized and celebrated the Festa di San Lorenzo with a celebration of a Mass, followed by a picnic and other activities. This brought the community together and this tradition continues to be maintained to this day.

The members of the club also maintained ties with Amaseno Italy. Many people living in Toronto, originating from Amaseno, returned to Italy during August to celebrate this feast in Italy. It is this tie to the religious values and traditions, which continues to connect the members of the Amaseno Club in Toronto with Italy. The Mayor of Amaseno

Canada come legame con l'Italia. Domenico mi ha spiegato: "Vogliamo che i nostri ragazzi conoscano la nostra cultura e sappiano da dove veniamo. E' importante per noi che essi siano orgogliosi del loro patrimonio culturale". Tutte queste tradizioni e questi valori, quindi, facevano parte del bagaglio culturale portato in Canada e esigeva che fosse tramandato.

San Lorenzo, santo patrono di Amaseno si celebra con molta devozione nel Comune d'origine. "Era la festa più importante che avevamo e che abbiamo ancora ad Amaseno", ha detto Domenico. L'Amaseno Club ricreò questa tradizione religiosa, che divenne il suo principale momento d'incontro. Seguendo questa tradizione religiosa, dal primo agosto 1998 e negli anni successivi l'Amaseno Social Club, organizza la 'Festa di San Lorenzo' con la celebrazione di una Messa, un pic-nic e altre attività. In questo modo la festa ha riunito la comunità proveniente dal medesimo comune e la tradizione continua tutt'oggi ad essere mantenuta. Ad ogni modo i membri del club sono rimasti in contatto con la città italiana. Molte persone originarie della

also came to Canada and met with the community shortly after the founding of the club. This encounter connected the Amaseno community in Canada with their point of origin. According to Giulio, *"Other clubs from Amaseno have been founded not only in Toronto but also in the U.S. and in Montreal."* Connections among these various clubs have been maintained in North America. As well as contact with the town of origin.

As time passes, Giulio and Domenico worry about the future work of their club. Domenico has been president of the Amaseno Club since the club has been founded. Unfortunately they do not see the younger generation stepping up to replace the older generation in the running of the club, as was originally hoped. *"These young people don't seem to be interested and they are always too busy"*, remarked Giulio.

Yet in spite of the reality of lack of involvement by the younger generation there is a note of optimism that both Giulio and Domenico expressed: *"Someday they will understand and then they will take over."* They have faith that the younger generation will become more involved.

Both Giulio and Domenico have enjoyed and continue to enjoy being active in the club. *"We love to get our community together and see the young people enjoying themselves,"* they remarked. *"Organizing the activities of the club takes a lot of work every year. It is thanks to the members and volunteers that the club continues."*

città, che vivono a Toronto e in altre parti del Nord America, ritornano in Italia nel mese di agosto per celebrare questa ricorrenza. E' questo legame con i valori religiosi e le tradizioni, che continua a legare i membri dell'Amaseno Social Club di Toronto con il paese di origine in Italia. Lo stesso Sindaco di Amaseno è stato in Canada e ha incontrato la comunità poco dopo la fondazione del club. Questi incontri mettevano in contatto la comunità canadese di Amaseno con il paese di origine. "Sono stati fondati altri gruppi e club di emigrati provenienti da Amaseno non solo a Toronto, ma anche negli Stati Uniti e a Montreal", dice Giulio. Questi diversi clubs del Nord America sono rimasti in contatto fra loro e con la città di origine.

Con il passare del tempo, Giulio e Domenico si preoccupano per il futuro lavoro del loro club. Domenico è presidente dell'Amaseno Club sin dalla sua fondazione. Sfortunatamente essi non vedono le nuove generazioni prepararsi a sostituire i vecchi membri nella gestione del club, com'era stato previsto inizialmente. Come ha ribadito Giulio: "I giovani non sembrano essere interessati e sono sempre molto impegnati".

Eppure, nonostante la mancanza di coinvolgimento da parte delle giovani generazioni, Giulio e Domenico hanno espresso una nota di ottimismo: "Un giorno capiranno e prenderanno il nostro posto". Essi confidano nel fatto che le nuove generazioni saranno più coinvolte in futuro.

Sia Giulio che Domenico si rallegrano del fatto di essere ancora attivi nel club. "Ci piace avere la comunità riunita e vedere i giovani soci divertirsi", ribadiscono. "Organizzare le attività del club richiede molto lavoro. Ed è grazie ai membri e ai volontari che l'associazione continua ad andare avanti".

Lavori in campagna degli anni '50

L'importanza degli asini nelle attività agricole

Typical rural scene near Amase-no - 1950's.

La trebbiatura

(Anni '50)

Trebbia Lungarese dei fratelli De Santis Mario ed Ercole, di Roma con battitore 1,70

In primo piano al centro Pasquale Iacovacci, Enzo...?, in piedi ?

In secondo piano da sinistra Cesara Mosconi, ?, Adelmo Colagiovanni, Ernesto Mosconi, Liseo La

Valle, Angelo Popolla (Badoglio), Giuseppe Gregorio (Peppetto), Pietro Zomparelli

Harvest - 1950's.

241

Gruppo folkloristico ciocciari di Amaseno (anni '50)

Foto scattata in una strada di Frosinone

1. *Mario Tabacchino* 2. *Rina Corsi* 3. *Maria La Valle* 4. *Felicetta Ciccì* 5. *Assunta Guarcini* 6. *Gina Giannetta* 7. *Ernesta Ciccì* 8. *Teresa Refice* 9. *Ginesia Ardolei* 10. *Nazurena ?* 11. *Iginio Bianchi* 12. *Livio Planera* 13. *Pietro Pupini* 14. *Roberto Ciccì* 15. *Marina Ciccì* 16. *"Moretto" Bianchi* 17. *Carlo Migliori* 18. *Anna Corsi*

Amaseno folk group - 1950's.

Pranzo di matrimonio a Vettia

(27 Settembre 1955)

Wedding in rural suburb of Amaseno, September 27, 1955.

242

21. Boville Ernica Cultural Association

On February 19, 2010 this interview took place with Paolo Diamanti at the Lazio Place in Vaughan, Ontario. Jessica Botticelli, a youth member of that club was also available to provide information.

The Boville Ernica Cultural Association was founded in the fall of 1998. Paolo explained the reason for its founding. *"We wanted to pass on our traditions and also maintain our*

Jessica Botticelli and Paolo Diamanti 2010.

21. Boville Ernica Cultural Association

Il 19 febbraio 2010 ho intervistato Paolo Diamanti presso il Lazio Place a Vaughan. Anche Jessica Botticelli, giovane membro del club, si è resa disponibile per darmi alcune informazioni.

La Boville Ernica Cultural Association fu fondata nell'autunno del 1998. Paolo mi ha spiegato la ragione della fondazione. "Abbiamo voluto trasmettere le nostre tradizioni e mantenere la nostra cultura, per quanto possibile". Tra i fondatori, come Paolo ha ricordato, vi erano Gino Berardi e Giovanni Diamanti.

Una delle tradizioni che i fondatori vollero conservare in Canada fu quella di festeggiare il patrono della città di Boville "San Pietro Espano". E' emerso chiaramente dalla conversazione con Paolo quanto lui stesso sia affascinato dalla vita di questo santo. Come egli ha sottolineato, "La storia di questo santo è importante e parla delle nostre radici. Noi tramandiamo questa storia ogni anno leggendola ai presenti durante la celebrazione".

culture as much as possible." Other founders as recalled by Paolo, were Gino Berardi, and Giovanni Diamanti.

One of the traditions the founders wanted to maintain in Canada was to celebrate and honour the patron saint of the Town of Boville 'San Pietro Espano'. It was evident by the conversation with Paolo that he was touched by the life of this saint. He said, *"The story of this saint is important and it speaks to our roots. We pass on the story of the life of San Pietro Espano, year after year, by reading it out to those attending the celebration."*

This feast of 'San Pietro Espano' takes place on the closest weekend to March 11. In Toronto, around three hundred families, originating from Boville Ernica, come together to celebrate the life and history of this patron saint.

It was the purpose of the club to recreate cultural events in Canada from the hometown. What was unusual was that there had been no event celebrated for the saint in Boville Ernica, Frosinone, for many years. When the Mayor of Boville Ernica came to Canada to visit the club, he was moved by the organization's dedication to maintaining this religious tradition. It was through this interaction with the club in Canada, that the Mayor from Boville, resurrected the feast day in Italy in the year 2000. *"The mayor saw our devotion and dedication we had for the patron saint. It was because of our initiative here in Canada that this feast is once again is celebrated in Boville,"* said Paolo with pride.

Every year the association organizes many activities. In March the celebration of San

TORONTO CANADA

Club Logo.

La festa di San Pietro Espano ha luogo nel weekend più vicino all'11 marzo. Quel giorno circa trecento famiglie, originarie di Boville Ernica, si ritrovano a Toronto per celebrare la vita e la storia di questo santo patrono. Il fine del club era quello di ricreare in Canada le manifestazioni culturali del paese d'origine. L'aspetto particolare in questo caso sta nel fatto che, per diversi anni nel paese di Boville Ernica, non era stata più celebrata la festa del patrono. Quando il

Boville Ernica Mayor at events of Club.

Dignitaries from Boville Ernica in Canada.

Pietro Espano takes place, in May they hold a Mother's day celebration, and, picnics are held at the end of July. One of the more memorable activities that is no longer held was to commemorate the tradition of the 'Befana. The 'Befana' refers to an old woman who comes down the chimney to bring gifts to good boys and girls on January 6. This coincides with the Epiphany, when the three kings (magi) brought gifts to baby Jesus. Besides these events, this group also raised money for charitable causes in Italy and in Canada. *We also contribute to our Canadian community because this is where we live.* stated Paolo.

Paolo noted that for the older members of the association the club's foundations were about roots and emotional ties to their traditions. With the passage of time, the organization faces the same dilemma, as many other Italian-Canadians clubs. As the new generations become fully integrated into Canadian society, these cultural ties do not have the same significance as they did for the previous generation. In Canada the Boville Ernica Cultural Association has recreated

Sindaco di Boville Ernica venne in Canada in visita al club, rimase colpito dalla dedizione con cui l'associazione aveva conservato la tradizione. Fu attraverso questa interazione con la Boville Ernica Cultural Association, che il Sindaco della città natale, nel 2000, re-instituì la festa in Italia. "Il Sindaco vide quanto eravamo devoti al Santo e grazie alla nostra iniziativa in Canada questa festa è tornata ad essere celebrata anche a Boville", ha affermato Paolo con orgoglio.

L'associazione organizza ogni anno molte attività. Nel mese di marzo, come ho già detto prima, si celebra la festa di San Pietro Espano. A maggio si tiene la Festa della Mamma e a fine luglio l'associazione si riunisce per un pic-nic. Una delle attività indimenticabili del club, che oggi non viene più organizzata, era la festa della 'Befana'. Il termine fa riferimento ad una donna anziana che scendeva dal camino per portare doni ai bambini buoni la notte del 6 gennaio. Nello stesso giorno si ricorda l'Epifania con la venuta dei re Magi che portarono i doni a Gesù Bambino. Oltre ad organizzare questi eventi, l'associazione raccoglie fondi per cause benefiche in Italia e in Canada. "Contribuiamo anche per la nostra comunità canadese, perché questo è il luogo dove viviamo", ha dichiarato Paolo. Paolo mi ha fatto notare che, per i membri più anziani dell'associazione, la creazione del club è fondata sulle loro radici e sui legami affettivi con le loro tradizioni. Col passare del tempo, l'organizzazione affronta lo stesso dilemma, come tanti altri clubs italo-canadesi. Man mano che le nuove generazioni si sono pienamente integrate nella società canadese, questi legami non hanno per loro lo stesso significato che hanno per le generazioni precedenti. In Canada la Boville Ernica Association ha ricreato

cultural and traditional activities for many years. The committee has encouraged youth involvement, yet the club does not garner enough interest from their youth to sustain the organization. *"Although we try, it is difficult to get the youth to participate overall,"* added Paolo, *"It has become more and more difficult to maintain the club for the future*

Jessica Botticelli, the youth member who took part in the interview, expressed her concern that the younger generation do not appear to be interested. *"I wish they would get more involved with the club."* She explained, *"They have busy lives, are fully integrated and work in the Canadian environment. It appears they do not have time to participate in the Boville Club's activities."*

The Association has been a reference point and an important catalyst in maintaining cultural identity for many families who originated from Boville Ernica. It has played a vital role in connecting the point of origin to a re-established home and a new life integrated into the Canadian fabric. Paolo reinforced, *"The club has been a vehicle to keep alive our traditions and our ties to where we came from."*

attività tradizionali e culturali per molti anni. Nonostante il comitato abbia incoraggiato il coinvolgimento dei giovani, il club non ha guadagnato molto interesse da parte di questi ultimi per sostenere l'organizzazione. "Anche se proviamo, è difficile ottenere la partecipazione dei giovani" ha aggiunto Paolo, "e sarà sempre più difficile mantenere il club per il futuro".

Jessica Botticelli, giovane membro che ha preso parte all'intervista, ha espresso la sua apprensione per il mancato interesse verso il club da parte della generazione più giovane. "Vorrei che i giovani fossero più impegnati nel club" mi spiega, "Hanno una vita molto impegnata, sono pienamente integrati e lavorano nella società canadese. Sembra che non abbiano tempo per partecipare alle attività del Boville club".

L'Associazione è stata il punto di riferimento e l'elemento trainante, per il mantenimento dell'identità per molte famiglie che provenivano da Boville Ernica. Essa ha svolto un ruolo centrale nel collegare il luogo d'origine con la nuova casa e la nuova vita ormai integrate nel tessuto canadese. Lo stesso Paolo ha ribadito: "Il club è stato un mezzo per tenere in vita le nostre tradizioni e i legami con i luoghi da cui venivamo".

Befana - 2007.

Children's Activity.

Picnic - 2009.

22. Cervaro Cultural Society

My interview with Tony Iafano, president and founder of the Cervaro Cultural Society, took place on January 13, 2010, at an office on Whitmore Road in Vaughan, Ontario. Tony brought with him boxes of material, which he had carefully maintained and collected for the organization.

This club was formed in May 2005. Tony has dedicated a great deal of time and energy to this recently formed organization. This dedication to public service stemmed from Tony's involvement with his community of 'Cervaro' when he was just a teenager.

Tony recounted his previous activities in Cervaro Italy: *"In 1965 I founded the 'Azione Cattolica dei Giovani a Pastinelle' a suburb of Cervaro. I am very much at home when I visit my hometown. Since coming to Canada I have also travelled to Cervaro and participated at a number of events, such as 'Commemorazione, del 25 Aprile, Festa della Liberazione'. It is very important to me to maintain ties with my 'paese' of birth."*

The Cervaro Cultural Society had its roots with an event called 'Amici di Cervaro' in May 2005. Tony explained, *"It was the*

22. Cervaro Cultural Society

L'intervista con Tony Iafano, presidente e fondatore della Cervaro Cultural Society, ha avuto luogo il 13 gennaio 2010. L'incontro si è svolto in un ufficio sulla Whitmore Road a Vaughan, Ontario, dove Tony ha portato il materiale dell'associazione, che egli stesso aveva meticolosamente raccolto e conservato.

Il club è stato costituito nel maggio 2005. Tony ha dedicato una grande quantità di tempo ed energie per quest'organizzazione di recente formazione. La dedizione al servizio è dovuta al coinvolgimento di Tony nella comunità di Cervaro che risale a quando era ancora solo un adolescente.

Tony mi ha raccontato le sue prime attività a Cervaro in Italia. "Nel 1965 ho fondato il gruppo dell'Azione Cattolica a Pastinelle, una contrada di Cervaro. Mi sento molto a casa quando torno nella mia città natale. Da quando sono in Canada sono tornato molte volte a Cervaro e ho partecipato a una serie di eventi, come la Festa della Liberazione del 25 Aprile. Per me è molto importante mantenere i legami con il paese in cui sono nato ".

La Cervaro Cultural Society nasce a seguito di un evento chiamato "Amici di Cervaro"

248

occasion when the Mayor of Cervaro came to visit the community in Canada. This was the catalyst, which brought the people from Cervaro, living in Toronto, together to host the Mayor. This was the reason the Society was born." By the end of that year the Cervaro Cultural Society was officially formed. According to Tony, a precursor to the founding of the Cervaro society was an organization called Val Cassino, which is now defunct, but had been around in the late 1970's.

Tony Iafano provided some historical and demographic insight, *"There are about 1000 people who originated from Cervaro. 1907 is*

Logo of the town of Cervaro.

e svoltosi nel maggio del 2005. Tony mi ha spiegato che, "E' stata l'occasione in cui il Sindaco di Cervaro è venuto in visita alla comunità di Cervaro in Canada, per cui coloro che sono orginari di Cervaro e che si trovano a Toronto hanno ospitato tutti insieme il Sindaco della città natale. Questa è stata la ragione per cui è nato il club". Verso la fine di quell'anno la Cervaro Cultural Society fu ufficialmente costituita. Secondo Tony, intorno alla fine degli anni '70 esisteva un precursore della Cervaro Cultural Society, un'associazione, ormai sciolta, denominata Val Cassino.

Tony Iafano mi ha fornito alcuni dati storico-demografici, "Sono state circa 1000 le persone che sono partite da Cervaro. Il 1907 fu l'anno delle prime partenze da Cervaro per College Street a Toronto". In risposta alla domanda del perché vi era stata la necessità di creare il club, Tony ha parlato con grande passione, "Era estremamente importante per me che la nostra cultura e le nostre tradizioni fossero mantenute. Volevo far conoscere ai miei figli e alla prossima generazione le loro radici che sono a Cervaro, nella regione Lazio e in Italia".

La Cervaro Cultural Society è un'associazione abbastanza nuova e vede coinvolte persone di tutte le età. I membri sono molto attivi e organizzano diversi eventi a cadenza annuale. Il 15 febbraio si organizza la Festa della famiglia, per la quale viene presa in affitto una struttura sportiva coperta. Molte sono le attività di svago e i giochi per giovani e meno giovani. Nel mese di luglio l'associazione organizza un pic-nic con la partecipazione della comunità e la celebrazione di una messa dedicata alla patrona di Cervaro, Maria Santissima de'

Tony Iafano and his wife demonstrating all home-made food products. These traditions from place of origin, Cervaro, maintained in Canada.

the date when the first people from my town emigrated to College Street in Toronto." In response to the question of why there was a need to create the club, Tony spoke with great passion: *"It was extremely important to me that our culture and traditions be maintained. I wanted my children and the next generation to understand their roots from 'Cervaro', the region, and Italy."*

The Cervaro Cultural Society is a fairly new club and has the involvement of all ages. They are extremely active and have a number of annual events. On February 15 family day is organized at a rented indoor soccer club facility. There are many activities, games and recreational events for young and the young at heart. In July, a picnic is held with participation from the community and a mass dedicated to the patron of Cervaro 'Maria Santissima de' Piternis'. Although this feast has been celebrated on September 8 in the town of origin, the group in Toronto celebrate it at the picnic in July. In October

Piternis. Anche se nel paese natale la festa si celebra l'8 settembre, in Canada il club la organizza nel mese di luglio. Nel mese di ottobre viene organizzata una serata di gala e in dicembre si tiene la festa di Natale per i membri dell'associazione. Come Tony mi ha riferito: "A ottobre, in occasione della serata di gala, abbiamo più di 300 partecipanti e c'è grande entusiasmo tra i compaesani. I nostri numeri sono in aumento e abbiamo una buona partecipazione di giovani, in particolare ai pic-nic in occasione dei quali si organizzano giochi e attività ricreative".

Tony è impegnato per la comunità anche al di là dell'associazione di Cervaro. Era coinvolto nella Ontario Bocce Association per la quale nel 1982 ha fondato leghe di bocce femminili e miste. Nel 1994 sono state aggiunte le squadre che includono giocatori disabili. Tony ha anche collaborato alla traduzione di un libro di regole internazionali per bocce,

a gala is organized and in December there is the Christmas Party for the members of the Society. Tony explained, *"At the October annual gala we have more than 300 people participating and a great deal of enthusiasm among the 'paesani'. Our numbers are increasing and we have good participation from youth, particularly at the picnics where games are set and playground activities are provided."*

Tony was involved in the community beyond the Cervaro Society. This included the Ontario Bocce Association where in 1982 he founded the mixed and the women's leagues. In 1994 they added the teams that would include those with disabilities. He assisted in the translation of a book of international rules for bocce, written both in English and Italian.

Since the founding of the Cervaro Cultural Society, every year a booklet is published which highlights individual stories of people from Cervaro who immigrated to Canada. These booklets are a testament of the stories of individuals and families who rebuilt their lives in a new land they now call home. Tony takes great pride in the result of these testimonies that are written each year. Tony reminded me that, *"It takes a great deal of time, energy and work to get the interviews done, write the story, get it translated and then publish the booklet. I also receive a large number of advertisements from companies in order to defray the cost."*

The Cervaro Cultural Society continues to be a strong vibrant Club with Tony at the helm. His dedication and strong values of service to his community provides strong leadership,

redatto sia in inglese che in italiano.

Sin dalla fondazione della Cervaro Cultural Society, ogni anno viene pubblicato un opuscolo contenente le storie degli emigrati partiti da Cervaro e stabilitisi in Canada. Questi opuscoli sono una testimonianza meravigliosa delle storie di persone e famiglie che hanno ricostruito le loro vite in una nuova terra che oggi chiamano casa. Tony è molto orgoglioso del risultato di queste testimonianze pubblicate annualmente. Egli afferma anche: "Ci vuole una grande quantità di tempo, energia e lavoro per ottenere le

1st Annual Family Picnic
Sunday July 9th 2006
Lazio Place – Vaughan, Ontario

First commemorative booklet of Cervano Cultural Society.

Above: Game of Bocce at a competitive level.
Lega Dell Amicizia - 1981.

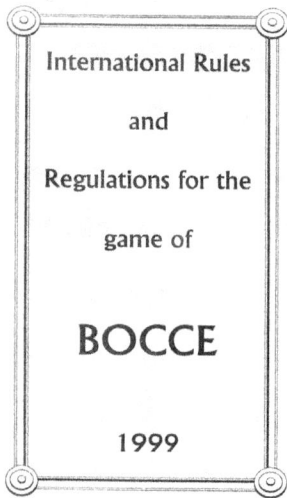

International Rules
and
Regulations for the
game of

BOCCE

1999

Rules for Bocce, in English.

Regolamento
Internazionale
Tecnico
del Gioco delle

BOCCE

1999

Rules for Bocce in Italian.

Above: Trophies are handed out to the winners of the Bocce League - 1981.

Right: Cover of booklet of Club highlighting the memorial for Italian injured workers in Vaughan.

Below: Councillor Mario Racco hands out trophies at a ladies Bocce tournament at Clarke and Dufferin Bocciodrome.

Società Culturale - CERVARO - Cultural Society

2009 Edition

*Monumento dei Caduti sul Lavoro sito al Woodbridge Memorial Arena

cervaro cultural society - summer picnic - sunday july 8 2007 - lazio place

Left: VariousClub Activities.

Below: News of the founding of the organizatiom.

Nasce la Società Culturale di Cervaro

MARIELLA POLICHENI

TORONTO - Si chiama Società Culturale di Cervaro ed è un sodalizio che appena nato e che come primo evento ha organizzato un picnic presso il Lazio Place. «La nostra associazione è stata fondata a maggio e questo è stato il nostro primo picnic - dice Anna Maria Caporiccio, addetta al tesseramento - eravamo in 250 e ci siamo divertiti tantissimo considerato anche che c'è stata la finale del Campionato mon-

diale di calcio che è finita a nostro favore. Inutile dire che la festa è stata incredibile bellissima»

Opinione condivisa dal presidente Tony Iafano «Sono molto soddisfatto di questo nostro primo picnic, è andato tutto alla perfezione e ci siamo divertiti davvero assieme».

Per l'occasione sono stati sistemati tre apparecchi televisivi per permettere a tutti di assistere alla partita senza comunque dover rinunciare ad incontrare i soci e gli amici

originari di Cervaro, cittadina a 80 chilometri a sud di Roma. «Siamo stati felici di notare che al picnic hanno partecipato tantissimi giovani, tanti ragazzi perché uno dei nostri desideri è proprio quello di coinvolgerli nelle nostre attività - continua la Caporiccio - il picnic è stata una bella occasione per conoscersi meglio, chiacchierare, giocare a carte, a bocce e per gustare un ottimo barbeque».

Prossimo evento sarà una raccolta fondi che si terrà il 15

ottobre. «Ci riuniremo allo Spruce Italian Club di Richmond Hill e doveremo il ricavato allo York Central Hospital - continua Anna Maria - il 23 novembre invece abbiamo in programma il grande ballo "Celebration of Family" che si terrà presso il nuovo West Royer Convention Centre. Abbiamo tante idee, tanti progetti da realizzare. Il picnic è stato un bel successo e di questo sia noi del direttivo che il presidente Tony Iafano, siamo molto contenti».

Michelangelo Perna e Anthony Arciero impegnati in uno dei tanti giochi organizzati per far divertire i bambini (Foto Corriere-Sandro Miranda)

Tony Iafano, presidente della Società Culturale di Cervaro. Deve Guarino segna un goal nonostante Aluisa Greco-Danella provi a impedirglierlo. Sotto, i partecipanti al picnic (Foto Sandro Miranda)

254

which benefits the ongoing sustainability of the organization. He has a good support system of men and women who believe in maintaining vibrant traditions from Cervaro. Tony and his team have provided an invaluable service to the Cervaro community in Canada.

The stories, which I have recorded in these pages, are as much about the individuals at the helm as about the organization themselves. It is the people involved who have made the organizations vibrant and viable. The success and work of the clubs and associations are really the story about the collective good will and commitment of many individuals.

interviste, scrivere le storie, tradurre il testo e quindi pubblicare il libretto. Ricevo anche un gran numero di sponsorizzazioni da parte delle aziende al fine di coprire i costi".

La Cervaro Cultural Society continua ad essere un club forte e dinamico con Tony alla guida. La sua dedizione e i forti valori al servizio della sua comunità sostengono una forte leadership, a vantaggio della sostenibilità dell'associazione. Egli ha il sostegno degli uomini e delle donne che credono nel mantenere vive le tradizioni di Cervaro. Tony e il suo gruppo hanno dato un grande contributo alla comunità di Cervaro in Canada.

Le storie riportate in queste pagine raccontano molto, tanto dei singoli emigrati quanto delle associazioni stesse. Sono state le persone coinvolte che hanno reso le organizzazioni vibranti e vitali. Il successo e il lavoro dei clubs e delle associazioni è davvero la storia della buona volontà collettiva e dell'impegno di molti.

.

Conclusion

This work has pieced together the stories of twenty-two Italian-Canadian/Laziali clubs and associations, as a testament of a people who rebuilt a social and cultural community in Canada. These clubs and associations became reference points for Italian-Canadian immigrants. They were a support system for those who were newly arrived. The organizations maintained a sense of community and recreated customs and traditions brought to Canada.

I visited many of the towns of origin connected to the various clubs and associations. Through my travels I have garnered a better understanding of the ancient and deep rooted rural ways of those who founded these organizations. The places of origin are still steeped in traditions and customs passed on by many generations. These clubs and associations have played a valuable role in recreating these customs and this identity in Canada.

This work does not presume to have captured all the clubs and associations. Nonetheless, these pages represent a critical mass whose ties are a membership originating from 'Ciociaria' in the region of Lazio. These organizations have left their imprint and through the documentation within these pages they will be remembered. Their legacies have

Conclusioni

Questo lavoro ha raccolto le storie di ventidue associazioni italo-canadesi, che hanno dato sostegno ai connazionali immigrati. Essi hanno mantenuto il senso di comunità e hanno ricreato i propri costumi e le proprie tradizioni in Canada.

Personalmente ho visitato molte delle città d'origine legate a questi club e associazioni. Attraverso i miei viaggi ho avuto modo di comprendere gli antichi e radicati costumi di coloro che hanno fondato queste organizzazioni. Gli stessi luoghi d'origine sono ancora pervasi di tradizioni e usi tramandati dalle generazioni e i club e le associazioni hanno svolto un ruolo considerevole nel ricreare in Canada questi costumi e identità.

Questo lavoro non ha considerato la totalità delle associazioni, ma quelle fin qui descritte rappresentano per buona parte una compagine sociale originaria dalla Ciociaria. Esse hanno lasciato un'impronta e, attraverso la documentazione contenuta in queste pagine, esse saranno ricordate. Le loro storie sono state documentate affinché le future generazioni sappiano perché queste realtà sono esistite e quanto sono state importanti.

Il dramma umano dell'immigrazione si ripete quotidianamente nel corso della storia.

been documented so that future generations will know why these entities existed and why they were important.

The human drama of immigration repeats itself daily on the stage of history. Economic conditions, political situations, spirit of adventure in search of a different world, are some of the motives that resound continuously. A better life the ultimate goal.

This rebuilding of community also recreated the sense of identity of many who left their country of origin and the clubs and associations assisted in the resettlement process. On the other hand this added to the diversity which has also enriched Ontario and Canada. These stories are another piece woven into the Canadian fabric.

.....To be continued!

condizioni economiche, le difficili situazioni politiche, lo spirito d'avventura di chi cerca un mondo diverso, sono solo alcuni dei motivi che risuonano continuamente in questi casi, eppure il fine ultimo è sempre la ricerca di una vita migliore.

Questo processo di ricostruzione ha ricreato un senso identitario in coloro che hanno lasciato il paese d'origine e sono stati accompagnati dai club e dalle associazioni nel periodo dell'adattamento. Tutto ciò si è aggiunto alla diversità che ha arricchito lo stesso Ontario e il Canada. La loro storia è ormai parte del tessuto sociale canadese.

…continua!

Caroline Di Cocco

Caroline was born in Fontechiari, Frosinone, Italy. Her family emigrated to Canada in 1957 when she was six years old and was raised in Sarnia, Ontario. Caroline began documenting Italian-Canadian stories since 1987, but her love of writing began since childhood. She co-authored the book *One by One....Passo dopo passo... History of Italian Community in Sarnia Lambton...1870-1990.* On her list of writing are chapters in the book *Nuova Luce Su Caboto,* edited by Gabriele Scardellato. She has been influenced to continue to delve into the topic of Italian-Canadian immigration by Dr. Gabriele Scardellato, the late Dr. Gianfausto Rosoli, Father Ezio Marchetto. Caroline has garnered inspiration from the many individuals she has interviewed over the last twenty-five years.

Caroline has an ARCT from the Royal Conservatory of Music of Toronto and B.A. Honours Specialization in Anthropology from the University of Western Ontario. She was Member of Provincial Parliament in Ontario from 1999 to 2007, sat on Management Board of Cabinet for four years and was Minister of Culture. She currently sits on the board of the Ontario Historical Society, is a member of the President's Circle of the Architectural Conservancy of Ontario and is on the executive of the Italian-Canadian Archive Project (ICAP).

Caroline Di Cocco nasce in Italia, a Fontechiari in provincia di Frosinone. Nel 1957, all'età di sei anni, emigra in Canada con la sua famiglia, stabilendosi a Sarnia in Ontario. Raccoglie storie di italo-canadesi dal 1987, ma la passione per la scrittura inizia già dall'infanzia. E' coautrice del libro One by One....Passo dopo passo... History of Italian Community in Sarnia Lambton...1870-1990 e tra i suoi lavori troviamo il contributo al libro Nuova Luce su Caboto curato da Gabriele Scardellato. Incitata a continuare nella ricerca sull'immigrazione italo-canadese dal dott. Gabriele Scardellato, dal compianto dott. Gianfausto Rosoli e da P. Ezio Marchetto, ha accresciuto la sua passione con oltre venticinque anni d'interviste.

Ha conseguito il Diploma in Pianoforte al Royal Conservatory of Music di Toronto e ha ottenuto la Laurea in Antropologia presso la University of Western Ontario. Dal 1999 al 2007 è stata membro del Provincial Parliament in Ontario. E' stata membro del Management Board of Cabinet e ha ricoperto la carica di Ministro della Cultura sempre in Ontario. Attualmente è nel direttivo della Ontario Historical Society, fa parte del 'President's Circle of the Architectural Conservancy of Ontario' ed è membro dell'Italian-Canadian Archive Project (ICAP).

PHOTOS AND ILLUSTRATIONS PROVIDED COURTESY OF:

Roberto Bonanni and Daniele Boni for Chapter 1-Supino Social and Cultural Club.

Vincenzo Capobianco and Rocco Catenacci for Chapter 2- Sora Social Club.

Gaetano Baldessara and Antonia Panetta-Prospero for Chapter 3-Society San Marco Social Club.

Tony Malizia for Chapter 4-Canneto Social Club (Toronto).

Santino Di Palma and Joe Capogna for Chapter 5-Ciociaro Club (Toronto).

Roberto Ialongo for Chapter 6-Itri Canadian Recreation Club.

Marino Moscone and Sabino Catenacci for Chapter 7-Casalvieri Club.

Frank Maceroni for Chapter 8-Ciociaro Club of Windsor.

Nino Pellegrino, Dr. Donato Tramontozzi and Maria Laura Pellegrino for Chapter 9- San Donato Val Comino Association.

Vittorio Zanella and Giovanni Di Fonzo for Chapter 10-Campodimele Social Club. Inc.

Rocco Grossi and Violetta Di Vizio for Chapter 11-Terelle Social Club.

Lorenzo Zeppieri, Gianni Mignardi, and Aldo Quattrochiocci for Chapter 12-Veroli Cultural Society.

Dino Di Palma for Chapter 13-Ceprano Social Club Toronto.

Antonia Ambrose for Chapter 14-Italo-Canadian Cultural Club/Laziali di Sarnia.

Felix Rocca and Vittorio Scala for Chapter 15-Lazio Federation of Ontario.

Vincenzo D'Onofrio, Marisa Pimpinella in Vegliante, Franco Stendardo and Romolo Mazzucco for Chapter 16- Minturno Social Club.

Franco Fiorini for Chapter 17-Association Santa Francesca Romana.

Elio Zoffranieri for Chapter 18-Monte San Giovanni Campano Cultural Association e Frazioni.

Vittorio Scala and Sante Caringi for Chapter 19-Associazione Culturale di Castelliri in Toronto.

Domenico De Carolis and Giulio Iaboni for Chapter 20-Amaseno Social Club.

Paolo Diamanti and Jessica Botticelli for Chapter 21- Boville Ernica Cultural Association.

Tony Iafano for Chapter 22-Cervaro Cultural Society.

'The dark area of the map shows the Province of Frosinone. Most of the people who immigrated to Canada from the Lazio Region originated from the general area of Ciociaria which includes all of Frosinone and more. The area is situated between Rome and Naples. This undefined geography of 'Ciociaria' is larger than the Province of Frosinone as per the map on the following page.
Map from http://www.ciociariatour.com
Accessed October 23, 2011.

Map from Ciociaro Club of Windsor
commemorative booklet 1989.